LETTRES

DE

M. DE BOURLAMAQUE

AU

CHEVALIER DE LÉVIS

Publiées sous la direction de l'abbé H.-R. CASGRAIN

D. ES-L., PROFESSEUR A L'UNIVERSITÉ-LAVAL, ETC.

QUÉBEC

IMPRIMERIE DE L.-J. DEMERS & FRÈRE

30, rue de la Fabrique, 30

1891

COLLECTION

DES MANUSCRITS

DU

MARÉCHAL DE LÉVIS

COLLECTION DES MANUSCRITS

DU

MARÉCHAL DE LÉVIS

Volumes déjà publiés :

LETTRES

DE

M. DE BOURLAMAQUE

AU

MARÉCHAL DE LÉVIS

LETTRES

DE

M. DE BOURLAMAQUE

AU

CHEVALIER DE LÉVIS

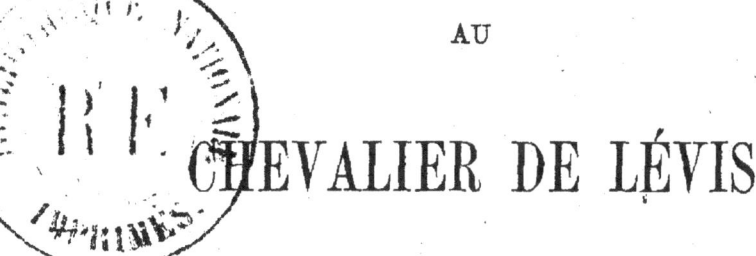

Publiés sous la direction de l'abbé H.-R. CASGRAIN

D. ES-L., PROFESSEUR A L'UNIVERSITÉ-LAVAL, ETC.

QUÉBEC
IMPRIMERIE DE L.-J. DEMERS & FRÈRE
30, rue de la Fabrique, 30

1891

LETTRES

DE

M. DE BOURLAMAQUE

AU

CHEVALIER DE LÉVIS

A Carillon, le 26 mai 1759 *

J'ai reçu, mon cher général, la lettre que vous m'avez fait l'honneur de m'écrire le 22, ainsi que les instructions de M. de Vaudreuil. Vous verrez par celle que j'ai eu l'honneur de vous écrire, il y a deux jours, que je pensois à peu près tout ce qui est dans cette instruction.

Je vais faire travailler à la redoute. Le projet en étoit déjà fait. J'en ferai tracer une grande en avant sous prétexte de soutenir les retranchements ; mais on n'y travaillera pas ; c'est pour donner le change.

---

* Quelques lettres de Bourlamaque au marquis de Vaudreuil se trouvent intercalées dans ce volume. *Note de l'auteur.*

J'attends Langy et les quinze sauvages, et je vous ferai part sur le champ de sa découverte.

M. de Vaudreuil ne m'annonce plus de sauvages ; n'en viendra-t-il point ? Je serai embarrassé, si je n'en ai pas, lorsque l'ennemi sera en mesure.

Quelle est votre destination, mon cher général ? Devez-vous venir ici avec les troupes du gouvernement ? allez-vous à Québec, ou restez-vous chargé des Rapides ? M. de Montcalm me mande que vous venez ici ; cependant vous ne m'en dites rien, et il paroîtroit, par l'instruction du gouverneur général, que vous ne venez pas.

Je dis tant que je puis que vous viendrez aux premières nouvelles des mouvements de l'ennemi. Il faut persuader qu'on veut soutenir ceci, et il m'est arrivé une chose qui divulgue le contraire.

M. de Vaudreuil ne croit pas pouvoir laisser en garnison un officier de la marine sans lui écrire une lettre. Il m'en envoie, dit-il, une pour M. de Gaspé qu'il y destine, et me recommande de ne la lui remettre qu'en temps et lieu ; c'est fort bien. Je ne me souviens pas d'avoir vu cette lettre. Vous savez comme on est entouré à l'arrivée des paquets. Chacun désire avoir ses lettres, qui sont, la plupart, sous l'enveloppe du commandant.

Je les distribue à l'ouverture pour me débarrasser des importuns, et pouvoir lire les dépêches qui sont pour moi. Je ne sais si j'ai donné la lettre de M. de Gaspé comme les autres. Je ne m'en souviens pas. Tant il y a qu'il l'avoit lue et répétée à tout le monde, avant que j'eusse lu celle de M. de Vaudreuil. Il suffisoit de m'envoyer la liste des officiers qu'il destinoit à la garnison ; un ordre de moi suffisoit pour les faire rester. Mais c'est un usage, et voilà l'inconvénient.

Je mande à M. de Vaudreuil ce qui est arrivé pour qu'il tâche de détruire ces bruits-là ; je ferai de mon côté tout ce qui dépendra de moi ; mais il sera toujours très difficile de donner le change. Il y a telle reconnoissance, telle précaution nécessaire qui démasque tout. Je vais voir, au premier jour, la rivière à la Barbue, j'irai jusqu'à Saint-Frédéric, sous prétexte de voir les ouvrages qu'on y fait, pour tromper sur l'objet de ma reconnoissance.

Les officiers de la marine me dirent, hier au soir en arrivant, que vous reconnoissiez le poste que l'armée de Carillon alloit occuper. A propos de cela, vous aurez vu, sans doute, la pointe à Margot, demi-lieue au-dessus de l'Ile-aux-Noix. J'avois mandé à du Vernys de l'aller reconnoître exactement. Cela est bon, ou je suis bien trompé, quand ce ne seroit que pour mettre une tête avec du canon.

P. S. — J'ai eu l'honneur de vous rendre compte que Wolff était revenu, et n'avoit trouvé personne au fond du lac.

J'envoie, pour porter ma dépêche, Bourgeois, sergent de la Reine, avec dix miliciens ; je vous supplie de me les renvoyer aussitôt. Nous avons ici grand besoin de chevaux et d'avoine.

J'ai l'honneur de vous adresser toutes les lettres pour Québec et autres, et vous supplie de les faire passer.

Bourgeois porte l'ancre prise au fort George pour les chébecs.

A Carillon, le 28 mai 1759.

J'ai fait, mon cher général, précisément les mêmes réflexions que vous sur l'Ile-aux-Noix : trop grande et beaucoup trop éloignée de la terre ferme. C'est ce qui me feroit préférer la pointe à Margot, où la rivière est plus étroite. Je ne croyois pas qu'il fut si aisé d'y arriver par les profondeurs ; mais ne pourroit-on s'y retrancher ? En tout cas, une tête y seroit bien.

Le pis de tout, dans l'une ou l'autre de ces positions, est la rivière du Sud qui communique à la baie de Missiscoui, et donne à l'ennemi un passage pour entrer dans la rivière Saint-Jean au-dessous de l'Ile-aux-Noix. Je ne connnois pas cette rivière du Sud ; mais l'on m'a dit qu'elle étoit large et navigable ; beau chemin par terre pour le portage jusqu'à la baie. C'est une chose à voir.

Si vous n'avez pas de connoissances plus particulières que les miennes, je pense qu'il seroit bon d'y envoyer quelqu'un de sens. L'on m'a dit quatre à cinq lieues de portage, où passent les traînes à chevaux en hiver ; rivière ensuite très belle jusqu'à son embouchure et très large à bien des endroits. Si cela est, vous voyez que le poste de l'Ile-aux-Noix n'est pas soutenable. Il ne reste que Saint-Jean. Ce n'est pas qu'on puisse avoir continuellement des découvreurs sur ce portage et sur la baie ; mais si l'ennemi s'avise de cette partie et qu'il y vienne en force, il faut dénicher de l'Ile-aux-Noix.

J'ai commencé la redoute sur le rocher ; mais les

pluies continuelles arrêtent tout, inondent le camp et donnent beaucoup de malades.

J'ai l'honneur de vous envoyer la déposition d'un prisonnier fait par M. de Langy ; c'est un homme fort intelligent ; vous pourrez l'interroger.

(Sans signature)

A Carillon, le 11 juin 1759.

J'ai reçu, mon cher général, la lettre que vous m'avez fait l'honneur de m'écrire de Québec, et je profiterai des réflexions que vous avez la bonté de me faire faire. A l'égard de l'Ile-aux-Noix, je crois qu'avec des estacades, des redoutes sur l'eau et beaucoup d'artillerie, on aura l'air d'être bien. Pour la rivière du Sud, il est heureux que le portage ne soit bon qu'en hiver ; car si vous étiez sur le lac Champlain, vous connoîtriez bientôt la baie de Missiscoui et cette rivière, et, en présentant une tête à l'Ile-aux-Noix, vous réussiriez à prendre Saint-Jean sans vous embarrasser de cette île, ou au moins vous forceriez l'ennemi à renforcer considérablement l'armée de Saint-Jean. Mais heureusement, on vous a dit le portage mauvais, et ils ne feront pas ce qu'on peut faire.

J'ai eu, ici, votre ami Anectogon, qui m'a fait beaucoup rabattre de l'estime que j'avois pour lui. Il a commencé par faire le malade pour retarder le départ d'un parti dont il étoit chef, et qui devoit aller frapper près de Lydius, puis a cabalé le lendemain pour faire prendre une route plus longue, moins intéressante, mais plus sûre pour sa personne, parce qu'on dit qu'il a plus de jambe que de courage. Enfin, à force de conseils et de travail, j'ai renoué la partie. Il s'est mis en marche avec Langy qu'il a mené à Corlar, l'assurant toujours qu'il alloit près de Sarasto ; et, avec un beau parti de gens choisis, il a fait prisonnier un malotru qui ne sait pas grand'chose.

Revenu plein de gloire et de satisfaction, il a demandé et obtenu tout ce qu'il a voulu, force eau-de-vie, etc..., puis en a demandé encore. Il étoit tard, les jeunes gens perdoient l'esprit, j'ai refusé poliment et en le caressant, remettant à en donner au lendemain matin. Piqué qu'on osât le contredire, il a cabalé toute la nuit, et a forcé de partir, sans prendre congé, beaucoup de ses jeunes gens qui ne demandoient pas mieux que de rester, leur disant que je lui avois dit que je ne voulois pas les voir davantage, qu'ils eussent à s'en aller, que je n'avois que faire d'eux. J'ai été étonné de tous ces mensonges, et j'ai appris par tous les officiers canadiens, qu'il étoit devenu coquin, fourbe et menteur. Langy est furieux contre lui. Je pense qu'il ira à Québec ; méfiez-vous en. On dit à présent qu'il entretient intelligence avec les ennemis. Je ne vous fais ce long détail que parce que je vous ai vu beaucoup de confiance en lui.

A l'Ile-aux-Noix, le 7 août 1759.

J'ai l'honneur, mon cher général, de vous faire mon compliment sur votre affaire du 31. J'espère que celles qui pourront suivre, ne seront pas moins heureuses. Bonnes dispositions, fermeté dans les troupes et supériorité en nombre, voilà de quoi assurer de la bonne besogne. Celle que j'ai été obligé de faire jusqu'à présent n'est pas flatteuse, et, malgré tout le désir que j'ai de ne pas finir la campagne d'une façon aussi humiliante, je ne puis répondre d'être en état de rendre des services utiles.

L'Ile-aux-Noix a bien changé depuis que vous en avez fait la reconnoissance. Les terres sont sèches à droite et à gauche. Un chemin magnifique, qui commence une bonne lieue au-dessus, mène à Saint-Jean par les profondeurs, cinq ou six lieues au plus.

Le portage par la baie de Missiscoui, très aisé depuis la dite baie jusqu'à la rivière Saint-Jean, tombe à une lieue au-dessous de l'Ile-aux-Noix ; beau chemin, trois lieues et demie d'une eau à l'autre, un seul pont à faire pour traverser la rivière du Sud, de laquelle on n'est point obligé de se servir.

La pointe en avant de l'Ile-aux-Noix fournit un beau débarquement à couvert de mes retranchements, et mène par les profondeurs jusqu'à un endroit de la rivière du Sud, enfoncé d'une lieue dans les profondeurs, d'où les bateaux peuvent venir dans la rivière de Saint-Jean.

Tout ceci pris sur les connoissances des gens du pays les plus entendus. Je vais envoyer voir si cela est vrai.

Voici donc trois portes pour entrer dans la rivière Chambly ou pour gagner le fleuve Saint-Laurent. Je ne parle pas de l'île qui ne sera sûrement pas attaquée de front, mais qui pourroit l'être par des batteries le long de terre des deux côtés, tout étant sec à présent, malgré les pluies qui ne cessent pas depuis mon arrivée.

Les retranchements sont mal faits, sans solidité, sans règle ; des défauts essentiels. Je les fais allonger de droite et de gauche. C'est un ouvrage immense. Le bois est d'une nature difficile pour cet ouvrage. Je voudrois faire refouler les eaux du lac pour noyer les bois en avant, comme ils étoient au printemps ; mais c'est un ouvrage bien long, et je n'espère pas d'y parvenir. Cependant l'on travaille.

J'ai mis M. de Rigaud à Laprairie avec quatre ou cinq cents Canadiens et les sauvages qu'il pourra ameuter.

J'ai ici environ deux mille huit cents combattants, compris onze ou douze cents miliciens.

Voilà ma situation que je vais tâcher de fixer en prenant un parti relatif aux mouvements de l'ennemi : S'il m'attaque dans l'île, je m'y défendrai bien ; s'il cherche à pénétrer par le bois à Saint-Jean, je laisse moitié de mon monde dans l'île, et je vais avec le gouvernement de Montréal, tomber sur le portage par le bois.

S'il évente la baie de Missiscoui, je fais descendre barques, chébecs, et je l'attends dans son portage ; s'il cherche, par la grosse pointe, la rivière du Sud, je l'attends à la sortie de cette rivière.

Voilà en gros mes première idées, mandez-moi ce que vous en pensez. Il me faudroit mille bons hommes de plus, au moins. Je dis mille, parce qu'on pourroit me les envoyer, et autant vers les Rapides, sans perdre un pouce de terrain à Québec. Que sert de garder la grande porte si on laisse enfoncer les petites ? Le chevalier de La Corne avec onze cents hommes vis-à-vis six mille, n'est pas en état de défendre les Rapides. Il n'a pas même encore de poste reconnu.

P. S. — Mandez-moi, je vous supplie, à quel endroit vous vous établirez de votre personne. Comme j'ai opinion que les Anglois ne passeront pas le lac cette année, si vous veniez prendre le commandement de l'Ile-aux-Noix, je pense que ma présence y sera inutile, et alors je pourrai bien vous demander la permission d'aller finir ma triste campagne à Québec. Si vous ne venez pas ici, j'y resterai. En attendant, je vais continuer à mettre ceci en état de recevoir l'ennemi.

Je viens de m'instruire encore plus à fond de l'affaire de M. de la Colombière ; il a le plus grand tort du monde. Sa vivacité est venue à l'occasion du travail des soldats ; il s'est échauffé contre un homme qui travailloit mollement, l'a battu, et ensuite, voyant M. Clapier, qui ne se remuoit pas beaucoup, lui a demandé, en jurant, pourquoi il ne faisoit pas travailler. L'autre a répondu, en remuant sa baguette sans dessein, et de là il est parti pour le frapper.

Troupes campées à l'Ile-aux-Noix.

La Reine...	400	hommes
Berry...	760	"
Volontaires en deux compagnies	120	"
Piquet de la brigade de Royal-Roussillon.	64	"
Canonniers	32	"
Idem de milice qui ne valent rien.........	10	"
Bataillon de la marine	417	"
Miliciens....................	1,220	"
	3,023 *	

Cet état est à peu près. Les milices ont varié continuellement depuis mon arrivée, et je n'ai encore pu en avoir un rôle exact. On y travaille. D'ailleurs, dans le nombre de 1,220, il y a près de deux cents vieillards ou enfants que je renverrai dès que je pourrrai en faire la revue. Cependant ces enfants travaillent assez bien.

Le 6 août 1759.

Etat des troupes campées à l'Ile-aux-Noix.

Trois bataillons des troupes de terre....	1,665	hommes.
Un bataillon des troupes de la marine de huit compagnies..................	417	"
Deux compagnies de volontaires, composées en partie du piquet des cinq bataillons de Québec..................	98	"

---

* Le manuscrit porte, par erreur 2,923.

Canonniers	34 hommes
Soldats des piquets attachés au service de l'artillerie............................	64 "
Canonniers de milice	10 "
Ouvriers attachés au génie	70 "
Miliciens attachés aux compagnies de volontaires	25 "
Miliciens en huit brigades à la suite des compagnies du bataillon de la marine, dont grand nombre d'enfants et vieillards............................	1,157 "
Total	3,040 * "

Sur les trois chébecs et la goélette armée en guerre.

Équipages................	82 hommes.	
Soldats détachés des cinq piquets..................	60	178 hommes.
Miliciens................	36	

Dans l'état ci-dessus ne sont point compris cent soixante-treize officiers, et cent trente-un domestiques, non plus que les commis et employés du magasin.

BOURLAMAQUE.

Au camp de l'Ile-aux-Noix, le 6 août 1759.

Près de deux cents malades à l'hôpital ; le nombre en augmente tous les jours.

---

* Il y a erreur dans le premier chiffre de ce tableau : au lieu de 1665, lisez 1165 ; 3040 est répété p. 19.

Déposition d'un déserteur anglois arrivé le 1ᵉʳ juillet à Carillon.

Irlandois de nation, catholique, soldat du régiment de Bordax, (sic) ci-devant How.

L'armée angloise que commande le général Amherst, est toute rassemblée au fort George.

Elle est composée des régiments de Blackney, de Royal-Ecossois, de Royal-Montagnards, de Montgomery, de Forbes, de Bordax, et du nouveau régiment de Gage, en tout sept régiments de troupes réglées.

Plusieurs régiments provinciaux.

Huit cents hommes aux ordres du major Roger.

Il croit que le total de cette armée est de quinze mille hommes.

Il y a en outre près de cent sauvages moraïgans.

Environ soixante pièces de canons ou de mortiers.

Les régiments sont complets, soit de recrues du pays ou de leurs prisonniers, que nous avions renvoyés en Europe, et qu'ils ont enlevés dans la traversée.

Il y a neuf cents bateaux au fond du lac; partie de leur armée doit venir par terre.

Cette armée arrivera au portage au plus tard le 5 juillet; elle est moins forte que l'année dernière, mais composée de bien meilleurs hommes.

Ils mènent avec eux un bâtiment, portant cent hommes et de l'artillerie.

Il ne sait si l'on veut entreprendre le siège de Carillon et de Saint-Frédéric en même temps.

Il assure seulement qu'il doit venir de Germain Flats un corps d'armée à travers les bois pour couper la communication entre les deux forts. Ce corps d'armée, celui ou partie de celui qui est en mouvement vers Chouaguen, c'est M. Johnson qui doit mener ce corps, et ils prennent ce grand détour pour cacher la marche de ces troupes.

Cette armée qui est en mouvement vers Chouaguen est composée de six bataillons de troupes réglées, savoir : Webb, Abercromby, deux de Royal-Américain, Otway et Fraser; plusieurs provinciaux.

En total, le même nombre que celui du lac Saint-Sacrement, et une infinité de sauvages attachés à Johnson.

Cette armée mène beaucoup d'artillerie, des bateaux d'une grandeur extraordinaire, qui se demontent et portent soixante hommes.

Il ne sait quelle est la destination de l'armée de Chouaguen. Il n'avoit pas ouï-dire que l'escadre angloise fut en rivière.

L'on croit que les différentes armées ont ordre de commencer leurs opérations le même jour.

A M. LE MARQUIS DE VAUDREUIL

Au camp de l'Ile-aux-Noix, le 7 août 1759.

J'ai l'honneur de vous adresser l'état des troupes et des milices qui sont à l'Ile-aux-Noix.

Quoique le total des hommes, y compris les ouvriers et l'artillerie, soit de trois mille quarante, il n'y a pas ce nombre de combattants, la plupart des miliciens du gouvernement de Montréal sont vieillards ou enfants.

Je crois que le nombre est environ de deux cents à renvoyer.

Je suis occupé à ouvrir des embrasures le long de la partie des retranchements qui est faite, pour y placer l'artillerie, et à allonger ces retranchements de droite et de gauche, pour me mettre en état de m'emfermer dans l'Ile-aux-Noix, s'il est nécessaire; j'en ai pour long-temps avant d'être fermé. J'entreprends aussi une estacade pour fermer la rivière des deux côtés de l'île et faire refouler les eaux du lac pour inonder les bois qui sont au-dessus de l'île, ouvrage le meilleur qu'on puisse faire ici, mais dont la réussite est fort incertaine, et que je n'espère pas d'avoir le temps de finir.

Je trouve, Monsieur, dans votre instruction du 20 mai, que vous me prescrivez de tenir dans l'Ile-aux-Noix jusqu'à l'arrière saison, quand même je ne pourrois soutenir le poste de Saint-Jean, je travaille, en consé-quence à faire amasser des vivres, n'en ayant dans la rivière que pour jusqu'à la fin d'août.

J'aurai l'honneur de vous faire observer qu'en aban-donnant le fort de Saint-Jean, qui en effet ne se peut défendre, je n'empêcherois pas les Anglois de descendre la rivière de Chambly pour exécuter la jonction pro-jetée avec les troupes qui sont devant Québec.

L'on pourroit chercher une position sur la rivière Chambly; mais, quand même il s'y en trouveroit une, elle ne couvriroit ni Laprairie ni Montréal.

Voici, d'après les connoissances que j'ai prises des gens du pays les plus au fait et les plus intelligents, quels sont les moyens que l'ennemi peut prendre pour pénétrer dans la colonie sans passer à l'Ile-aux-Noix.

Je fais reconnoître par des officiers pour vérifier si ces dépositions sont vraies.

Les Anglois mettant à terre à une lieue au-dessus de l'Ile-aux-Noix, vis-à-vis l'île Langevin, trouvant un coteau sec et élevé, qui les mène, par un portage de six petites lieues, au fort Saint-Jean ; nul obstacle qu'un ou deux petits ruisseaux à ponter.

Ils peuvent encore mettre à terre à une pointe élevée, à demi-quart de lieue au-dessus des retranchements, sur la côte du sud. Ils y seront à couvert des dits retranchements. Cette pointe les mène par un terrain sec, jusqu'à une partie de la rivière du Sud, enfoncée d'une baie dans les profondeurs ; elle y est navigable encore, et ils peuvent entrer par là dans la rivière Saint-Jean, derrière l'Ile-aux-Noix.

De tous les moyens, le plus aisé est la baie de Missiscoui. Le portage, depuis cette baie jusqu'à la rivière Saint-Jean, est de trois lieues et demie. Il traverse la rivière du Sud, sur laquelle il est aisé de faire des ponts, et dont on n'est nullement obligé de faire usage pour descendre dans la rivière Saint-Jean, le portage étant très beau jusqu'à cette rivière. Il tombe à une lieue au-dessous de l'Ile-aux-Noix.

Il y a encore un autre coteau qui, partant depuis la pointe aux Fers jusqu'à la rivière à la Colle, peut conduire à la Tortue et à Laprairie ; mais on assure qu'il n'est bon que pour des partis, et qu'on n'y peut faire de portage à cause des savanes.

Les chébecs et la goélette que j'ai fait armer en guerre peut incommoder les Anglois dans le lac ; mais ils n'empêcheront pas leur mouvement, s'ils s'y prennent bien.

D'ailleurs, depuis la pointe aux Fers jusqu'à Saint-Jean, ces bâtiments ne peuvent être d'un grand secours. Le chenal est étroit, et ils ne peuvent courir de bordées ; ils ne vont point à la rame.

Je pense que si les Anglois veulent pénétrer par les bois, ils masqueront l'Ile-aux-Noix avec un corps, pendant que le gros de leurs troupes fera le portage.

Mandez-moi quelles sont vos intentions. Au cas que les Anglois prennent ce parti, dois-je rester dans l'Ile-aux-Noix comme vous le prescrivez dans vos instructions ? Ne seroit-il pas mieux d'y laisser une partie de ce qui y est à présent, et de me joindre avec le reste au petit camp de M. de Rigaud, pour incommoder les Anglois et tâcher d'empêcher leur portage ?

J'aurai l'honneur de vous représenter qu'il seroit nécessaire que cette partie fut renforcée de mille bons hommes. J'ai déjà eu celui de vous en parler dans une lettre écrite avec M. de Rigaud, et je réitère là-dessus mes représentations, parce que je crois cette précaution indispensable.

Je dois avoir l'honneur de vous prévenir que l'armée de M. Amherst est partie du fort George avec trois mois de vivres.

J'ai celui de vous faire mon compliment sur le petit avantage du 31 juillet. Je ne doute pas qu'il ne soit suivi de plus considérables.

P. S. — L'on vous assurera peut-être que les bois de la rivière Saint-Jean sont tous marécageux ; cela est vrai au printemps ; les eaux ont baissé de quatre pieds depuis le mois d'avril.

Copie de la lettre de M. de Bourlamaque à
M. de Rigaud.

A l'Ile-aux-Noix, le 8 août 1759.

Je m'attendais, Monsieur, à la prise de Niagara, et
ne suis pas plus surpris de la défaite de M. Des Ligneris.

Nous voilà sans aucune ressource de ce côté-là, si
M. le marquis de Vaudreuil persiste à ne pas renforcer
l'armée du chevalier de La Corne. Dieu nous préserve
de plus grands malheurs ! N'espérons pas qu'il tire un
grand parti du peu de troupes qu'il a. Cette poignée
d'hommes sera étonnée de l'échec que nous avons reçu
à Niagara, et le découragement, surtout pour les milices,
est le pire de tous les maux. Vous ne pouvez trop
représenter à M. votre frère qu'il est nécessaire de
pourvoir à cette partie et à celle-ci. Il voit les Canadiens braves, pleins de bonne volonté à Québec, ainsi
que les sauvages ; qu'il ne juge pas de même de ceux
qui sont ici. La supériorité ou l'égalité du monde donne
de l'assurance. Une infériorité trop marquée ôte toute
la fermeté, et tel qui sera brave à Québec, avec dix
mille autres, ici sera poltron, parce qu'il verra l'ennemi
quatre ou cinq fois plus fort que nous.

D'ailleurs, vous savez comme moi que cette inégalité
est décisive pour les sauvages. Il est bien à craindre
que nous n'en tirions aucun parti, quand ils nous verront si foibles.

Il est de notre devoir à l'un et à l'autre de représenter
le bien à M. le marquis de Vaudreuil. Vous avez vu
les deux lettres que je lui ai écrites à ce sujet, aidez-
moi, je vous prie.

Méfiez-vous des bois. Johnson peut envoyer un corps par terre, sur la rive droite du fleuve qui tombe sur Châteauguay et Laprairie. Il seroit bon d'avoir toujours des découvreurs dans cette partie pour avertir à temps.

———

A M. LE MARQUIS DE VAUDREUIL

A l'Ile-aux-Noix, le 10 août 1759.

J'ai l'honneur de répondre à la lettre que vous m'avez fait l'honneur de m'écrire le 6 de ce mois.

Vous me mandez *qu'il auroit été bien à souhaiter que M. d'Hébécourt eût pu soutenir encore une quinzaine de jours, ce délai pouvant produire un excellent effet dans la saison où nous sommes.*

Cela est vrai, Monsieur, et peut-être le fort de Carillon, quoique avec une garnison moitié trop foible, eût pu se défendre quinze jours, si votre instruction du 20 mai, dont vos affaires ne vous ont pas sans doute permis de vous rappeler la teneur, ne me prescrivoit de faire évacuer lorsque l'ennemi auroit établi des batteries pour battre le fort. L'ordre que j'ai donné à M. d'Hébécourt étoit copié mot à mot sur votre instruction, et je pense qu'il n'a pu mieux faire que de s'y conformer.

Je vous supplie même de vous rappeler que j'eus l'honneur de vous mander que le fort de Carillon pourroit arrêter les Anglois douze jours. Vous me répondîtes, par une lettre datée du 1er juin, que je devois me conformer à votre instruction du 20 mai, et que vous aimiez mieux sauver la garnison que de gagner quelques jours.

Avec des ordres si précis, Monsieur, je me flatte que personne ne pourra rien imputer à M. d'Hébécourt ni à moi sur l'évacuation de Carillon. On ne s'est pas flatté, sans doute, que les Anglois fussent plus de quatre jours à établir des batteries pour battre le fort.

Avec bien moins de monde, et vis-à-vis une garnison six fois plus forte, M. de Montcalm en a établi en trois jours au fort George, et à Chouaguen avec plus de disproportion encore, en aussi peu de temps.

A l'égard de l'évacuation de Saint-Frédéric, que vous avez la bonté d'approuver, elle n'est pas précisément conforme aux termes de votre instruction du 20 mai, puisque vous m'y prescriviez d'attendre que l'ennemi eût fait ses dispositions pour m'y attaquer, en prenant néanmoins mes mesures pour profiter d'un vent du sud-ouest pour dégager les barques et chébecs. Ces deux circonstances, qu'un hasard heureux auroit pu rassembler, mais dont on ne pouvoit se flatter sans courir des risques, jointes à beaucoup d'autres que je prévoyois, me firent vous représenter qu'il n'étoit pas de la prudence de rester à Saint-Frédéric jusqu'à ce que l'ennemi marchât à moi, et vous me fîtes l'honneur de me répondre le 5 juillet, que vous me laissiez entièrement le maître de faire ma retraite à l'Ile-aux-Noix, lorsque je le jugerois à propos, et que vous n'entendiez me gêner en aucune façon. J'ai agi en conséquence et j'ai fait pour le mieux. J'ai eu l'honneur de vous rendre compte de mes motifs, et je vois avec bien de la satisfaction que vous les approuvez. L'état où j'ai trouvé l'Ile-aux-Noix justifie encore plus ce mouvement que toutes les raisons que j'ai alléguées. Quoiqu'on me mandât souvent que les retranchements étoient à hauteur et les batteries établies, je pense qu'avec douze cents travailleurs commandés chaque jour, je n'aurois pas mis ceci en état de recevoir l'ennemi dans six semaines. Je prends le parti de faire marcher les bataillons en entier au travail, et j'espère accélérer la besogne. Depuis vingt ans que je vois travailler les troupes, je n'ai jamais rencontré de terrain aussi contraire, et d'ouvrage aussi rempli d'obstacles. Au reste, avec du temps et du travail, l'Ile-aux-Noix seroit un poste imprenable l'épée à la main, s'il y en avoit à la guerre. Il n'est pas même vraisemblable que l'ennemi l'attaque de cette manière. Ce sera par des batteries de canons et de mortiers qu'il s'efforcera de m'en éloigner, s'il s'obstine à pénétrer par la rivière. De la patience et une contenance assurée sont le seul remède que j'y puisse employer, et vous pouvez être persuadé que l'ennemi auroit éprouvé de même à Carillon, si vos ordres ne m'avoient prescrit de l'abandonner.

Vous aurez vu, Monsieur, par mes précédentes, qu'il est à craindre que l'ennemi ne tourne la rivière Saint-Jean, ou n'envoie dans le gouvernement de Montréal des partis considérables qui désoleront les campagnes, peuvent même insulter la ville et empêcher les récoltes. La prise de Niagara et la perte des douze cents hommes qu'avoit M. Des Ligneris, réduisant la partie des Rapides à un si petit nombre, il n'est pas possible d'en espérer une grande résistance. J'ai eu l'honneur de vous faire là-dessus les représentations que le bien de l'Etat m'a dictées. A mon égard, que vous m'envoyez des renforts ou non, je ferai pour le mieux.

J'attends vos ordres au sujet des projets dont j'ai l'honneur de vous faire part dans ma lettre du 8 août.

P. S. — M. de Rigaud m'annonce la noblesse de Boucherville aux ordres de M. de La Corne. Il compte être obligé de marcher aux Rapides, si l'ennemi s'y présente, avec les Iroquois du Saut et du Lac ; et il m'enverra les sauvages d'en haut et les Népissings. Je ne puis qu'approuver cette disposition. Laprairie, Longueuil, Châteauguay et toute la côte de la rivière ne seront plus à couvert des partis anglois, aussitôt que M. de Rigaud sera parti, et il ne me sera guère possible d'y pourvoir.

Mais les Rapides ont besoin de secours, et je me garderai bien d'arrêter le peu de monde que M. de Rigaud compte y mener, quoiqu'il puisse arriver dans cette partie-ci.

Je n'ai point reçu de réponse à ce que j'ai eu l'honneur de vous écrire au sujet de MM. Monette et Villeray.

A M. LE MARQUIS DE VAUDREUIL

A l'Ile-aux-Noix, le 12 août 1759.

J'ai reçu les deux lettres que vous m'avez fait l'honneur de m'écrire le 8. J'exécuterai vos ordres à l'égard de la diminution de la ration qui ne sera plus à l'avenir que de cinq quarterons de pain.

A l'égard de l'Ile-aux-Noix, j'attends vos ordres au sujet des dispositions que j'ai eu l'honneur de vous proposer dans ma lettre du 6, supposé que l'ennemi tente un portage par le bois, que les pluies qui n'ont pas cessé depuis mon arrivée, rendent tous les jours plus difficile.

Le coteau de la côte de l'ouest qui mène à Saint-Jean a été reconnu. Il faudroit bien du travail, à certains endroits, pour y mener du canon. J'ai envoyé reconnoître le portage de la baie de Missiscoui; l'on n'est pas encore de retour.

Il ne restera à craindre de la part de l'ennemi qu'une canonnade et un bombardement dans l'Ile-aux-Noix qui n'aboutiroit à rien. La place est grande, et il n'est question que de s'armer de patience. Mais il seroit nécessaire alors d'avoir un corps à Laprairie pour empêcher les détachements anglois d'y pénétrer et de ravager toutes nos côtes.

Je persiste donc, Monsieur, à demander que les Rapides soient en état de se passer du camp qui est maintenant à Laprairie. Au reste, je pense que les succès que vous avez eus à Québec, arrêteront toutes les autres entreprises, et qu'ils ne tenteront rien ni ici, ni ailleurs.

Les troupes qui sont ici paroissent attendre l'ennemi avec impatience. Il seroit à souhaiter en effet qu'il entreprît d'attaquer le poste de l'Ile-aux-Noix.

Depuis ma lettre écrite, j'apprends que M. Le Mercier est arrivé à Montréal et est suivi de M. le chevalier de Lévis avec un corps de troupes. Il n'y a pas apparence que les Anglois fassent des progrès plus considérables, maintenant que toutes les parties seront suffisamment pourvues.

J'ai eu nouvelle qu'un petit parti sauvage, que j'avois envoyé en découverte vers Saint-Frédéric, y a

trouvé l'armée ennemie campée en partie. Ce détachement a été découvert et suivi par vingt-cinq berges.
M. de Langy, qui le commandoit, l'avoit quitté pour
aller par le bois, avec trois sauvages, reconnoître
vis-à-vis le fort. J'attends son retour incessamment.

A M. LE MARQUIS DE VAUDREUIL

A l'Ile-aux-Noix, le 12 août 1759.

Je dois avoir l'honneur de vous rendre compte de
l'action que fit à Carillon le nommé Joseph Fauclon
dit Sanschagrin, sergent de l'ancienne compagnie de
Cabanac.

Ayant été en découverte aux retranchements, au
moment que les ennemis y parurent, le 23 au matin, il
enleva une sentinelle angloise à la tête de cinquante
hommes de troupes qui avoient poussé cette sentinelle
à quelques pas en avant d'eux. Il répondit au " Qui
vive " ? " Déserteur " ; et lorsqu'il fut près de la
sentinelle, il la prit par les cheveux et l'amena à
M. d'Hébécourt.

Cette action mérite récompense ; et j'ai cru devoir
vous en informer. Cet homme est déjà connu de ses
officiers pour avoir très bien fait à l'affaire du 8 juillet
de l'année dernière ; il y fit un prisonnier, quoique
d'une façon moins brillante.

A l'Ile-aux-Noix, le 13 août 1759.

J'ai reçu, mon cher général, la lettre que vous m'avez
fait l'honneur de m'écrire le 12, de Montréal, par

laquelle j'apprends votre arrivée pour prendre le commandement du gouvernement de la frontière.

Je ne doute pas que votre présence n'y soit très nécessaire, quand ce ne seroit que pour rassurer les femmes qui ont grand'peur.

J'envoie à Saint-Jean quatre pièces de fonte de six sur affûts de campagne, avec cinq cents boulets et deux canonniers.

Je fais partir, demain matin, M. Desandrouins pour vous aller joindre. C'est celui qui me seroit le plus nécessaire.

L'autre a malheureusement commencé cette besogne-ci, et c'eût été lui dire trop clairement qu'il ne vaut pas grand'chose que de ne la lui pas laisser finir ; mais c'eût été lui dire vérité.

A l'égard de l'Ile-aux-Noix, je n'ai pas encore pu y faire grand'chose, parce que les pluies continuelles ont empêché le travail. Mais à quelque chose malheur est bon : elles ont gâté les bois, et le vent du sud-ouest prodigieux qui dura tout hier, a fait refouler les eaux du lac et monter la rivière d'un pied et demi ; elle a déjà rebaissé et rebaissera encore, s'il fait sec ; mais l'eau est entrée dans le bois à bien des endroits.

Je suis occupé à faire continuer les retranchements, les faire munir sur le devant d'un fossé palissadé, barrer la rivière par des cujeux. Le fond est roc et on ne peut y mettre de pieux. J'ai trois chébecs et une barque de huit pièces de canon sur le lac, qui se replieront sur moi, lorsque l'ennemi viendra, s'ils ne peuvent l'arrêter, et s'ils le voient passer, comme je l'espère. Je les embosserai par le chenal pour garder le passage au-dessous de mes batteries. J'ai une gabare dont je fais une redoute avec cinq pièces de canon sur un bord, que je placerai à même fin, plus la redoute flottante, que vous connoissez, que j'arme aussi de deux pièces.

Si j'ai le temps, je rendrai l'Ile-aux-Noix une forteresse imprenable l'épée à la main, et la rivière impossible à passer devant l'île. Mais il faut du temps, ce qui est de sûr, est qu'on n'en perd point. La générale tous les matins ; les officiers y sont tous ; chaque bataillon a sa tâche ; mais la pluie n'a pas cessé, et cette île est un cloaque ; il faut ponter partout. A l'égard des substances, M. Pénisseault vous dira que j'en ai demandé dans la rivière pour quatre mille cinq cents hommes d'ici huit à dix jours.

A l'égard du canon et des bombes qui sont à craindre dans l'Ile-aux-Noix, c'est bagatelle. On se tient derrière les retranchements ; la terre est molle ; les bombes n'y font pas grand chose, et puis l'ennemi n'aura pas plus de canon que moi. D'ailleurs, ceci est vaste, de la patience, et voilà tout.

L'ennemi peut venir par le bord de la rivière aboutir au-dessous de l'île ; mais si les bois restent comme ils sont à présent, il y auroit bien de la difficulté. Cela étoit très aisé quand je suis arrivé, et le seroit devenu bien plus, si le beau temps eût continué ; voici le temps où les bois ne sèchent guère.

Le portage de la baie de Missiscoui, qui n'est que de quatre lieues, eût été beau aussi, s'il eût fait sec. Il a été reconnu hier. Il y a trois-quarts de lieue qui paroissent impraticables à présent. Saint-Jean seroit bon, si on avoit le temps d'y faire des ouvrages, puisqu'il

est en plaine ; mais on ne peut y songer à présent. Il
est habillé de neuf sur sa vieille forme. J'y ai fait
passer en arrivant ici quatre pièces de fer de 4 et des
pierriers ; j'y joins encore deux petites de 2 ; c'est autant
qu'il en faut contre un coup de main, et il n'y a que
cela à craindre. M. du Vernys y va de temps en temps
pour faire faire les embrasures et les plates-formes. Je
pense qu'outre trente hommes de garnison, il peut y
avoir cent cinquante miliciens, dont environ quarante
vieillards ou infirmes ; mais tout cela peut faire le
coup de fusil. Mon projet est d'y envoyer, lorsque
l'ennemi approchera, un officier intelligent avec un
piquet. Jusque là je garde tout le monde ici, parce que
j'en ai besoin pour le travail.

Un ban, sous peine de la vie, pour empêcher les
soldats et miliciens de déserter, seroit fort bien fait.
Mais je ne le ferai point battre sans un ordre, par écrit,
de M. de Vaudreuil ou de vous, puisque vous en avez
un pour commander dans le gouvernement, parce que,
si je l'avois fait battre, je le ferois exécuter, et vous
comprenez bien que, pour mettre à mort un milicien, il
faudroit un ordre du gouverneur général, et, si je ne
mettois pas au conseil de guerre le milicien fuyard
comme le soldat, ou si je le renvoyois au gouverneur
général pour l'exécution, il vaudroit mieux ne l'avoir
pas fait battre.

Je fais mettre au piquet le fuyard, quand on peut le
rejoindre ; d'ailleurs j'ai deux bateaux de garde sur la
rivière avec un officier, et personne ne passe sans un
billet de moi.

M. de la Colombière a eu une vivacité ce matin avec
un M. Clapier, officier de la marine, auquel, de sang-froid,
il a donné des coups de bâton bien appuyés. Le jeune
homme, qui n'avait point tort, a voulu le tuer ; mais
on l'a arrêté. Je l'envoie à Montréal pour y recevoir
vos ordres. Je pense que vous ferez bien de l'envoyer
aux Rapides pour y servir, et il y servira bien, car il
est très bon officier. Il s'excuse en disant que M.
Clapier, qui gesticuloit avec une baguette, l'en avoit
menacé. D'ailleurs, il ne refuse pas de donner satisfaction à cet officier et est fort fâché de sa sottise. Si vous
n'étiez pas à Montréal, j'aurois peut-être pris un autre
parti ; mais vous déciderez de son sort, puisque vous
êtes à portée.

J'envoie ce soir M. du Vernys à Saint-Jean pour
arranger le départ des quatre pièces de fonte que j'envoie et leur faire sauter les rapides.

Vous n'aurez pas, sans doute, reçu une lettre que
j'ai eu l'honneur de vous écrire à Québec, où je vous
instruisois de la situation de ce poste et des moyens
que je croyois les plus propres à arrêter les ennemis.

Un beau coteau, m'a-t-on dit, mène à Saint-Jean, en
débarquant à une lieue d'ici. Six lieues de portage en
tout. Je l'ai fait reconnoître ; il y a un endroit, sans
doute, gâté par les pluies, où il faudroit un travail
immense pour y faire des transports.

Les Anglois peuvent débarquer à la pointe où étoit
la croix, en avant de l'Ile-aux-Noix, et se rendre en
suivant la rivière, à cinq ou six cents toises dans le bois,
à la rivière du Sud, demi-lieue au-dessus de son embouchure, belle eau qui les mène dans la rivière Saint-

3

Jean, au-dessous de l'Ile-aux-Noix. J'ai reconnu l'embouchure et je suis sûr qu'ils n'y passeront pas.

Ils peuvent débarquer au fond de la baie de Missiscoui, suivre le portage, qui est magnifique, jusqu'à la rivière du Sud, descendre cette rivière une demi-lieue, belle eau ensuite, débarquer et faire un portage jusqu'à la rivière Saint-Jean. Ils tomberont une lieue au-dessous de l'Ile-aux-Noix. J'ai fait reconnoître, comme j'ai eu l'honneur de vous le mander, et ce dernier portage est actuellement fort mauvais.

Voilà les trois seuls moyens par lesquels l'ennemi peut pénétrer avec du canon dans la rivière Saint-Jean, sans attaquer l'Ile-aux-Noix. J'ai mandé à MM. de Vaudreuil et de Montcalm qu'au cas qu'ils entreprissent l'un ou l'autre de ces portages, il convenait que je laissasse douze ou quinze cents hommes à l'île, et que je joignisse, avec les troupes les plus lestes, M. de Rigaud, pour tomber sur l'ennemi par le bois, tandis que les chébecs et barques garderoient la rivière. J'ai même demandé un ordre en conséquence à M. de Vaudreuil, parce que son instruction du 20 mai y est contraire.

Maintenant que les chemins sont reconnus, il y a moins à craindre, à moins qu'il ne vienne un temps bien sec. Mais l'ennemi peut envoyer par terre de gros détachements par le bois, tomber sur Châteauguay, Laprairie et les côtes de Chambly, désoler les habitations et empêcher la récolte. Voilà pourquoi j'ai demandé à M. de Vaudreuil de mettre la côte des Rapides en état de se passer du camp de Laprairie, parce que, lorsque l'ennemi fera cette manœuvre, il masquera l'Ile-aux-

Noix par une démonstration d'attaque, et je ne pourrai me dégarnir.

J'ai mandé à M. de Rigaud d'avoir de fréquentes découvertes sur les derrières de la Présentation et la rive droite du fleuve, parce que M. Johnson peut envoyer par là des détachements qui se joindroient peut-être à ceux partis de Saint-Frédéric.

M. de Langy est arrivé, hier, d'une découverte vers Saint-Frédéric, avec quinze ou vingt sauvages dont Kisensik faisoit nombre. Il a vu les Anglois campés au fort avec grand nombre de bateaux, sur quelques-uns desquels il pense qu'il peut y avoir du canon.

Je n'ai pas trouvé moins ridicule que vous la chambre du capitaine dans les chébecs. J'écris à M. Levasseur de la faire sauter pour y mettre du canon, si la chose peut se faire sans retarder leur départ. D'ailleurs je ne connois pas le modèle sur lequel ces bâtiments sont faits ; mais c'est peu de chose.

Il n'y a point de tabac ici, chose nécessaire. Je ne sais s'il en vient. Je vous supplie d'en parler à M. Martel. Au cas qu'il n'y en auroit pas à Montréal, on pourroit en trouver chez la Porte, habitant de la paroisse Saint-Sulpice, qui a offert à M. de la Colombière mille livres de tabac à acheter, et quatre à cinq cents minots d'avoine.

Comme les sauvages me pressent pour partir, je vous prie d'envoyer à M. de Montcalm la déposition du prisonnier, que j'ai l'honneur de vous adresser ; car je n'ai pas le temps de la faire copier, et je ne lui en envoie point. Cependant elle est importante.

J'ai permis à Chassignoles de descendre pour ses affaires. Il restera même tant qu'il voudra, si vous le trouvez bon.

A l'égard de ce que vous me mandez d'envoyer à l'Ile-aux-Noix, je compte faire partir dans quelques jours.

P. S. — Je vous supplie de faire passer les lettres ci-jointes.

—————

A M. LE MARQUIS DE VAUDREUIL

A l'Ile-aux-Noix, le 15 août 1759.

Si vous n'avez, Monsieur, point reçu de réponse à la lettre que vous me fîtes l'honneur de m'écrire le 12, c'est qu'elle n'avoit pas eu le temps de vous être rendue. J'ai fait partir cette réponse deux heures après la réception de votre lettre, et je l'ai remise à M. Aubert.

Je souhaite que M. de Rigaud puisse rassembler sept à huit cents hommes; et en ce cas, il est bien peu instruit des forces de son gouvernement; car il s'en faut presque de moitié qu'il compte sur ce nombre avant son arrivée. Et, en effet, pour tirer huit cents hommes du gouvernement de Montréal, il faudroit qu'il y en eût plus de mille par la non-valeur des fuyards et des malades, ou soit disant tels.

J'ai eu l'honneur de répondre à tous les articles de la lettre que vous me fîtes l'honneur de m'écrire le 12; ainsi je n'entrerai pas dans un plus grand détail.

Il faut espérer, pour votre gloire, que M. Amherst attendra que vous ayez battu M. Johnson aux Rapides, où vous ne lui donnerez que le temps nécessaire pour cela, pour venir se faire battre aussi par vous dans la rivière Saint-Jean. Puisque vous voulez bien cependant, qu'en attendant nous les battions, s'ils se présentent, je tâcherai de faire pour le mieux.

J'ignore encore si je pourrai trouver ici les cent vingt hommes, devant et derrière de bateau, que vous m'ordonnez de faire passer à M. de Vassan. La plus grande partie des miliciens que vous avez ici, sont du gouvernement de Québec, où il n'y a ni devant ni derrière ; ce qui est de ce gouvernement est presque tout vieux ou enfant. D'ailleurs, vous me mandez que je les tirerai du camp de M. de Vassan, si j'en ai besoin dès à cette heure pour les travaux ; mais je m'en passerai.

A M. LE MARQUIS DE VAUDREUIL

A l'Ile-aux-Noix, le 17 août 1759.

Je viens, Monsieur, en conséquence de vos ordres, de détacher cent vingt miliciens, pour servir de devant et de derrière à Laprairie. Ce sont de très bons hommes ; mais aussi ce sont les seuls du gouvernement de Montréal qui valussent quelque chose. Les autres font pitié, mais cela est égal.

A M. LE MARQUIS DE VAUDREUIL

A l'Ile-aux-Noix, le 21 août 1759.

J'ai prié M. le marquis de Montcalm de vous demander un ordre pour me rendre à Québec, et y aller servir sous vos ordres et les siens, aussitôt que M. le chevalier de Lévis sera de retour des Rapides, ce qui est fixé aux derniers jours de ce mois. Ma présence sera très inutile ici, lorsqu'il sera ici ou à Montréal, prêt à s'y porter à la première nouvelle. Il est très incertain que l'ennemi s'approche de l'Ile-aux-Noix, et il est très sûr qu'il est en présence de Québec. Ainsi, Monsieur, il seroit peu convenable que je restasse ici dans ces circonstances. Je compte donc partir aussitôt que j'aurai des nouvelles du retour de M. le chevalier de Lévis ; et, en partant, s'il n'est pas arrivé, je ferai part à M. de Roquemaure des ordres que j'aurai reçus de lui pour qu'il s'y conforme.

La bonne volonté et le zèle, à défaut de talent, avec lesquels j'ai servi jusqu'ici en Canada, me font espérer, Monsieur, que rien ne s'opposera de votre part au désir que j'ai d'aller servir à Québec jusqu'à la fin de la campagne. Bien entendu que si les Anglois s'approchoient de l'Ile-aux-Noix, j'y resterois pour faire nombre jusqu'à ce qu'ils fussent éloignés.

P. S. — Une lettre de M. de Rigaud m'apprend que M. le chevalier de Lévis doit arriver à Montréal le 25 ou 26 ; ainsi, si nous n'avons ici aucune nouvelle de l'arrivée des Anglois, je compte pouvoir être à Québec au commencement de septembre.

A M. LE MARQUIS DE VAUDREUIL

A l'Ile-aux-Noix, le 29 août 1759.

J'ai reçu, Monsieur, la lettre que vous m'avez fait l'honneur de m'écrire le 25 août.

J'ai eu trois déserteurs anglois le 20, que j'ai envoyés

à M. de Rigaud, en le priant de vous faire passer leurs dépositions.

Les Anglois construisent à Saint-Frédéric une barque de dix-huit pièces de canon, et deux bâtiments plats portant chacun quatre pièces de 24. Ils prétendent qu'ils viendront prendre le fort Saint-Jean aussitôt que ces bâtiments seront à l'eau. Les gens sensés croient qu'ils remettront la partie au printemps. Un prisonnier, peu instruit d'ailleurs, m'a dit, hier, qu'on avait donné à chaque régiment provincial une tâche en pièces de bois, après laquelle fournie, chaque régiment auroit congé de retourner dans sa province. M. Amherst fait réparer ce qui a été détruit à Carillon, et construire un grand fort à Saint-Frédéric. L'on ne parle pas à l'armée qu'il doive arriver d'autres troupes.

Je m'aperçois que, malgré la vigilance des chébecs que je suppose telle qu'elle doit être, après les ordres que j'ai donnés au commandant et réitérés chaque semaine, les Anglois se font un jeu de passer le lac. Un parti s'est rendu à Saint-François, où il a été arrêté ; un autre est, à l'heure qu'il est, débarqué au sud de la rivière Saint-Jean, marchant vers Chambly, et un autre encore a débarqué au nord, vis-à-vis le moulin Foucault, où l'on a trouvé une manière d'ingénieur et une berge, et va faire coup sur nos habitations, à la rive gauche de la rivière Saint-Jean. J'ai des partis sauvages après ces deux poignées d'Anglois qui, pour peu que nos gens se conduisent bien, ne peuvent échapper. Ceux arrêtés à Saint-François ont dit avoir passé dans le portage de Missiscoui, où il y avoit tous les jours des Abénakis de la baie, qui n'en ont rien vu

ou rien voulu voir. Tous ces partis ont traversé le lac.
J'ai toujours pensé que des barques étoient des épou-
vantails. On passe la nuit.

Il n'y a pas d'apparence que les Anglois viennent
cette année entreprendre sur la rivière Saint-Jean.
Ils n'auront sans doute pas assez tôt construit leurs
barques, quoique les déserteurs disent que M. Amherst
annonçoit qu'elles seroient prêtes à la fin d'août, et qu'il
partiroit tout de suite.

J'ai envoyé M. d'Hébécourt à Saint-Jean, comme
vous me l'avez ordonné, et j'ai cru devoir y faire faire
un entourage de palissades pour mettre ce fort à l'abri
de surprise.

Quoiqu'il y ait encore ici bien des choses à faire pour
mettre l'île en état, elle est assez arrangée pour désirer
que l'ennemi s'y présente.

A M. LE MARQUIS DE VAUDREUIL

A l'Ile-aux-Noix, le 5 septembre 1759.

J'ai reçu, Monsieur, la lettre que vous m'avez fait
l'honneur de m'écrire le 30 août, et la déposition du
prisonnier qui y était jointe. Ceux que j'ai eus ici
étoient fort peu instruits de ce qui se passe sur le lac
Ontario. Je ne vous ai point envoyé leurs dépositions,
parce que je les ai fait passer, sur le champ, à Montréal,
où je vous comptois toujours arrivé, suivant les lettres
de M. de Rigaud. Je l'ai cependant prié de vous
envoyer les dépositions des déserteurs et des prisonniers,
au cas que vous n'arriviez pas aussi promptement qu'il
me le mandoit.

Comme il m'est venu de toutes parts des représentations sur la récolte, j'ai pris sur moi, quoique je n'en
eus reçu aucun ordre de vous, d'envoyer environ cent
cinquante habitants du gouvernement de Montréal,
travailler à la faire. Vous pourrez les faire revenir
lorsque vous le jugerez à propos, parce qu'ils sont, la
plupart, peu éloignés.

La construction d'un fort pour l'hiver, sur le pied de
trois à quatre cents hommes, n'est pas chose aisée, à
moins qu'on ne se contente d'un entourage de pieux.

Je ferai travailler à en ramasser aussitôt que j'aurai
fini les retranchements d'été. J'espère qu'ils le seront
dans quinze jours, s'il fait beau. Il seroit nécessaire
aussi pour se déterminer là-dessus, de savoir ce que
l'on mettra à Saint-Jean, et quels moyens on aura pour
faire marcher un corps de troupes, si l'ennemi attaquoit
l'Ile-aux-Noix pendant l'hiver.

Si l'on fait un fort de pieux ici, ce sera bientôt fait,
et je crois, en effet, que c'est tout ce qu'on y peut faire.
Les logements seront bien peu longs à construire. Au
reste, vous serez, sans doute, à temps de décider, lorsque
vous serez ici.

Le scorbut a commencé à attaquer le corps de
troupes qui était à Carillon dès le mois de juin, et il y
a apparence que cette maladie, qui devient tous les
ans plus fâcheuse, détruira, à la fin, la meilleure partie
de nos bataillons. Le flux de sang fait des progrès
depuis que je suis à l'Ile-aux-Noix; vous trouverez ici
ou à Chambly, plus de deux cents malades.

Suivant ce que j'ai pu tirer des déserteurs et prisonniers, il y a à parier que M. Amherst n'a pas dessein

de venir ici cette année, et qu'il se contente de faire un grand fort à Saint-Frédéric.

P. S. — Il y a un parti de trente sauvages Puants vers Saint-Frédéric et Carillon, à qui j'ai demandé de m'amener un prisonnier. Les Puants sont bons, mais ils ont pris Kisensik pour conducteur, et je ne sais s'ils feront quelque chose.

A M. LE MARQUIS DE VAUDREUIL

A l'Ile-aux-Noix, le 6 septembre 1759,
à 6 heures du soir.

Je reçois, Monsieur, la lettre que vous m'avez fait l'honneur de m'écrire, et ferai partir, demain matin, les deux cents Canadiens que vous m'ordonnez d'envoyer aux récoltes.

J'en ai déjà fait partir deux cents des différentes paroisses du gouvernement de Montréal sans avoir eu l'ordre que les représentations des habitants et les nouvelles que j'avois de l'état des récoltes. M. de Vassan, à qui j'avois écrit, pour avoir de lui quelques détails là-dessus, m'a mandé que toutes celles· de Laprairie et des paroisses voisines, étoient fort avancées, et qu'il comptoit faire tout finir avec le monde qu'il avoit.

A M. LE MARQUIS DE VAUDREUIL

A l'Ile-aux-Noix, le 7 septembre 1759,
à 6 heures du soir.

Je reçois, Monsieur, dans le moment, la lettre que vous m'avez fait l'honneur de m'écrire le 5, avec l'ordre de faire passer par terre les cent habitants qui vont à Terrebonne. Ils sont partis ce matin, en passant par la rivière Chambly, conformément à votre premier ordre.

Vous ne m'avez pas prescrit de quel gouvernement doivent être ces deux cents habitants détachés. Je les ai envoyés de celui de Québec. M. de Combres commande ceux de Berthier, et M. de Linctôt ceux de Terrebonne.

A M. LE MARQUIS DE VAUDREUIL

A l'Ile-aux-Noix, le 12 septembre 1759.

J'ai, Monsieur, l'honneur de vous adresser quelques lettres qui m'ont été envoyées de l'armée angloise pour des prisonniers.

Je vous supplie de faire passer le paquet à l'adresse de M. de Montcalm.

J'envoie à M. de Rigaud beaucoup de lettres pour des personnes du pays, qui viennent des prisonniers.

P. S. — Il y a six portugaises pour le sieur de Royer, fait prisonnier dernièrement.

Les sauvages ont manqué la piste des Anglois qui sont venus à la gabare, la nuit dernière.

A M. LE MARQUIS DE VAUDREUIL

A l'Ile-aux-Noix, le 12 septembre 1759.

J'ai reçu, Monsieur, la lettre que vous m'avez fait l'honneur de m'écrire, hier.

Vous avez très bien fait de vous servir de mon cheval, et vous deviez être bien sûr que je serois très

aise qu'il pût vous être utile. C'est à moi à vous
remercier de l'avoir sauvé de Deschambault.

Hier au soir, à onze heures, deux Anglois partirent à
la nage de la côte du sud, pour venir mettre le feu à
la gabare. Ils furent aperçus par le matelot de quart;
on leur tira, maladroitement, quelques coups de fusil;
ils s'en allèrent et abandonnèrent un baril d'artifices
qu'ils avoient apporté. Je fis partir, sur le champ,
cent hommes, pour aller les guetter sur la rivière, et ce
matin, trente Canadiens ou sauvages sont allés sur les
pistes. Un brouillard plus obscur que la nuit les aura
sans doute sauvés ce matin. Ce coup est hardi.

———

A l'Ile-aux-Noix, le 18 septembre 1759.

J'apprends, Monsieur, dans le moment, la mort de
M. de Montcalm. J'en suis dans la plus grande douleur,
et elle seroit bien plus grande s'il n'étoit pas remplacé
par vous.

Les troupes qui sont ici, ne sont pas encore instruites
de ce malheur; mais, comme je sais la confiance qu'elles
ont en vous, je suis persuadé qu'elles ne ressentiront
pas la perte de leur général, comme elles le feroient, si
vous ne preniez pas sa place.

Puissè-je, Monsieur, être à même de vous seconder
d'une manière qui vous soit agréable ! Vous connoissez
mon zèle pour le service ; je n'en aurai pas moins pour
m'attirer votre confiance et votre approbation.

———

A l'Ile-aux-Noix, le 21 septembre 1759.

Les malheurs, Monsieur, arrivés à Québec, ont trans-piré ici malgré mes précautions, et sous différentes formes. Un plus long silence auroit fait croire qu'ils étoient plus grands. Ainsi j'ai pris le parti de tout dire, en recevant la lettre que vous m'avez fait l'honneur de m'écrire le 18, et j'ai présenté notre situation d'une manière très favorable. J'ai peut-être persuadé que le sort de la colonie n'avoit pas empiré, et j'ai peint la position de l'ennemi comme insoutenable.

La confiance que votre arrivée a rendu aux troupes battues a passé jusqu'à celles-ci, et l'on s'attend à vous voir bientôt rétablir nos affaires. Ce qui est de sûr, et je le dis sans compliment, parce que je suis dans l'usage de n'en point faire, c'est qu'elles sont en bien bonnes mains.

Je me ferai toujours gloire de vous seconder de mon mieux ; il ne tiendra pas à moi que ce ne soit à votre satisfaction, et je serai bien content de moi, lorsque je pourrai contribuer en quelque chose à vos succès. Ce ne sera jamais par mes avis, dont vous n'avez assurément pas besoin, mais par mon attention à vous aider, encore moins comme citoyen que comme votre serviteur et votre ami. Je vous supplie de me regarder comme tel ; ce sont ces sentiments que j'aurai toujours en vue lorsque j'exécuterai vos ordres, autant que le bien du service.

Je ne pense pas qu'il y ait rien à faire à Saint-Jean de plus que ce que vous y avez vu. A l'égard de Chambly on pourroit lui faire un entourage de palis-sades du côté de la terre pour le mettre à l'abri d'esca-

lade ; mais les bras manquent. Il ne reste ici que cinq
cents Canadiens, dont plus de cent vingt malades ou
estropiés.

Je n'ai encore pu commencer le fort d'hiver fautɔ de
monde. Les soldats vont aussi tous à l'hôpital ; pluies
continuelles, campés dans un marais, peu de nourriture.
Je ne sais s'il en restera beaucoup de sains dans un
mois. Quoiqu'il en soit, je tâcherai d'attraper le bout
de la campagne, et de bien me battre d'ici là, si l'ennemi
se présente. J'espère qu'il ne me surprendra pas et qu'il
ne me fera point de prisonniers.

J'ai reconnu la baie de Missiscoui. Je voudrois être
à la place de M. Amherst ; j'attaquerois par là sans
difficulté. Au reste, je m'y prépare autant que je le puis,
avec si peu de monde et si harassé de travail.

Le fort de Chambly auroit besoin sûrement d'un
commandant, si l'ennemi approche. Celui que vous
nommez ne manqueroit pas de talents ; mais c'est
l'homme d'affaires du régiment. D'ailleurs il m'a paru
trop inquiet à Carillon, et trop prévoir les inconvénients.
Il ne faut pas de ces gens-là. J'en trouverai un meilleur dans son corps ou dans la marine, Melhau ou
Raymond. Dans la Reine, quatre pour un : mais votre
intention n'est pas, sans doute, de donner toute la confiance au même corps.

Donnez-moi de vos nouvelles, je vous supplie, aussi
souvent que vos affaires vous le permettront. Il est
nécessaire, dans les circonstances, que j'amuse un peu,
par le détail de ce qui se passe à Québec, les officiers
de cette armée qui n'ont rien à faire, et qui, quand on
ne leur dit rien, font le mal très grand.

Je serois bien aise que vous me fixiez, par des ordres donnés à M. de Rigaud, à l'égard des Rapides, parce que, si les deux parties sont attaquées, elles le seront en même temps, et il seroit bon que je susse sur quoi compter.

A l'Ile-aux-Noix, le 27 septembre 1759.

J'appris, il y a trois jours, Monsieur, par mes découvreurs, qu'il y avoit dix-sept berges dans la baie de Missiscoui. Je jugeai que ce détachement pouvoit avoir dessein d'aller vers Québec ou Saint-François, et j'envoyai, en conséquence, un courrier à M. de Rigaud. Trois cents hommes que j'ai envoyés sur les pistes de ces Anglois, ont trouvé qu'ils dirigeoient leur marche sur Chambly, Maska ou Saint-François : on juge qu'ils peuvent être deux cents ou deux cent quarante hommes.

J'expédie un courrier pour vous donner avis, et j'écris à M. de Rouville de faire passer à Maska et à Saint-François. J'écris au Père missionnaire de ce village.

Il se pourroit faire, au reste, que ce détachement eût ordre d'aller à Québec. Toutes les apparances sont cependant qu'ils veulent punir le village de Saint-François de sa fidélité. Quoiqu'il en soit, je crois qu'il seroit bon que l'on fît des découvertes sur le chemin que ces gens-là doivent tenir pour aller à Québec et en avertir M. de Vaudreuil.

A l'égard de Saint-François et de Maska, je pense que vous y enverrez des secours, si ces endroits ne sont pas en état de se défendre d'eux-mêmes.

Les Anglois sont partis de la baie de Missiscoui le 23 au matin.

P. S. — Je n'écris point à M. de Vaudreuil; je vous supplie de lui en donner avis.

Mandez-moi, je vous prie, ce qu'on apprendra de ce détachement, pour que je prenne mes mesures en conséquence.

J'ai trois cent soixante hommes qui les attendent au lieu où étoient leurs berges.

———

A l'Ile-aux-Noix, le 29 septembre 1759.

La nouvelle de la prise de Québec, Monsieur, a consterné tous les esprits. Le peu de Canadiens que j'ai ici ne montrent encore aucune mauvaise volonté; mais je crains qu'en apprenant le bon traitement que les Anglois font à leurs familles, ils ne décampent pour les aller joindre.

J'ai beau dire que les Anglois ne garderont pas Québec cet hiver; on sait qu'ils attendent un grand convoi de vivres, et on en infère, avec raison, qu'ils veulent y laisser un corps de troupes. D'ailleurs les raisonnements vont leur train. On dit votre armée très petite et dépourvue de tout; point de places pour opposer cet hiver aux Anglois qui seront à Québec; point de position actuelle pour empêcher les Anglois de pénétrer dans l'intérieur, ou par la rivière ou par la côte du sud. Sorel et toute la rivière de Chambly sont exposés aux courses des Anglois.

Voilà les raisonnements publics, et je n'ai rien à y opposer qui puisse satisfaire.

Je désirerois que vous me fissiez part des projets que l'on a pour la conservation du pays. Je pourrois là-dessus bâtir un système plausible pour tranquilliser les esprits.

Le retour de M. de Vaudreuil à Montréal est un nouveau sujet de découragement.

Je pense que M. Amherst est instruit actuellement des avantages que l'armée de Québec a remportés, soit par des partis venus de cette armée, ou par des sauvages ou par les prisonniers anglois de Montréal, à qui on a laissé toute liberté. Je ne doute pas qu'il ne fasse incessamment un mouvement pour s'approcher de la rivière Saint-Jean. Je ferai mon possible pour lui en défendre l'entrée, et je crois pouvoir assurer qu'il ne pénètrera pas par l'Ile-aux-Noix. Je ne pourrois répondre également de la baie de Missiscoui, surtout si les chébecs, comme je l'appréhende, se laissent couper.

Dix-sept berges angloises ont été trouvées par des découvreurs dans la baie de Missiscoui. Ce détachement qui est de deux cents ou deux cent cinquante hommes au plus, paroît avoir dirigé sa marche sur Maska, Chambly ou Saint-François, peut-être même vers Québec. J'ai quatre cents hommes embusqués au lieu où étoient ces berges. J'ai fait avertir dans les côtes. J'ai écrit à M. de Longueuil et au missionnaire de Saint-François. On doit aussi en avoir donné avis à M. de Vaudreuil, que je croyois pour lors à l'armée. Je n'ai eu aucune lettre de lui depuis plus de trois semaines.

P. S. — Si vous avez appris quelque chose de la marche des Anglois passés par la baie de Missiscoui,

4

je vous supplie de me le mander le plus promptement qu'il vous sera possible.

Je vous supplie aussi de me mander si les Anglois donneront liberté d'écrire en France.

———

A l'Ile-aux-Noix, le 29 septembre 1759.

M. de Chambaran, Monsieur, mauvais sujet, inconnu, désagréable à son corps, vint me demander, il y a quelque temps, d'aller finir sa campagne dans les côtes, ne voulant pas servir au régiment de Berry, où il est enseigne. Je le lui refusai et lui ordonnai de continuer ce service jusqu'à la fin de la campagne, et qu'alors il auroit liberté d'abandonner son emploi. Il a refusé de faire son service sans autre raison que de très mauvais propos. Je l'ai envoyé à Saint-Jean, en prison, par la crainte qu'en lui laissant la liberté de se déshonorer à sa fantaisie, il ne fît quelque méchante action et ne passât aux ennemis.

Il restera au fort Saint-Jean jusqu'à ce que vous ordonniez de son sort. Je crois qu'il seroit dangereux de lui donner sa liberté dans ce pays-ci.

———

A l'Ile-aux-Noix, le 2 octobre 1759.

Je reçois, mon cher général, la lettre que vous m'avez fait l'honneur de m'écrire le 28, et suis on ne peut plus sensible aux marques que vous avez la bonté de me donner de votre confiance et de votre amitié.

La capitulation de Québec a dû être pour vous un coup terrible; elle me paroît incompréhensible. Peut-être, et même il y a à parier, que vous auriez pu réparer nos malheurs sans cet événement.

J'épuise mon éloquence, depuis que cette nouvelle est parvenue ici, pour rassurer les esprits qui ont été furieusement consternés. J'ai eu peine à persuader que la colonie n'alloit pas capituler. J'étois bien persuadé que vous faisiez un fort pour mettre nos quartiers en sûreté pour l'hiver. Presque tous les officiers qui sont ici ont leurs effets dans Québec. Les uns ont tout perdu par l'effet des bombes et par le feu, les autres espèrent conserver ce qu'ils y ont encore en vertu de la capitulation. On dit que plusieurs personnes ont eu permission d'entrer dans la place pour retirer leurs effets ; mais on assure que les Anglois n'en laissent sortir personne de ceux qui y sont entrés de cette manière, pas même les femmes.

Je vous supplie de me mander ce qui en est. Les officiers pourroient envoyer, sur la fin de la campagne, pour retirer ce qui leur appartient. J'ai permis à Cadillac d'envoyer un domestique qui sondera le terrain. Vous savez ce que c'est que de perdre des bagages ; ce n'est rien vis-à-vis le reste, mais c'est toujours quelque chose.

J'ai eu l'honneur de vous écrire, il y a trois jours, pour être instruit de la situation de nos affaires. Votre lettre du 28 est un canevas suffisant pour me donner le moyen de rassurer les esprits ; mais je désirerois savoir encore si vous êtes sûr de barrer la rivière, et si la côte du sud est gardée.

L'on me mande que quatre cents Canadiens ont été enlevés à Sainte-Croix. Je garde cela secret ; mais on le saura bientôt, et l'on sera inquiet pour Sorel et la rivière de Chambly.

Vous êtes dans une position bien intéressante et où il n'y a rien à vous imputer si vous ne sauvez pas le pays ; mais qui sera glorieuse, si nous conservons au Roi le nom du Canada.

A mon égard, je ferai ce que je pourrai avec deux mille deux cents hommes, que j'ai en tout, sur lesquels il faudra, peut-être, faire des détachements pour Chambly et Saint-Jean.

Je ne doute pas que M. Amherst ne soit instruit de la prise de Québec par plus d'une voie, et je compte qu'il va se mettre en mouvement, ainsi que M. Gage, avant peu.

Si les Anglois n'ont pas le temps de faire venir de Louisbourg un grand convoi de vivres, ils s'efforceront de nous faire croire qu'ils s'établissent pour l'hiver, dans la vue de nous engager à capituler pour le pays, d'ici à la fin de la campagne, et partiront tous dans un mois, après avoir détruit Québec. S'ils peuvent avoir des vivres, ils seroient fous de s'en aller.

Je suis très flatté de la confiance que vous voulez bien me marquer ; mais je vous serai très obligé de me mander, quand vous en aurez le temps, ce que vous penserez de mieux pour cette partie-ci. Outre la satisfaction que j'aurai toujours à exécuter vos ordres, les lumières que vous me donnerez par là me seront toujours très nécessaires.

A l'Ile-aux-Noix, le 5 octobre 1759.

J'ai reçu, mon cher général, la lettre que vous m'avez fait l'honneur de m'écrire le 29, et j'exécuterai vos ordres à l'égard de la revue et de l'état des grâces que vous me demandez.

Je ne conçois pas comment les Anglois peuvent éluder l'article 27 du cartel à l'égard des blessés qui n'ont pas été faits prisonniers sur le champ de bataille. Quand ils voudroient s'appuyer sur le mot malades, qui est dans cet article, la distinction des blessés qui doivent être prisonniers, et des blessés qui ne doivent pas être prisonniers, établie par l'article 26, lève toute difficulté.

Je vous supplie de me mander s'il y aura moyen de faire passer des lettres en France, et par où.

A l'égard du quartier d'hiver, M. de Vaudreuil me mande qu'il me laisse le maître de choisir entre Chambly et Laprairie pour passer l'hiver, ayant la bonté de me continuer le commandement de la frontière.

Je désirerois fort que ma santé me permît de m'en charger ; mais il m'est impossible de le faire. Si je n'eusse pas cru que l'armée angloise fera un mouvement avant la fin de la campagne, j'aurois déjà remis à M. de Roquemaure le commandement de l'Ile-aux-Noix. Ma santé est tellement épuisée par les fatigues de l'été, à la suite d'une maladie de huit mois, que j'ai besoin de remèdes continuels, de beaucoup de repos et de régime. Ma fièvre, depuis que les froids ont commencé, devient plus fréquente. Il m'est survenu, d'ailleurs, un très grand mal de poitrine et un renouvellement d'asthme qui m'annoncent un hiver bien fâcheux.

J'espère, mon général, que ni vous ni M. de Vaudreuil n'attribuerez à défaut de volonté la nécessité où je suis d'hiverner en ville, et de ne m'occuper que de ma santé.

Je serois d'ailleurs fort inutile à la côte. Il n'y a pas d'apparence que je sois en état de faire aucune marche en hiver, pas même la plus petite, une partie de ma maladie étant une foiblesse inconcevable, et qui a beaucoup augmenté depuis le mauvais temps. Si les forces me revenoient, la distance de Montréal à Laprairie est si petite, que j'y serois avant que les troupes eussent pu faire aucun mouvement pour se porter en avant.

J'achèverai la campagne si je le puis, et comme je le pourrai, et je serai bien content de moi si je puis aller jusqu'au bout.

François - Charles de Bourlamaque, brigadier des armées du Roi, commandant à l'Ile-aux-Noix.

A l'Ile-aux-Noix, le 7 octobre 1759.

Il est ordonné à Saint-Louis, sergent du régiment de la Reine, de partir aujourd'hui avec deux sergents du régiment de Berry, un sergent de la marine, un canonnier et vingt domestiques de ce camp, pour aller à Québec retirer les effets appartenant aux officiers des troupes de terre et de la marine qui sont à l'Ile-aux-Noix.

Il se rendra le plus diligemment qu'il pourra dans un bateau jusqu'aux Trois-Rivières, où étant, il prendra les ordres de M. de Longueuil pour continuer sa route jusqu'au camp de M. le chevalier de Lévis, qui lui ordonnera ce qu'il aura à faire.

Il veillera, avec les deux sergents de Berry, à la conduite des domestiques qui sont avec lui, et fera punir et arrêter ceux qui ne se conduiront pas convenablement.

A l'Ile-aux-Noix, le 7 octobre 1759.

Il est étonnant, mon cher général, que vous n'ayez pas reçu de mes nouvelles, ayant eu l'honneur de vous écrire quatre fois depuis quinze jours.

Vous aurez su la destruction du village de Saint-François. Ce n'est pas faute que les sauvages n'aient été avertis. J'ai donné avis de la marche des Anglois à M. de Rigaud par deux courriers différents, et j'en ai envoyé, moi-même, un au missionnaire de ce village. J'ai trois cent cinquante hommes dans la baie, qui attendent le retour du détachement.

A l'égard des postes d'hiver, je fais entourer de pieux le fort de Chambly comme celui de Saint-Jean. L'on a commencé depuis peu de jours celui de l'Ile-aux-Noix, ouvrage immense qui finira quand il pourra. Les retranchements d'été sont presque entièrement finis. Je manque de charpentiers et de bûcheurs, et j'en ai demandés à M. de Vaudreuil.

J'ai été tellement occupé depuis la réception de votre lettre du 29, que je n'ai encore pu faire la revue des bataillons. Je compte avoir l'honneur de vous l'adresser dans peu de jours.

Sans doute vous règlerez les quartiers des trois bataillons qui sont ici, sinon je placerai la Reine à Chambly, l'état-major dans le fort, pour y commander ;

Berry dans la grande côte, de Laprairie à Verchères.
J'ignore encore à qui M. de Vaudreuil destine le commandement de Saint-Jean et de l'Ile-aux-Noix. Je l'ai
prié de m'en instruire.

Je fais partir aujourd'hui des sergents et des domestiques, pour aller à Québec retirer les effets des officiers.
Presque tous les soldats y ont aussi, ou dans la côte,
des équipages. Je n'ai pas osé en détacher un seul
dans la circonstance où nous sommes.

Arnoux demanderoit d'aller, à la fin de la campagne,
faire un tour à l'Hôpital-Général pour retirer des
remèdes qui lui manquent. Mandez-moi, je vous
supplie, si la chose est possible.

Le nommé Guichot, commis des magasins, très bon
sujet et fort utile, a sa femme à Québec. Il désireroit
que vous la redemandiez, et m'a prié d'avoir l'honneur
de vous en écrire. Le nommé Dufau, écrivain d'artillerie, demande aussi la sienne.

Les officiers de la marine qui sont ici, n'envoient
point de domestiques; ils ignorent où sont leurs effets.
Ils écrivent à leurs femmes qui adresseront à quelque
officier de la marine de votre armée, l'état de leurs
effets. Un sergent de la marine part pour prendre cet
état de ceux à qui il sera adressé, et pour aller à
Québec avec ceux des troupes de terre.

Il part aussi un canonnier.

J'envoie aussi un domestique à moi. Je vous supplie
de lui donner un billet pour avoir sa femme qui est à
Québec, s'il veut la faire monter.

Etat des sergents et domestiques détachés de
l'Ile-aux-Noix.

La Reine, un sergent, cinq domestiques ; Berry, deux sergents, quinze domestiques, y compris celui de Cadillac, parti devant ; la marine, un.

Plus trois femmes du régiment de Berry, et un domestique de M. de Bourlamaque et un canonnier.

(Sans signature)

A l'Ile-aux-Noix, le 10 octobre 1759.

J'ai l'honneur de vous envoyer, mon cher général, l'état des grâces, celui des emplois vacants et la revue des trois bataillons qui sont ici. La Reine est complet en officiers. Il restera encore dans Berry des sous-lieutenances vacantes, M. de Trivio ne proposant que deux sujets. Je l'ai décidé à nommer à l'enseigne du sieur de Chambaran, duquel j'ai déjà eu l'honneur de vous rendre compte, et qui ne doit plus être regardé comme officier.

Sur la revue, j'ai admis un homme de gratification par compagnie dans la Reine, et vingt-sept en tout dans Berry. C'est ainsi que l'avoit décidé M. de Montcalm. Il faisoit passer de plus, deux hommes dans la Reine et deux dans Berry pour les Rochettes ; je ne les ai point admis, et vous les y ajouterez, si vous le jugez à propos.

L'état des grâces est nombreux, tous les officiers sont persuadés que si M. de Montcalm avoit demandé, l'année dernière, un plus grand nombre de grâces, il les auroit obtenues.   Il est vrai aussi que trois bataillons n'ont pas été traités aussi avantageusement que les autres.

Vous verrez que je propose des gratifications pour tous ceux qui ont passé l'hiver à Carillon, ou qui y ont été pendant les quatre jours de siège. Je crois qu'il faut quelque distinction à ceux qui ont plus servi que les autres. Au reste, j'ai l'honneur de vous proposer, et vous demanderez ce que vous jugerez convenable.

Wolff, passé en 1755, comme partisan, a bien servi pendant cinq campagnes et n'a encore rien eu.   Je lui ai donné, cet été, une compagnie de volontaires ; je vous supplie de lui procurer la commission de capitaine. C'est nn bon sujet qui pourra servir très utilement pour la petite guerre.   Brave homme, vigoureux et intelligent plus qu'il ne le paroît.

Je joins ici, pour vous seul, si vous le voulez bien, un état des grâces que je crois les plus justes et auxquelles, je vous supplie, de vous intéresser d'avantage. Vous verrez aisément que je ne donne la préférence qu'aux bons.   D'Hébécourt sur toutes choses, Louvicourt, Bartouille et Wolff.   D'Hébécourt désire fort le brevet ; mais, si la chose ne peut réussir, il voudroit au moins une pension, et c'est bien juste.

Je joins à l'état des grâces les raisons qui m'ont paru devoir être présentées ; vous en ferez l'usage que vous jugerez à propos.

Je ne dis rien à l'article de Roquemaure. L'injustice est manifeste.   D'ailleurs vous n'avez pas besoin, je pense, de notes sur son compte.

J'ai proposé pour la croix de Saint-Louis plus de sujets que la cour n'en admettra et, peut-être, que vous n'en demanderez ; mais ils sont plusieurs en concurrence pour les services et le rang. J'ai cru devoir vous présenter leurs services exactement, et de tous ceux qui y prétendent ; vous jugerez. D'ailleurs, je pense que vous recevrez bien des lettres à ce sujet.

Le sieur Vaudarant, sous-lieutenant dans Berry, vous demande une lieutenance dans quelqu'un des autres bataillons, pour le mettre à l'abri de la réforme. Il est fils d'un aide-major des Invalides, ci-devant officier dans Artois. Obligé de quitter, pour un travers de son père, regretté dans ce régiment, passe sergent dans Berry, fait officier l'année dernière, excellent sujet.

Le sieur Dumesnil demande la croix de Saint-Louis, et, comme vous verrez, est le plus ancien de service. Mais, comme il a servi dans la milice et qu'il est tel que vous le connaissez, il seroit fâcheux qu'il fît tort aux autres qui sont très bons sujets. Je désirerois fort que De Laas et d'Asserat pussent être admis.

A l'égard des pensions que je demande pour les premiers capitaines, c'est en conséquence d'une lettre de M. de Montcalm, qui mande que les premiers factionnaires auront la pension après cette campagne.

Je demande une pension pour d'Hert, attendu le détail de ce camp qu'il a fait pendant la campagne, et ses anciens services.

J'ignore ce que vous ferez pour M. de Saint-Félix, capitaine au régiment de Berry ; à tout hasard, je joins ici l'état de ses services.

M. de Montcalm, dans la revue faite, l'année dernière,
au régiment de Berry, comprit dans le nombre des pré-
sents les prisonniers de guerre et plusieurs hommes
désertés dans les côtes. Je n'y ai compris que les
effectifs, et j'ai ajouté séparément les hommes de gratification.

Il ne me reste plus, mon cher général, qu'à vous
recommander ce petit corps de troupes, qui étoit incon-
solable d'être séparé de la grande armée, avant l'affaire
du 13, quoique M. de Montcalm eût promis de les
traiter exactement comme ceux qui servoient avec lui.
Ils espèrent, ainsi que moi, que vous voudrez bien n'y
point mettre de différence. Notre besogne n'a pas été
brillante, mais elle a été utile ; et nous ne demandons pas
pas mieux que d'avoir, avant la fin de la campagne,
des services à rendre d'un genre plus éclatant. En
mon particulier, je suis très content de ces bataillons
en général, et des officiers en particulier ; et, si je
croyois que vous eussiez besoin d'être sollicité pour
faire du bien aux troupes, je vous importunerois plus
longtemps en faveur de celles-ci. Je n'ajoute qu'un
mot, c'est que, quoique notre campagne ne vous ait
coûté aucun officier, n'ayant point eu d'action, il seroit
à désirer qu'elle eût été aussi heureuse sur toutes les
frontières.

Pour ce qui me regarde, votre suffrage m'est trop
nécessaire pour ne pas vous prier de faire valoir mes
services. J'ai fait de mon mieux, et je me trouve
heureux si je finis cette besogne comme je l'ai com-
mencée. J'espère que vous voudrez bien me rendre
le service de parler de moi aux ministres, d'une façon

avantageuse. C'est tout ce qu'il me faut pour parvenir à donner de moi quelque opinion et, après les grâces que j'ai eues dans ce pays-ci, il ne me manquera rien si l'on me croit propre à quelque chose.

P. S. — Vous avez les sieurs de Chambaran et Mercy, sous-lieutenants de Berry, à renvoyer en France. J'attendrai vos ordres pour les faire partir, l'un de Saint-Jean, où il est en prison, et l'autre du camp. Le sieur de la Sorbière demande aussi à partir. Pauvre sujet !

M. de Vaudreuil m'a mandé que je pouvois faire mes lettres pour France ; mais il ne m'a pas voulu mander par quelle voie il écrivoit. Cela est pourtant nécessaire à savoir pour la manière d'écrire.

A l'Ile-aux-Noix, le 17 octobre 1759.

Je n'ai pas eu, mon cher général, un instant à moi pour vous rendre compte, jusqu'à aujourd'hui, du mouvement de l'armée angloise. Elle est partie de Saint-Frédéric le 11, au nombre de dix, onze ou douze mille hommes, précédée d'une avant-garde de soixante bateaux ou berges, d'un brigantin, de vingt pièces de canons de 18, d'un senau aussi fort que notre goélette, et de plusieurs bateaux armés de gros canons ; un seul en porte six de 24.

Nos chébecs ont été surpris, sans doute, et n'ont point vu passer cette avant-garde. Ils étoient à leur poste ordinaire, près des îles Aux-quatre-Vents, quoique j'eusse mandé au commandant que, pour peu qu'il craignît d'être coupé, il eut à rapprocher sa croisière et sa station, parce que l'essentiel étoit d'entrer dans la rivière avant les Anglois.

La goélette étoit placée à la pointe de la Grosse-Ile pour garder le passage de la baie de Missiscoui. Le 12, au point du jour, elle fut accueillie par le brigantin et le senau. Le premier lui donna la chasse et alloit la prendre, lorsqu'il s'échoua. La goélette se réfugia dans le fond de la baie de Missiscoui.

Les chébecs, que le brigantin n'avoit pas vus, étoient aux prises avec les berges et en avoient enlevé une, lorsque le vent manqua tout à coup, puis vint nord-est. Le brigantin déchoué en profita pour retourner sur les chébecs.

A l'entrée de la nuit, M. de Laubara, après avoir vu le corps de l'armée angloise près des îles Aux-quatre-Vents, se réfugia dans l'anse des Tsonnonthouans, où il coula bas ses trois bâtiments, et se mit en marche le 13 au matin, par le bois, ayant précédemment dépêché deux chaloupes pour m'avertir de la marche des ennemis et du rapport des prisonniers.

Le vent du nord-est qui a duré trois jours avec violence, a empêché cette armée de s'approcher d'ici ; elle a pu marcher depuis hier matin, et je la crois bien près de la rivière.

La goélette, sortie par le nord-est de la baie de Missiscoui, est vis-à-vis l'extrémité de l'île laMothe, près de la côte du nord, et attend inutilement depuis trois jours un vent de sud-ouest, le seul qui puisse la faire marcher. Il y a à parier dix contre un qu'elle est prise ou brûlée à présent. La perte de ces bâtiments est un grand malheur pour la défense de la rivière.

J'ai demandé des secours à M. de Vaudreuil, ayant trop peu de monde pour espérer garder cette frontière.

J'ignore ce qu'il m'enverra. **Mes** retranchements sont finis depuis quelque temps, et j'étois après le fort d'hiver, tout est suspendu ; il faut songer au plus pressé. Si l'on est assez heureux pour repousser ou lasser l'ennemi, on fera comme on pourra.

Par le rapport des prisonniers, il paroît que M. Amherst s'est consulté avec M. Gage, pour agir en même temps.

La saison est avancée ; malheureusement il fait sec depuis longtemps, et le plus beau temps du monde, quoique froid depuis peu de jours.

Je ne sais pas où l'ennemi veut venir. Quelques prisonniers, partis il y a trois semaines, de Saint-Frédéric, pour aller sur les Rapides, et pris au retour, parlent d'un camp du passage à la pointe aux Fers ; mais il peut y avoir des corps détachés sur d'autres côtés.

Montréal est dans la consternation, et je crains fort que cet abattement n'empêche les miliciens de marcher. Nous avons tous envie de bien faire. J'ai pris toutes les précautions que le temps, le peu de monde que j'avois, et la nature du pays m'ont permis. Nous nous battrons de notre mieux ; arrivera ce qui pourra.

A M. DE RIGAUD

À l'Ile-aux-Noix, le 19 octobre,
à 3 heures après-midi.

L'armée angloise, Monsieur, est partie, hier matin, de la rivière aux Sables et doit être actuellement ou à la pointe aux Fers ou dans la baie de Missiscoui.

On a vu, hier, son avant-garde se mettre en mouvement, et son camp a été aperçu par les fumées, à la rivière aux Sables.

Ne tardez pas, je vous supplie, à me faire passer les cinq cents hommes que j'ai demandés, et les cent cinquante destinés pour Saint-Jean. Je n'ai encore reçu aucun secours, et il est bien temps d'en avoir.

Si vos découvreurs ne vous rapportent aucune nouvelle des ennemis du côté de la rivière Chazy, je vous supplie de vous porter à Saint-Jean avec ce qui pourra vous rester au delà du nombre susdit, laissant seulement à Laprairie deux ou trois cents hommes pour assurer cette partie.

Je n'écris point à M. le marquis de Vaudreuil ; je vous prie de lui rendre compte de ce que j'ai l'honneur de vous mander.

A M. LE MARQUIS DE VAUDREUIL

A l'Ile-aux-Noix, le 20 octobre 1759,

à huit heures du soir.

Vous aurez su, par M. de Rigaud, que mes découvreurs ont été poussés dans la rivière par une vingtaine de berges, qui ont paru à midi à la vue des retranchements, et sont retournées ensuite au haut de la rivière.

Il en est parti, ce soir, un coup de canon de retraite, qui paroît annoncer que l'armée y est campée.

Je n'ai pas encore reçu un seul homme de renfort ; il n'en est pas venu non plus à Saint-Jean. Ceux à qui vous avez donné ordre de rassembler les milices, s'acquittent mal, sans doute, de leur besogne.

J'apprends que les Canadiens sont découragés. Il seroit aisé à ceux qui les commandent de leur faire comprendre que, la saison étant avancée, les efforts des Anglois ne seront pas de longue durée. Ce poste-ci est bon ; les troupes sont bien disposées ; mais il faut du secours. On s'y attend, je l'ai annoncé pour donner de la confiance ; s'il ne vient pas, elle manquera.

Il n'y avoit rien encore dans la baie de Missiscoui à deux heures après-midi. J'y ai des découvreurs ; mais quelle ressource de ce côté-là, si je n'ai personne ?

J'ai mandé à M. de Rigaud de se porter de sa personne à Saint-Jean, si ses découvreurs ne voient rien sur la rivière Chazy, et de laisser trois cents hommes à Laprairie ; bien entendu qu'il m'enverra d'avance les six cent cinquante hommes pour Saint-Jean et ici. Mais comment le fera-t-il, s'il n'a que trois cents hommes en tout ? Je le prie, aujourd'hui, de détacher cent hommes de ces trois cents pour me les envoyer.

Les Iroquois s'en vont tous l'un après l'autre ainsi que les Népissings. Je resterai bientôt sans sauvages.

Copie de la lettre écrite par M. de Bourlamaque à M. de Vaudreuil.

A l'Ile-aux-Noix, le 23 octobre 1759.

Je vois par la lettre que vous me faites l'honneur de m'écrire le 21, que l'équipage des chébecs s'est apparemment rendu à Montréal. J'ignorois le rapport des prisonniers, M. de Laubara s'étant mépris de lettre en m'envoyant son exprès. Je suis curieux de savoir

quelle a été sa manœuvre, et quelle raison il a eu pour
couler bas ses trois bâtiments, à l'entrée de la nuit, sans
avoir essayé à se sauver à la faveur de l'obscurité, et
sans avoir essuyé un coup de canon. Je pense que ses
raisons sont bonnes ; mais les apparences sont contre
lui. Quoi qu'il en soit, si cet homme est habile, il est
encore plus malheureux.

Je vous supplie de faire passer diligemment à Saint-
Jean tous les soldats qui montaient ces chébecs, n'en
ayant pas trop ici pour la défense de cette partie. Je
verrai ensuite à en tirer parti selon les occurrences.

J'aurois aussi besoin des matelots pour renforcer
l'équipage de la goélette, et pour armer un petit bateau
à canon que je fais finir ici, et qui sera très utile pour
la défense de la rivière. Je compte, si vous n'avez pas
destiné le sieur Tennet à quelque chose, lui donner le
commandement de ce bateau. Comme il est bon serviteur du Roi, je suis persuadé qu'il acceptera cette
commission avec plaisir, quoique moins importante, en
apparence, que celle qu'il avoit précédemment. Si M.
de Basserode s'est rendu avec son détachement, comme
je l'espère, et qu'il soit en état de finir cette campagne,
je vous supplie de le faire partir promptement pour
Saint-Jean, où il attendra de mes nouvelles. Il seroit
bon aussi d'envoyer avec lui les miliciens qu'il avoit
sur les chébecs. De tous les miliciens que vous avez
commandés, il n'en est encore venu que vingt-six à
Saint-Jean ; nulle nouvelle des autres.

J'eus l'honneur de vous mander, hier, qu'il avoit paru
des Anglois dans la baie de Missiscoui. Quatre à cinq
berges ont été au lieu, où les dix-sept débarquèrent le

21, pour aller à Saint-François ; ils mirent à terre, firent une découverte, et retournèrent vers le Lac. Les officiers qui les observoient n'ont pu me dire s'ils étoient retournés par le sud de la grande île ou par le chenal du nord, remarque importante, qui m'auroit donné moyen de conjecturer la situation de l'armée angloise. J'y ai encore une quarantaine de découvreurs, à qui j'ai donné ordre d'abandonner la tête du portage, aussitôt que l'ennemi débarqueroit de ce côté-ci, et de se rendre dans la rivière du Sud, où je compte établir des postes par échelons sur des pointes que j'ai reconnues, pour chicaner l'ennemi dans cette rivière et tâcher de gagner quelques jours ; car il m'est impossible de l'attaquer dans le portage où il a trois lieues d'un beau débarquement à choisir, et où il se retranchera peu à peu et très vite. Encore pour la manœuvre que je me propose de faire, est-il absolument nécessaire d'avoir des renforts considérables.

J'ai deux découvertes sur la terre du nord pour aller voir où est l'armée angloise. J'ai donné ordre à celle de la rivière du Sud d'aller observer du côté du moulin par la baie de Missiscoui.

A l'égard du bombardement et de la canonnade de l'Ile-aux-Noix, je m'y suis toujours attendu. Avec de la patience et des vivres, on prend son parti. Ce dernier article me manque.

A l'Ile-aux-Noix, le 25 octobre 1759.

Les Anglois, mon cher général, ont paru à la vue des retranchements avec quinze berges, ont vu tirer un coup de canon et se sont retirés. Je ne sais s'ils se croyoient aussi près, ou s'ils n'avoient pas été conduits jusque là par la chasse qu'ils donnoient à mes découvreurs. Ce détachement étoit soutenu et suivi d'une cinquantaine de berges, d'un brigantin et de deux bateaux, tous trois armés de canon de 18. Ces bâtiments n'ont pas passé le haut de l'Ile-aux-Têtes.

Une quinzaine de berges a paru, en même temps, dans la baie de Missiscoui.

Vous croyez bien que ces apparitions, jointes aux rapports des prisonniers, qui assuroient l'armée partie du 11, nous ont tenus alertes. Les cinquante berges et les trois bâtiments sont partis, avant-hier, de l'anse qui est vis-à-vis le moulin Foucaut, pour remonter dans le Lac. Mes découvertes n'ont rien vu depuis, dans cette partie, ni dans celle de la rivière Chazy, non plus que dans la baie de Missiscoui.

Je crois la saison trop avancée actuellement pour que M. Amherst entreprenne. Je ne comprends pas trop comment il mettra sa tête en sûreté ; il fait là une sotte campagne.

La perte des chébecs est une énigme pour moi. Cet homme, aussi malheureux, je crois, qu'il est ignorant, a coulé ses bâtiments sans essayer sa marche, sans avoir essuyé un coup de canon, et sans avoir cherché à profiter de l'obscurité pour se sauver. Il s'est rendu à Montréal, et sans doute il a des raisons, puisque M. de Vaudreuil me mande qu'il n'a pas pu faire autrement. Je ne lui donnerois pas, je crois, le commandement de la galiote de Saint-Cloud.

Notre établissement d'hiver est furieusement retardé ; nous ferons comme nous pourrons ; mais il a fallu songer au plus pressé.

Les colons me paroissent de bien mauvaise volonté. M. de Rigaud a rassemblé trois cents hommes à Laprairie ; c'est tout ce qu'ont pu fournir, en dix jours, tous les soins de M. le marquis de Vaudreuil et des officiers, détachés pour rassembler les milices. J'étois réduit à mon petit camp, sans espérance d'avoir un seul homme. Je pense que les sept cents que vous avez fait partir, seront perdus pour les deux côtés, et qu'ils déserteront tous en chemin.

M. de Vaudreuil m'écrit que tous les habitants sont malades et qu'ils ne peuvent marcher.

Roquemaure paroît désirer être sur la côte du fleuve Saint-Laurent, et, comme vous me laissez le maître de l'arrangement de ces bataillons, je pourrai bien mettre la Reine à Laprairie, parce que cela est égal pour le service. Il est bon même d'avoir là quelqu'un sur qui on puisse compter.

Je vais vous envoyer quelques officiers à faire repasser en France.

Faites-moi la grâce de me mander, quand vous enverrez en quartiers les cinq bataillons de votre armée, parce que, si je n'ai alors aucune appréhension pour ce côté-ci, je ferai partir les détachements de ces bataillons qui sont ici, pour joindre leurs corps.

Copie d'une lettre de M. de Bourlamaque à M. le marquis de Vaudreuil, du 25 octobre 1759.

Les découvertes que j'avois envoyées par terre jusqu'à la pointe aux Fers, y ont trouvé, le 22, cinquante berges avec les trois bâtiments anglois, lesquels ont disparu le 23, à neuf heures, prenant la route du Lac. Un des officiers que j'avois envoyés, a poussé jusqu'à la rivière Chazy, et en a visité les bords jusqu'aux Rapides, sans y rien apercevoir.

Il n'a rien paru, non plus, jusqu'à hier au soir, dans la baie de Missiscoui, depuis le dernier détachement, dont j'eus l'honneur de vous rendre compte. J'ai envoyé, par cette baie, visiter les bords de la grande île, du côté du sud, où je pense que l'ennemi auroit pu camper, s'il avoit voulu opérer dans cette partie. J'attends cette découverte aujourd'hui ou demain matin.

Il paroît que, si l'armée ennemie doit faire le mouvement auquel nous devions nous attendre, il n'étoit pas commencé dans le temps que l'ont dit les prisonniers de M. de Laubara, et que le détachement dont il a eu connoissance sur le Lac, étoit celui de cinquante berges, qui étoient, le 22, vis-à-vis le moulin Foucaut, et dont une partie a donné la chasse à mes découvertes, le 21.

La saison est maintenant bien avancée pour commencer des opérations, et, malgré la conviction où je suis que M. Amherst risque sa tête en n'opérant pas, je commence à me persuader qu'il ne fera point de mouvement cette campagne.

Les ouvrages d'hiver sont furieusement retardés. Je n'ai pu les reprendre, à un certain point, que depuis hier matin, et je crains que les pluies ne me gênent beaucoup ; mais il a fallu songer au plus pressé ; nous ferons comme nous pourrons.

J'ai eu l'honneur de vous prier d'envoyer à Saint-Jean les détachements de soldats et Canadiens qui étoient sur les chébecs, ainsi que leurs équipages. Je vous supplie de ne rien changer à cette destination, parce que je serai à même alors de tirer cinquante miliciens de ce fort pour surveiller ici.

La bonne volonté de M. de Laubara est fort louable.

Je doute que, lorsqu'il sera ici, il entende faire son éloge. Je crois que les sauvages vont me quitter ; je ferai mon possible pour les engager à aller faire un prisonnier. La promesse de mille écus et. d'un baril d'eau-de-vie que je leur fais, depuis quinze jours, ne les tente point. Je les trouve toujours les mêmes depuis le départ des Anglois du fort George.

———

Ce 26 octobre 1759.

Je vous envoie, mon cher général, MM. de Chambaran, de la Sorbière et Mercy, officiers au régiment de Berry, qui désirent repasser en France, et desquels j'ai déjà eu l'honneur de vous rendre compte. Je n'ai point attendu vos ordres pour les envoyer, parce que la saison est avancée ; vous en disposerez comme vous jugerez à propos.

Rien de nouveau depuis la dernière lettre que j'ai eu l'honneur de vous écrire.

P. S. — M. Toussac sert depuis 1744 dans le bataillon de milice de Bourg-en-Bresse. — Réformé en 1749. —

Entré en 1752 dans les milices du Soissonnois, d'où il est passé dans le régiment de Berry, où il est sous-lieutenant de grenadiers. Bon officier, demande une lieutenance ; et, comme il n'y en a point de vacante dans ce régiment, il supplie M. le chevalier de Lévis de le nommer à une lieutenance dans un des autres régiments. C'est un brave homme qui a de l'expérience et des années, et dont on est fort content dans son régiment.

Ce 29 octobre 1759.

J'ai oublié, mon cher général, de vous rendre compte que M. de Louvicourt, étant aux batteries des retranchements, le 20, jour auquel les Anglois s'en approchèrent avec une quinzaine de berges, reçut un coup de fusil à l'épaule, d'un Canadien qui, malgré la défense que j'avois faite, tiroit son arme pour la mettre en état. Quoique cette blessure ne soit pas dangereuse, elle est cependant assez considérable ; il a eu l'omoplate en partie fracassée. Je ne sais s'il ne seroit pas possible de faire valoir cet accident pour obtenir la croix de Saint-Louis, que j'ai sollicitée pour lui. Il est certain qu'il étoit à sa besogne, puisqu'il venoit de faire tirer un coup de canon sur les berges angloises.

Lorsque j'ai eu l'honneur de vous demander les grâces pour les officiers de cette armée, Wolff étoit en détachement, et je n'ai pu vous envoyer l'état de ses services. Il est soldat ou sergent depuis vingt-sept ans, et est le seul de tous les officiers qui ont été au fort George avec M. de Rigaud, ou qui ont hiverné à Carillon, et marché avec vous au siège du fort George, qui n'ait eu aucune espèce de récompense. Il a cependant brûlé

la barque du fort George. Je ne comprends pas pourquoi M. de Montcalm l'avoit oublié de la sorte. J'en ai
été très content pendant cette campagne.

Rien de nouveau depuis ma dernière lettre. J'envoie
couper tous les bois des environs, pour faire des bâtiments d'hiver. Je ne sais quand tout cela sera fini.

J'ignore encore qui doit commander ici et à Saint-
Jean.

Il paroît que l'Ile-aux-Noix sera donnée à M. de
Lusignan, du moins c'est le bruit, et il paroît s'intéresser
à la commodité du logement. J'ignore aussi ce qu'on y
mettra de troupes. J'ai demandé à M. de Vaudreuil de
faire réparer le fort, ou enceinte de pieux, qui étoit à
Laprairie, pour assurer cette tête de nos quartiers. Il
me paroît que nos quartiers seront furieusement exposés
aux courses des partis, tant ceux du bas du fleuve que
ceux-ci. Je pense que, si vous lui en écriviez, il pourroit y faire attention, du moins pour Laprairie, où cela
est aisé ; car je me méfie beaucoup de mes représentations ; elles ont peu de poids.

M. de Vaudreuil me paroît dans le dessein de replier
cette armée dans peu de jours, quoique les bâtiments
d'hiver soient encore dans le bois. Je lui ai mandé ou cela
étoit, et M. Le Mercier, qui retourne le joindre demain,
sera en état de lui en rendre compte. Je ne pense pas
qu'avec du beau temps, trois semaines puissent suffire ;
il est vrai qu'on peut laisser quelque chose à faire. Au
reste, j'exécuterai l'ordre de la retraite avec d'autant plus
de satisfaction que j'ai grand besoin d'aller travailler à
ma santé, qui devient tous les jours plus mauvaise.
Cependant nous n'avons aucune nouvelle que l'ennemi

ait renoncé au projet d'attaquer cette partie. La grande
confiance succède ordinairement aux grandes inquié-
tudes. Point de prisonnier, ni espérance d'en avoir. Les
sauvages sont de la plus mauvaise volonté ; et, malgré
tout ce que je puis dire, on ne m'envoie jamais que des
vieillard qui gâtent les jeunes gens et que l'on croit les
plus fidèles du monde, parce qu'on ne les connoît que
par leurs harangues.

Ce 1er novembre 1759.

J'ai reçu, mon cher général, la lettre que vous m'avez
fait l'honneur de m'écrire le 26 du mois dernier.

J'ai eu celui de vous rendre compte du départ de
l'avant-garde ennemie. Je ne sais rien de plus nouveau. Les sauvages ne veulent plus aller en guerre.
Ils sont d'aussi mauvaise volonté que les colons. Il est
vrai que la saison est tellement avancée, qu'il n'y a
nulle apparence que les Anglois entreprennent.

J'ai un bateau en chemin pour Saint-Frédéric, qui
porte des lettres de M. de Vaudreuil. C'est la seule
découverte sur laquelle je puis compter.

Des cinq cents hommes de votre campagne que conduisoit le sieur Rhéaume, il en est arrivé cent vingt à
Saint-Jean ; lès autres ont déserté en chemin, ainsi du
reste.

Vous m'aviez parlé de loger ici trois cents hommes
pour l'hiver ; j'ai agi en conséquence. M. de Vaudreuil
m'écrit, aujourd'hui, pour la première fois, qu'il en veut
mettre cinq cents, et qu'il vous écrit pour savoir ce
qu'on mettra de piquet des bataillons. Les cinq cents
hommes seront mal logés.

M. de Vaudreuil, à ce qu'on m'a mandé, a ordonné aux bataillons de Royal-Roussillon et de Guyenne, de s'établir dans les quartiers de la côte du fleuve, depuis Sorel jusqu'à Laprairie. C'est une suite du mouvement qu'a fait M. Amherst; il a compté qu'ils seroient à la portée de venir ici, s'il étoit nécessaire; mais, comme la saison est maintenant un obstacle invincible, je lui ai représenté que ces bataillons-ci sortiroient tard de campagne, et courroient les risques des mauvais temps, s'ils étoient obligés de passer le fleuve et le lac pour gagner leurs quartiers. Je ne pense pas que ma représentation ait d'effet; mais j'ai cru devoir la faire, parce que les deux autres bataillons venant par terre, pourroient être à temps pour recevoir le contre-ordre.

Le fort d'hiver est sérieusement contrarié par le froid. N'ayant point de pierres, il faut faire les cheminées en terre, et il gèle déjà assez pour faire compter les degrés au thermomètre. Je tâche d'y remédier par de l'eau chaude et du feu. Pas une planche; les moulins de Chambly n'ont presque rien fourni. J'ai détaché deux cents hommes pour aller en chercher à Maska; mais les habitants désertent en chemin. D'ailleurs, M. l'intendant me mande que ces planches sont destinées pour Jacques-Cartier, et qu'il désespère qu'on en puisse fournir pour ici. M. le marquis de Vaudreuil me marque qu'à défaut de planches pour faire des logements, il faut faire faire des baraques. Cet expédient, à coup sûr, ne me tirera pas d'affaire, parce qu'il a oublié de me mander avec quoi on les couvrira.

Je prends la liberté, mon cher général, de vous envoyer un paquet de lettres pour France, que je vous supplie de faire mettre sur le même bâtiment que les vôtres. J'enverrai les duplicata, au hasard, sur un des bâtiments qui comptent passer sous Québec. Il n'y a rien dans ces lettres que les Anglois ne puissent voir.

Vous ne m'avez pas fait l'honneur de me mander où vous comptiez passer l'hiver. J'imagine que ce sera avec M. le marquis de Vaudreuil. Je désire fort voir la fin de cet établissement-ci ; mais, depuis qu'il fait froid, ma santé va en empirant, et ma petite fièvre devient journalière. Je ferai ce que je pourrai et partirai le plus tard qu'il me sera possible.

Je rends compte succinctement au ministre de ma campagne. Je pense, qu'en gros, on doit être content de ce corps de troupes. Nous avons fait ce que nous devions faire, et il n'est pas mal, avec si peu de monde, d'avoir mis ceci en état d'être respecté. Il est vrai que la position, par elle-même, étoit bien bonne.

Ce 2 novembre au soir.

Je pense, mon cher général, que vous êtes instruit du départ de M. Le Mercier, et ne doute nullement qu'il ne soit arrangé de concert avec vous. Cependant il m'en a fait mystère et, à tout hasard, j'ai l'honneur de vous donner avis qu'il passe en France. Je l'ai su par voie indirecte ; mais je crois la chose sûre ; si vous le savez, comme il y a apparence, je n'ai rien dit ; si, par hasard, vous n'en saviez rien, il sera bon d'en être instruit.

Les Anglois sont dans le fort des Abénakis, à Mississcoui, depuis avant-hier. Je viens d'envoyer reconnoître ce qu'ils y font, et en quel nombre.

M. le marquis de Vaudreuil m'a envoyé un paquet à faire passer à M. Amherst, dont j'ignore la teneur ; mais par des lettres que j'ai eues de Montréal, il y a apparence qu'il y est question de l'échange des prisonniers. Il est parti avant-hier.

Aujourd'hui, Mme de la Milletière me mande que M. de Vaudreuil ne réclame l'échange que pour les officiers du pays, et elle se lamente de ce que son mari n'y sera pas compris et ne reviendra point.

Je lui mande qu'il n'y a nulle apparence à cela, que sûrement M. de Vaudreuil réclame tous les officiers françois, indistinctement, et que son mari aura le sort des autres. Je pense, en effet, que c'est une inquiétude qu'on lui a donnée, sans fondement. D'ailleurs ils pourroient bien ne revenir ni les uns ni les autres.

P. S. — M. Le Mercier me dit un jour que Bougainville avoit peint, l'année dernière, notre situation comme trop désespérée, et qu'il étoit cause par là que le pays n'avoit point eu les secours qu'on auroit sans doute envoyés, s'il n'avoit pas parlé de la sorte. Je vous répète cette phrase, indifférente en elle-même, parce qu'il passe en France cette année. Je vous supplie que ceci soit pour vous seul ; je n'ai pas envie de faire plus d'inimitiés qu'il y en a.

Ce 3 novembre 1759.

Les Anglois qu'on avoit vus dans le fort de Missiscoui, se sont trouvés être cinq hommes du détachement de M. Rogers qui se sont égarés. Trois Abénakïs, moins poltrons que les autres, les ont pris sans peine. Ils disent que M. Rogers s'est rendu sur la rivière de Connecticut où il doit être arrivé depuis longtemps. Son projet n'a jamais été de revenir aux berges qu'ils avoient laissées dans la baie. Ils n'avoient presque plus de vivres en partant de Saint-François.

Un grenadier de Béarn, qui étoit malade aux Trois-Rivières, a eu une permission de M. de Longueuil pour aller à Montréal. Il est gendre de Xaintonge, et est venu voir sa femme dans la rivière de Chambly, puis son beau-père qui est ici. Je le fais repartir sur le champ pour joindre sa troupe.

(Sans signature)

Ce 5 novembre 1759.

M. de Cadillac, qui arrive, mon cher général, de Saint-Frédéric, n'a point trouvé l'armée retirée comme on le croyoit.

Il a même rencontré dans la baie des Tsonnonthouans deux bâtiments, l'un desquels est un de nos chébecs que l'on a cru avoir coulé bas ; les deux autres sont en effet sous l'eau, et les Anglois comptent les relever.

L'aide de camp Abercromby a parlé de la manœuvre de ces chébecs avec bien peu d'estime, et assure avoir été bien surpris qu'on les eût abandonnés. Rien ne leur étoit plus aisé, selon lui, que de se sauver.

Il a dit aussi que l'armée angloise étoit venue jusqu'au près de la baie de Tsonnonthouans, et que M. Amherst ayant reçu un courrier de Boston, qui lui apprenoit la prise de Québec, s'en étoit retourné tout de suite, ne voulant pas perdre du monde pour prendre un pays qu'il regardoit comme rendu.

Sir Abercromby étoit sur les berges qui ont reconnu l'Ile-aux-Noix, le 21, et a, dit-il, été fort surpris de voir vingt pièces de canon dirigées sur l'entrée de la rivière. Il a conclu que nous en avions beaucoup ici, quoiqu'il crut le contraire, sachant que j'avois eu ordre d'envoyer deux convois d'artillerie aux Rapides et à Jacques-Cartier.

Il paroît que le maréchal de Contades a été battu près de Minden.

Je vous prie de me permettre de quitter l'Ile-aux-Noix, lorsque ma santé ne pourra plus en soutenir le séjour. Ma fièvre devient tous les jours plus forte, et je crains de ne pouvoir finir la campagne jusqu'au bout.

M. de Vaudreuil m'ayant mandé que vous arriviez incessamment à Montréal, je vous y adresse cette lettre, et vous supplie de lui faire agréer mon retour au cas que j'y sois forcé. Ce sera le plus tard que je pourrai.

A l'Ile-aux-Noix, le 18 novembre 1759.

Sur les lettres réitérées, mon cher général, de M. le marquis de Vaudreuil, par lesquelles il me pressoit de renvoyer les troupes, sans vouloir me donner d'ordre, j'ai pris sur moi, pour épargner les vivres, de faire partir Berry le 15, la Reine, le 17, et la plus grande partie des milices ; il ne me reste plus que la garnison de l'Ile-aux-Noix, les cent trente hommes de surplus de la marine, et deux cents miliciens avec lesquels je tâche de finir les logements et l'arrangement du fort.

Je souhaite que les Anglois, dont je n'ai aucune nouvelle, ne viennent pas m'attaquer dans cette circonstance, cela seroit très fâcheux. Le temps qui étoit très froid quand j'ai commencé le déblaiement, leur est maintenant bien favorable.

Nulle nouvelle de nos prisonniers, ni de ceux qui ont conduit les Anglois ; ils devroient être de retour.

Je ne sais quand je partirai ; ce ne sera pas sans avoir, si je puis, des nouvelles des Anglois, à moins que le temps ne change.

Je ferai part de ce que vous me mandez à M. de Roquemaure, lorsque je passerai à Chambly. Il est fort difficile de décider la manœuvre qu'il doit faire pour lever les quartiers, et se porter ici. Il est nécessaire pour cela de savoir comment on pourra s'y prendre, par eau ou sur les glaces. D'ailleurs, s'il faut venir en bateaux, il n'y en aura pas assez, à moins que M. de Vaudreuil ne donne ordre d'en faire passer à Saint-Jean, ou il n'y en aura pas suffisamment.

J'ai l'honneur de vous représenter que toutes ces instructions devroient émaner de M. de Vaudreuil. Parti d'ici, je ne suis plus rien. Cependant j'en laisserai une telle quelle à chacun des commandants des forts. Celle de M. de Lusignan sera bientôt faite, il est rompu au commandement. D'ailleurs, tout ce que je pourrai lui prescrire, ne le rendra ni actif, ni plus prévoyant, ni moins occupé de ses intérêts que je l'ai vu à Carillon et à Saint-Frédéric. Ceux, ou plutôt celles qui l'ont fait nommer, n'ont pas choisi comme il aurait fallu dans la circonstance où nous sommes. J'ai tâché indirectement de parer le coup ; mais on ne m'écoute en rien.

M. de Roquemaure m'a dit qu'il se logeroit hors du fort de Chambly ; et en effet il n'y a dans le fort que des petits trous à poêle. Il prétend que le poêle ne convient pas à son asthme ; je le crois, parce que je suis un peu asthmatique.

Le fort de l'Ile-aux-Noix pourra être en état dans peu de jours. Il est bien foible contre l'ennemi, n'étant que de pieux debout, et bien mal construit quant aux logements, ayant été fait très pressé, et n'ayant pas un seul charpentier. J'en avois demandé cinquante ; mais, de tout cela comme tout le reste, on m'a répondu que les Canadiens étoient charpentiers, et il paroît bien qu'ils ne le sont pas assez pour une telle entreprise.

Pas un seul sauvage depuis quinze jours, quoique M. de Vaudreuil m'en ait annoncé depuis longtemps.

Sans doute vous enverrez ordre aux bataillons de Royal-Roussillon et de Guyenne, de marcher sous les ordres de M. de Roquemaure.

J'ai beaucoup d'impatience de partir d'ici, et grand besoin de quitter un tracas aussi désagréable et pour lequel il faut tout faire, sans recevoir secours de personne.

P. S. — Il s'en faut bien qu'il y ait ici assez de vivres pour l'hiver. J'ai écrit là-dessus à M. Landrière, il y a longtemps ; mais il n'en est pas venu.

A Sorel, le 12 août 1760.

Depuis ma lettre d'aujourd'hui, mon cher général, je reçois celle que m'apporte M. de Beauclair. Vous paraissez ne pas approuver que je retire les deux piquets que j'ai dit. Vous ne pensez pas que je n'ai que trois cent quatre-vingts soldats, et que M. Dumas a cent

6

cinquante hommes de Languedoc, le bataillon de la marine a cinquante hommes près, et huit piquets de soixante hommes chaque, en tout à peu près huit cent quatre-vingts soldats, sans compter les trente hommes de Berry, restés à Berthier.

Au reste, la communication est rompue à présent, et je ne sais comment je ferois pour avoir ces piquets.

Je vais tâcher de me rendre par terre jusqu'à Longueuil avec mon canon et mes munitions. Les vivres m'embarrassent beaucoup.

Je me trouverai sans aucun bateau à la côte de Longueuil, étant obligé d'envoyer les miens à Chambly.

A Sorel, le 12 août 1760, à 5 heures du soir.

Il vient de passer dans le chenal, des barques, mon cher général, vingt-sept ou vingt-huit voiles dont je ne vous ferai pas le détail, et un grand nombre de carcassières ; elles sont plus que moitié au-dessus de Sorel et continuent à marcher ; je ne sais où la tête mouillera ; mais, pour la queue, je crois que ce sera vis-à-vis Sorel, car le vent est bien foible.

J'apprends qu'il paroit dans le moment au même chenal, des barques, un grand nombre de bâtiments ; c'est sans doute la seconde division qu'annonçoit M. Dumas.

Je suis fort embarrassé ; quel parti je prendrai. J'ai sur la rive gauche de la rivière Sorel, un parti de quatre-vingts volontaires. Il me reste environ sept cents hommes, dont trois cent cinquante miliciens de mauvaise volonté. Je suis très fâché d'avoir du canon ;

j'en suis embarrassé. Je comptois avoir plus de monde. Il paroît que cette première division va à Montréal. Je ne sais ce que fera la seconde. Nulle nouvelle de M. de Rennepont à qui j'envoie courrier sur courrier ; nulle de M. Dumas qui ne peut plus communiquer avec moi, et qui n'est pas encore à Berthier. Trente soldats que j'y ai laissés font toute la défense de cette côte.

Si le vent du nord-est souffle demain, ni M. Dumas ni moi ne pourront côtoyer la flotte angloise ; il n'y a pas un chemin fait, qui mène de la rivière Sorel au grand fleuve. Il faut pourtant y mener les vivres, le canon, les munitions. En vérité, il est fou de vouloir garder autant de pays avec huit cents mauvais hommes. Presque pas de voitures sur cette route.

Les premiers navires Anglois ont tiré sur nous quelques volées de canon, peut-être pour avertir M. Amherst. J'ai entendu, en même temps, un coup de canon vers l'Ile-aux-Noix.

J'envoie cette lettre par la côte du sud, ne pouvant plus communiquer au nord.

Tâchez, je vous supplie, de me mander ce que je dois faire. Dois-je marcher tant que je pourrai vers Longueuil et Laprairie pour vous joindre, si le vent contraire retarde la flotte ? Dois-je rester à hauteur, au risque d'être primé par un bon vent ? Où ferai-je la jonction ? Dois-je passer dans l'île de Montréal, si je puis arriver ?

J'apprends, avec la plus grande surprise, que les soldats de la Reine qui étoient à Saint-Ours, en sont revenus. Je ne sais s'il en est de même de ceux de

Saint-Antoine et de Saint-Denis. Je les avois envoyés joindre leurs bataillons à Chambly, en arrivant ici.

Nulle volonté chez les habitants. Que l'on n'espère pas que j'emmène un seul de ceux qui se trouvent au-dessous des Anglois. Je ne puis compter arriver à la vue de Montréal qu'avec trois cent quatre-vingts soldats qui peuvent être diminués par les ennemis; encore faut-il que j'en laisse à Sorel.

Je crois que je prendrai le parti d'envoyer mes quatre pièces de canon à Chambly.

P. S. — Je reçois dans le moment une lettre de M. de Rennepont que je vous envoie. Son exprès m'apprend que les bâtiments qui passent actuellement le chenal, avoient joint, hier, dans le Lac, et sont au nombre de dix, dont deux gros, non compris la frégate qui est restée dans le Lac, escortée de plusieurs berges. J'écris à M. de Rennepont de laisser là cette frégate, et de venir avec les soldats et le plus d'habitants qu'il pourra.

Je joins ici l'état des bâtiments qui ont passé ou passent encore devant Sorel :

Cinq à trois mâts, dont un de seize canons ; les autres, transports ; Dix-neuf à deux mâts, portant des troupes ; Dix à un mât, dont un de huit canons ; Vingt et une carcassières ou bateaux à canon, sans compter les berges, chaloupes et canots, non compris la frégate restée dans le Lac, et les dix voiles qui sont actuellement dans les chenaux.

J'ai demandé des souliers à M. l'intendant. Cette troupe-ci est nu-pieds.

Saint-Ours, le 13, à 5 heures et demie du soir.

L'escadre angloise ayant dépassé Sorel, hier, mon cher général, je crus devoir faire le portage de Saint-Ours, et me rendre de Saint-Ours, sur le fleuve, pour la devancer vers Montréal. Je suis arrivé ici ce matin, vers onze heures. La première division étoit mouillée devant le bas de Lanoraie. A midi, le vent s'étant élevé, plusieurs bâtiments mirent à la voile. Sept goélettes ou brigantins joignirent la première division, et je ne doutois pas que le tout ne continuât de monter.

Enfin, après avoir bien tourné et changé de manœuvre, je viens d'apercevoir que tous ces bâtiments se laissent dériver et retournent vers Sorel. Je prends le parti de retourner sur cette rivière, non pour défendre Sorel, je compte trouver le détachement que j'y ai laissé, replié ; mais je tâcherai de m'établir sur la rivière que, malheureusement, je ne connois pas, l'ayant montée cette nuit et ce matin, par une brume effroyable.

Songez, Monsieur, que je n'ai qu'une poignée de monde, et qu'il est temps de prendre le parti de manger nos vivres.

P. S. — Je ne me reproche rien pour avoir été trompé par les manœuvres de l'ennemi. Je n'ai jamais compris que sa marche fût décidée ; mais il falloit abandonner Sorel pour défendre le haut de la rivière, et je ne suis ici qu'à trois-quarts de lieue de l'île Deschaillons qu'on m'a dit être le meilleur poste, et dont l'ennemi est encore à trois lieues au moins.

A Sorel, le 14 août 1760, à dix heures du matin.

Je suis arrivé à Sorel, mon cher général, à trois heures après minuit, n'ayant laissé à Saint-Ours que les miliciens du lieu. Je comptois être attaqué au point du jour. Toute la flotte angloise est mouillée devant la rivière de Sorel. Une frégate de dix-huit canons à la portée de la carabine du moulin. Grand mouvement de berges, de grands bateaux de débarquement et de chaloupes ; sept ou huit carcassières, fort en avant, hors de la vue de Sorel.

Ils viennent de mettre à terre beaucoup de monde à l'île Saint-Ignace, vis-à-vis de nous. Je ne sais s'ils ne veulent pas se pourvoir de fascines.

Le piquet de la Sarre et celui du second bataillon de Berry, viennent de me joindre. J'attends tout le régiment de la Reine, excepté ce qui est à Chambly.

Il m'est arrivé cinquante-six soldats de Languedoc avec MM. de Rennepont et Calan ; c'est tout ce qu'il y avoit au sud. Les habitants de Maska ont refusé de marcher ; quarante-deux sont venus de Saint-François, dont vingt-deux ont déjà fait retraite.

Comme la rivière Sorel est essentielle, je tiens ce poste par moi-même, avec presque tout mon monde. J'ai, à la tête de l'escadre, cent cinquante hommes qui observent les mouvements qu'elle fait jusqu'à Saint-Ours.

Une fois Sorel dégagé, je ferai comme hier, et je prendroi pour moi, la partie de l'avant-garde.

Je mène mon canon ; mais ce n'est pas sans peine. Je n'ai pas encore fait tirer un coup sur les bâtiments, persuadé que, quand j'en incommoderois quelqu'un, je ne ferois pas manquer l'expédition, mais notre poudre.

Il fait le plus beau nord-est du monde ; je ne sais à quoi s'amusent ces gens-là.

En mettant ce mot, j'entends qu'il s'amusent à nous canonner. Ils tirent aussi de petites bombes de dessus leurs bâtiments, et il paroît qu'ils ont envie de nous déloger d'ici.

Le peu de temps que l'on a eu pour se couvrir, fait qu'on est fort mal.

Je reçois, dans le moment, votre lettre du 14. Desjarlais a raconté juste, excepté que je n'avois eu d'autres nouvelles que la manœuvre des bâtiments Anglois, et qu'ils n'ont point encore débarqué à Sorel même.

Hier au soir, seulement, ils jetèrent trois cents hommes à la pointe de la rive gauche, qui chassèrent un petit poste et empêchèrent mes volontaires qui redescendoient avec le flot, de s'y placer, comme je l'avois ordonné. Ils n'y sont plus.

Cinquante ou soixante Canadiens, partis de Montréal pour conduire des bâtiments, les ont laissés dans la rivière et se sont retirés chez eux, n'ayant pu passer. Un des bateaux de M. de Barolon a été perdu.

Mon détachement est déjà sur les dents. Je suis excédé de fatigue, n'ayant personne sur qui compter et ne dormant point.

<hr>

A Sorel, le 15 août 1760.

Un matelot de la *Pomone,* partant de Nicolet pour aller chercher sa vie dans les côtes, a été arrêté par les patrouilles du bas de Sorel. Il dit avoir vu dix-huit vaisseaux mouillés dans le Lac, près de la rivière du Loup.

J'envoie cette lettre par un officier de milices que tous ses gens ont abandonné, et qui me propose de les aller chercher. Je vous supplie de donner ordre qu'ils reviennent. Je n'écris point à M. de Vaudreuil sur la désertion des Canadiens, parce que j'en sens l'inutilité. D'ailleurs vous êtes sur les lieux.

Plus je réfléchis sur la manœuvre des Anglois, et plus je pense qu'ils ont dessein de s'établir ici. Ils ont passé droit, sans s'y arrêter, parce qu'ils craignoient d'y trouver du canon. Ils sont revenus quand ils ont vu qu'il n'y en avoit point, et font, sans doute, leurs dispositions pour m'attaquer, ou attendent les dix-huit vaisseaux.

Ils ont tiré trois ou quatre coups de canon, et quoiqu'on nous voient partout, ils paroissent n'avoir pas envie de tirer en ce moment.

P. S. — Il manque beaucoup d'habitants de Berthier, désertés d'ici. Je vous supplie d'en faire faire la recherche par le capitaine. Il y en a aussi plusieurs de Berthier qui ne sont pas partis avec Berry, dont les capitaines ont connoissance.

A Sorel, le 15 août 1760.

Je reçois, mon cher général, la lettre que vous me faites l'honneur de m'écrire ce matin de Berthier. J'ai répondu à celle que m'apporta hier Desjarlais.

Les ennemis m'ont canonné, hier, et jeté de petites

bombes. Ils n'ont encore dit mot aujourd'hui. D'ailleurs, ils ont conservé leurs mêmes positions.

Le temps affreux d'hier a empêché qu'on ne travaille à se couvrir. On commence actuellement et la pluie recommence aussi.

J'ai détaché M. Lecomte avec trente soldats de la Reine, à Saint-Ours, sur le fleuve, pour tenir les habitants en armes et même à cheval. J'ai d'ailleurs cent cinquante hommes sur la rive gauche de la rivière Sorel.

Je reçois nouvelle qu'on a vu descendre, au point du jour, devant la Petite-Misère, trois berges conduites chacune par deux hommes, et remplies de beaucoup de rames. Il paroît que les hommes qu'elles menoient, ont débarqué quelque part. Seroit-ce à la pointe nord des îles, ou seroit-ce un parti qui iroit trouver M. Amherst ? J'envoie ordre à Saint-Ours de chercher ces gens-là, s'ils ont passé. Je pense que vous feriez bien de demander à M. de Vaudreuil d'envoyer un parti sauvage sur leur route. Si M. de Saint-Luc, avec des sauvages, n'est pas passé, il faudroit qu'il cherchât ou fit chercher leurs pistes.

Il paroît une berge qui vient du Lac ; elle ne sera pas seule, sans doute. C'est, peut-être, l'avant-garde de la dernière division, sur laquelle on dit qu'il y a deux mille hommes.

Les Anglois travaillent beaucoup sur leurs bâtiments ; ils établissent des batteries sur ceux qui n'en avoient point. S'ils veulent débarquer à la pointe de Sorel en force, je ne puis m'y opposer. Quand même les cent cinquante hommes que j'ai, depuis la Misère jusque là, pourroient s'y rassembler, ils ne feroient pas grande résistance ; et, cette pointe, prise une fois, je suis tellement écharpé par le canon qu'ils mettroient à terre, que je ne pourrois tenir ici.

Ce débarquement n'est même pas nécessaire ; il leur suffiroit de beaucoup de canon sur leurs vaisseaux.

Mon canon est foible, je n'ai point de batteries et très peu de coups à tirer, que je conserve pour une affaire décisive.

Il faudroit une bonne redoute à la pointe gauche de la rivière, et être bien établi ici avec du canon ; on obligeroit les Anglois de s'éloigner.

J'ai rassemblé ici environ cent quatre-vingt-dix hommes du régiment de la Reine, et une centaine de miliciens de cette partie. J'ai, au total, six cent quatre-vingt-cinq soldats et quatre cents miliciens ; mais ceux-ci désertent par bandes, et la pluie d'hier a achevé de les dégoûter. J'en perdrai beaucoup aujourd'hui ; il m'en est déjà déserté plus de deux cents.

Je pense que les sauvages seroient plus utiles à Berthier qu'ici. Ils ne pourroient traverser la rivière ici. Les Anglois sont dans les îles ; on peut aisément y aller de Berthier.

Des gens de Sorel que j'avois envoyés en découverte sur le Lac, dans un canot, ont été pris par une berge angloise. Le bruit court que les Anglois ont débarqué au bas de Sorel ; je n'ajoute pas foi à cette nouvelle. J'envoie savoir si cela est vrai.

S'il me vient des sauvages, j'en posterai une partie à la rive gauche de la rivière Sorel, et l'autre à la rive droite.

P. S. — Si le projet des ennemis étoit de s'établir à Sorel, et qu'ils n'entreprissent pas de quelque temps de m'en chasser, peut-être auroit-on le temps de s'y établir solidement ; mais il faudroit plus de monde et dix pièces de canon de 12 ou au moins de 8.

Je désirerois fort que vous vinssiez faire un tour ici.

A Sorel, le 16 août, à 5 heures et demie du soir.

J'ai reçu, mon cher général, la lettre que vous m'avez fait l'honneur de m'écrire hier au soir.

L'on est si occupé ici, et il y a si peu d'officiers, que nous ne pouvons suffire à tout. Je n'ai encore pu avoir l'état des miliciens désertés ; nul rôle juste, parce qu'au moment du départ les officiers, autorisés par une lettre de M. le marquis de Vaudreuil, ont changé un grand nombre de ceux qui étoient commandés.

J'eusse déjà exécuté l'ordre que vous me donniez de faire battre un ban pour la désertion des miliciens, et j'aurois mis le ban à exécution, si votre lettre eût été signée ; malheureusement, vous l'avez oublié, et je n'ai pas cru devoir passer outre dans une affaire de cette conséquence, et dont les suites sont incertaines. Au reste, comme je pense que vous aurez fait battre le même ban au corps qui est à Berthier, vous devez savoir à quoi vous en tenir. Pour moi muni de votre ordre, je ne tarderai pas d'avoir occasion de l'exécuter.

La division de dix-huit vaisseaux est depuis hier à midi, à l'entrée du chenal de l'Ile-aux-Barques ; trois heures de bon vent nous l'amènent.

En total, la position des ennemis est la même ; mais

ils firent, hier, un mouvement de vaisseaux qui me fit
craindre d'être attaqué cette nuit.   Tous les gros bâtiments sont en ligne devant Sorel ; on met du canon
sur ceux qui n'en avoient pas. Les carcassières vont et
viennent ; les grands bateaux de débarquement sont
cachés derrière les navires.   Nous sommes fort alertes,
au bivouac, nuit et jour ; et, quoique dans une position
assez mauvaise, si les forces étoient plus proportionnées,
ou que les combattants fussent d'un meilleur genre,
nous pourrions attendre l'ennemi avec succès.   Mais
les miliciens marquent beaucoup d'étonnement et tien-
nent de mauvais propos.   Je ne sais si les troupes
vaudront mieux, et je prévois que je ferai retraite en
mauvais ordre, si l'ennemi m'attaque.   D'ailleurs, toute
la poudre est mouillée, et les coups de fusil seront
foibles.

Je vous supplie de me faire passer quelques mains
de papier.   Les majors des corps manquent absolument
de papier, et ne peuvent faire aucun état.

Je n'ai point commandé la compagnie des grenadiers
de la Reine, ni les quatre compagnies de Chambly,
parce que j'ai cru devoir laisser quelques forces de ce
côté. Pour la même raison, je ne prends que le premier
commandement des paroisses de Saint-Charles, Saint-
Antoine et Saint-Denis.

Je joins ici l'état des miliciens désertés du bataillon
de Berry. Je vous supplie de me les envoyer, ainsi que
ceux qui sont marqués avoir refusé de marcher.

Je prends le parti, sur votre dernière lettre, de faire
venir la compagnie de grenadiers du régiment de la
Reine.

A Sorel, le 17, à 6 heures du matin.

La nuit a été fort tranquille, mon cher général. J'envoie à Berthier deux déserteurs anglois, du moins se disant tels, qui ont été traversés par un habitant de l'île Saint-Ignace.

Je ne vous répète pas les dépositions, puisque vous les pourrez interroger.

M. de Lapause vous aura rendu compte de ma position et du désir que j'ai que vous en jugiez par vous-même.

Si l'on s'en rapporte à ces déserteurs, l'escadre angloise n'a pas envie d'aller à Montréal, mais bien de prendre poste ici.

P. S.—A l'arrivée de la deuxième division, la première appareille et la seconde paroît suivre ; je prends le parti de marcher, en laissant ici deux cent cinquante hommes.

Les deux déserteurs disent que M. Murray ne va point à Montréal, et reste ici pour attendre des nouvelles de M. Amherst ; qu'il y a sur la première division deux mille hommes de troupes sans les matelots. Ils ignorent la deuxième division.

Un habitant de la rivière Laprairie, manchot, arrive présentement, disant avoir été pris à Saint-Jean Deschaillons par M. Murray, et s'être sauvé, hier, à l'île Saint-Ignace, et dit que M. Murray doit aller à Montréal et ne veut point attaquer ici, et en effet l'escadre appareille ; que la seconde division amène deux mille cinq cents hommes ; que la première en a trois mille. Cet homme est suspect, connu pour un mauvais sujet et se coupe.

A Sorel, le 16 août 1760, après-midi.

Je ne balance pas, mon cher général, à vous demander M. de Fouilhac. Il m'est très important de l'avoir avec moi, non pas que je ne sois très content de M. de Preissac, qui commande très bien ce bataillon ; mais il est aux grenadiers et dans le cas, de le quitter souvent.

Les Anglois sont en grand nombre sur l'île Saint-Ignace ; des sauvages dans l'île Dupas, sans passer le chenal qui sépare ces îles, les empêcheroient d'un bord à l'autre, d'aller aux habitations.

P. S. — Les Anglois font des fascines dans l'île Saint-Ignace. Rien de plus aisé que de les inquiéter en faisant passer des sauvages ; ceux de M. de Saint-Luc y seroient plus utiles qu'ailleurs.

Il paroît qu'ils ont projet de s'établir ici solidement et, par conséquent, de l'attaquer.

A Sorel, le 17 août, à une heure après-midi.

Je vous envoie, mon cher général, une lettre que portoit le Canadien, dont j'ai eu l'honneur de vous parler ce matin. Comme je m'en méfiois, je l'ai menacé de le faire pendre dans une heure. Il m'a montré cette lettre qu'il avoit reçue de M. Murray pour le commandement de l'armée du lac Champlain. Il a traversé seul dans un canot, avec si peu de précaution, qu'il a tombé à vue de nos gardes. Il me dit qu'il avoit eu le bonheur de se sauver, et point parlé de sa lettre. Je le soupçonne fortement d'avoir eu intention de la jeter quelque part où on pût la trouver ; et vous jugerez peut-être comme moi qu'elle a été écrite pour me tromper, et me faire abandonner la position de Sorel. Voici le précis de la lettre qui est en anglois : " Qu'il veut lui faire savoir ses progrès, et que le premier bon vent doit le mettre devant Montréal ; qu'au moment que le lord Rollo le joindra, il attaquera cette ville ; que le lord est sur la rivière avec la garnison de Louisbourg, et ses deux bataillons complets d'Angleterre ; que, comme son corps sera alors de six mille cinq cents hommes de vieilles troupes, il lui déclare qu'il ne l'attendra pas longtemps, lui, ou M. Amherst, bien persuadé qu'il est bastant pour M. de Lévis et son armée canadienne ; qu'il est beau à lui de faire connoître son dessein, et que ceux qui arriveront trop tard pour cueillir des lauriers dans l'île de Montréal, ne pourront pas le blâmer ; qu'il a beaucoup de provisions pour l'armée du lac Champlain ; que, si une marche forcée est nécessaire, il ne doit pas être inquiet sur cet article, parce qu'il lui en fournira suffisamment ".

Je reçois une lettre de M. de Roquemaure qui m'apprend que les Anglois paroissent devant l'Ile-aux-Noix avec des barques et des bâtiments, qu'ils tirent même du canon sur cette île, qu'il rassemble quatre-vingts hommes qui composent son régiment. Je fais partir les huit compagnies que j'ai ici avec tous les Canadiens qu'elles avoient, à la réserve d'une soixantaine que je garde. Elles prendront, en passant, les Canadiens du second commandement, qui n'avoient pas encore marché, et le tout pour se rendre à Chambly, le plus diligemment possible.

Les trois derniers bâtiments de la dernière division paroissent suivre toute la flotte ; ils se sont laissés dériver et sont mouillés actuellement devant Sorel. J'apprends, en même temps, que la flotte paroît continuer sa route, et qu'elle est en vue à une lieue et demie d'ici. Je ne doute pas que ce ne soit une second feinte. Un nouveau courrier m'apprend que toute la flotte est mouillée, ou prête à mouiller à une lieue et demie d'ici. Ils pourroient cependant marcher. Je vais me tenir prêt à passer par le fleuve si la flotte continue sa marche, ou à revenir ici si elle redescend. Le départ de la Reine m'affoiblit de plus de huit cents hommes ; et vous jugez bien que si l'ennemi veut, il forcera bientôt Sorel. Je crois qu'il faut chercher à se rassembler, et j'attends là-dessus, vos ordres.

A Sorel, le 17 août, à 5 heures et demie du soir.

Cette lettre, mon cher général, est le duplicata d'une écrite à midi, que j'ai lieu de craindre avoir été perdue par le porteur.

Le Canadien, arrêté ce matin, et que je jugeois espion, étoit porteur d'une lettre de M. Murray à l'officier commandant l'armée du lac Champlain, écrite en anglois, dont voici extrait :

" J'envoie le porteur pour vous faire savoir mes progrès, et que le premier bon vent me portera devant Montréal. J'attaquerai cette capitale sitôt que le lord Rollo m'aura joint ; il est sur la rivière avec les troupes de Louisbourg, et les deux bataillons complets d'Angleterre, bien portants, quoique entassés dans les transports.

Comme mon corps passera six mille cinq cents hommes, vieilles troupes, je vous déclare que je n'attendrai ni vous, ni M. Amherst. Je me crois plus que bastant pour M. de Lévis et son armée canadienne, et je suis impatient de lui prouver que c'est par un malentendu, et non par la valeur des François, qu'il a pris notre canon le 28 avril dernier. Il est beau de faire connoître son intention, et vous ne pourrez me blâmer si vous arrivez trop tard pour cueillir des lauriers sur l'île de Montréal.

" P. S. — J'ai beaucoup de provisions pour votre armée ; si une marche forcée est nécessaire, ne vous inquiétez pas de cet article, je vous fournirai suffisamment.

",Devant Sorel, le 16 août 1760 ".

Le porteur, soit disant pris à Saint-Jean Deschaillons, s'est chargé de la lettre pour la porter au lac Champlain. Il dit que c'est pour avoir occasion de s'échapper ; mais je ne lui en ferai pas moins casser la tête, parce qu'il a fallu le menacer de mort pour lui faire avouer sa mission, et que nous sommes entourés d'espions pour lesquels un exemple, quoique rigoureux, est salutaire. Vous soupçonnez, comme moi, que cette lettre a été écrite pour tomber entre mes mains et me faire abandonner Sorel.

La flotte angloise y touche presque encore par ses derniers bâtiments, et je m'attends à voir revenir les milices ici, cette nuit ou demain. J'ai plus de huit cents hommes qui côtoient la flotte.

7

J'apprends, par une lettre de M. de Roquemaure, que l'armée angloise est devant l'Ile-aux-Noix et y tire du canon. Il me mande qu'il ne lui reste que quatre-vingts hommes de son régiment. Je viens de faire partir ce que j'en ai ici avec les miliciens, excepté soixante que j'ai gardés. Les compagnies prendront en passant tout ce qui reste de miliciens dans les paroisses, et le tout ira diligemment à Chambly. Ceci me prive de huit cents bons hommes. Je ferai comme je pourrai. Je pense qu'il faudroit nous rassembler.

Si, comme je n'en doute pas, le projet de M. Murray est de revenir sur Sorel, la chose une fois décidée, nous ne pourrons faire autre chose que de replier vers Chambly tout ce qui est dans cette partie, et de camper le reste à Longueuil, en faisant accommoder un chemin entre Chambly et Longueuil, et il nous sera facile alors de passer de Longueuil à l'île de Montréal, si la flotte angloise vouloit y monter.

J'attends vos ordres, si ce que j'ai l'honneur de vous proposer est accepté et que vous jugiez qu'il y ait quelque chose à changer dans mes dispositions, soit en me repliant au plus vite, ou en me mettant à même de recevoir le corps de M. Dumas. Vous trouverez peut-être extraordinaire que je propose d'abandonner la côte du nord; mais je ne crois pas plus difficile de courir au secours de l'île de Montréal en partant de Longueuil, qu'en courant à hauteur de la flotte.

A Sorel, le 19 août 1760, à midi.

Je reçois dans le moment, mon cher général, votre lettre d'hier ; elle est venue lentement, parce que le courrier avoit son ordre pour les capitaines et non pour la poste.

Je ferai le mouvement que vous m'ordonnez, ce soir et demain matin. Le vent est contraire, et je suis presque sûr de gagner la tête de la flotte ; le pis-aller, s'il changeoit, seroit de marcher la nuit.

Comme on a commandé tous les habitants de la grande côte, je suis très embarrassé pour l'artillerie et les subsistances, parce que je ne trouverai personne pour emmener les voitures ; je ferai comme je pourrai.

Je compte laisser à Sorel cinquante soldats de Berry et cent Canadiens, dont cinquante, placés à la gauche de la rivière Sorel, feront partie de la communication sur la grande côte. Ce détachement se repliera le long de la rivière Sorel, si l'ennemi en attaque l'embouchure, et j'enverrai le renforcer, lorsque j'en serai instruit. Bellot commandera ici.

La partie des vivres sera fort embarrassante ; je vais faire monter à Chambly la plus grande partie de mes farines.

Soyez assuré, mon cher général, que je ferai mon possible pour être avant la flotte ennemie à Longueuil. J'ai grande impatience de vous rejoindre ; mais je serai foible. Cinquante soldats de la Sarre et de Berry, non compris ce qui restera à Sorel, soixante de Languedoc, et au plus trois cent cinquante miliciens, non compris ceux qui resteront à Sorel, voilà tout ce que je vous mènerai ; sur quoi il faudra déduire les petits postes de communication.   Il est vrai que, la flotte montant, tout montera ; mais l'ennemi peut laisser une divison vis-à-vis Sorel.

La flotte est au même lieu où vous l'avez laissée, excepté que cinq bâtiments, avec nombre de chaloupes, sont redescendus et occupent depuis la rivière Sorel jusqu'à la pointe au-dessus.

Hier, je vis un homme attendre, sur le bord de l'île Saint-Ignace, une chaloupe angloise et s'y embarquer. Il fut rapporté le soir. J'ai envoyé cette nuit l'enlever. C'étoit M. de Chambaran. Quoique ses raisons parussent plausibles, je l'ai envoyé à Montréal, craignant qu'il ne vous pût nuire.

Les déserteurs ne sont partis que ce matin.   Je n'ai pu les envoyer plus tôt ; vous n'en auriez tiré que ce que j'ai mandé.

Vous m'ordonnez, si l'ennemi alloit prendre poste à Sorel, de jeter des détachements dans cette rivière pour la disputer le plus longtemps possible.   Je ne dois pas la défendre en personne et avec tout ce que j'ai ; vais-je vous joindre avec le reste des troupes que j'aurai après avoir fait ces détachements ; et ces détachements seront-ils forts, eu égard à mon petit corps ?

Réponse, je vous supplie, sur cet article.

———

A Sorel, le 19 août 1760.

J'ai l'honneur de vous rendre compte, mon cher général, que j'envoie à Montréal M. de Chambaran, qui étoit ci-devant dans l'île Saint-Ignace.   Je lui ai donné quatre-vingt-seize livres pour sa route, et je lui ai dit de s'adresser à vous et de prendre vos ordres à son arrivée.

Je suis toujours dans la même situation; il ne s'est passé rien de nouveau depuis ma dernière lettre.

A Saint-Ours, le 22 août 1760.

M. Bellot, mon cher général, abandonné de tous les Canadiens, et réduit à cinquante soldats, au premier bruit d'un débarquement à une lieue au-dessous de Sorel, a cru devoir se replier; il l'a fait un peu loin et un peu vite.

L'ennemi ayant brûlé les maisons du bas de Sorel, dont les habitants étoient avec les troupes, et épargné celles des fuyards qui étoient chez eux, s'est rembarqué; et la flotte ne s'étant pas aperçue que les retranchements étoient abandonnés, j'ai envoyé M. Bellot, après cinq ou six heures, reprendre son poste. Ce ne sera pas pour longtemps sans doute, car M. Murray, qui sait nos moindres mouvements, le chassera bientôt de la même manière et s'établira, s'il en a envie.

Il nous en coûte une centaine de miliciens désertés et qui ne sont point revenus. Les autres se sont éparpillés et n'ont pas paru pendant la marche.

Vous m'ordonnez de jeter trois ou quatre cents hommes dans la rivière Sorel, si la flotte angloise y redescend, et d'aller avec le reste à Verchères. Si je veux qu'il y ait trois cents hommes, il faut y envoyer trois cents soldats; car les miliciens ne peuvent être comptés. A moins que vous n'y soyez vous-même, une berge les fera tous fuir jusque chez eux. Peut-être aurez-vous plus de crédit sur eux.

Si M. de Bougainville étant blessé, je vous prie de m'envoyer à sa place ; je trouverai le moyen d'arriver ; et pour fuir avec les Canadiens et vous mener deux ou trois cents soldats qui resteront après que j'aurai garni la rivière Sorel, un commandant de bataillon est plus que suffisant.

J'ai fait arrêter trois miliciens déserteurs de Sorel qui passoient dans le bois à la hauteur d'ici. Ils sont attachés, suivant vos ordres, et j'attends que vous ou M. de Vaudreuil prononciez sur leur sort.

Les habitants de Sorel qui avoient très bien servi jusqu'à cette heure, sont tous retournés chez eux. Ceux de Saint-Ours, que j'avois gardés chez eux pour le service de l'armée, refusent tout service, et je suis obligé d'envoyer un détachement de soldats dans cette paroisse pour en tirer quelques secours. J'ai fait, à main armée, une levée dans Maska et les autres paroisses ; ils désertent tous. Agréable besogne ! On mandera sans doute à la cour que j'avois deux ou trois mille Canadiens qui ont fait merveille *.

---

* Bourlamaque, sous le coup de la défaite et d'une déroute générale, se montrait sévère jusqu'à l'injustice envers les Canadiens. On le verra dans une des lettres qui suivent (2 septembre), pester tout autant contre ses propres soldats. "Il faudrait bientôt, écrit-il à Vaudreuil, faire fouetter toute la troupe".

Bourlamaque, de retour en France, et écrivant de sang-froid, disait des Canadiens :

"Les milices du Canada sont très bonnes : il y a dans ce pays-là beaucoup plus d'hommes naturellement courageux que dans les autres. Lorsqu'on les accoutumera à l'obéissance, on en tirera un grand parti à la guerre. Le Canadien est ennemi de la guerre et inconstant, mais très docile, lorsqu'il trouve fermeté et justice dans ses chefs. Il aime la petite guerre de préférence et y est très propre : cependant il ne

P. S. — Je vous envoie l'état des habits à fournir au piquet de Berry que j'ai ici. Je n'ai encore que l'envoi de celui qui est resté à Sorel ; on dit que c'est la même chose.

Copie de la lettre écrite par M. Bellot à M. de Bourlamaque.

Le 22 août 1760, à six heures et demie du soir.

Quelques représentations et menaces que je puisse faire aux habitants de cette paroisse, je ne puis les empêcher de rendre les armes aux Anglois. Dans le moment on m'avertit que vingt hommes de la compagnie de Cormier y portent leurs fusils. J'écris à M. Denos pour qu'il les arrête en leur faisant dire que le premier qui le fera, je ferai brûler sa maison.

A Saint-Ours, le 23 août 1760.

Je reçois, mon cher général, votre lettre d'hier. Je serai fort embarrassé si l'ennemi porte ses plus grandes forces dans la rivière Sorel, la plus grande partie des farines destinées à ce corps de troupes étant passée à Varennes ou à Longueuil sur les premiers ordres que vous m'aviez donnés. Il ne me restera que les cent

---

sera pas difficile de le faire combattre en ordre, sous l'appui des troupes réglées, lorsqu'on le prendra par l'amour de la gloire qui est naturel aux habitants du Canada ". *Mémoire sur le Canada*, adressé au ministre de la Marine, le duc de Choiseul, et daté de Paris, le 1er août 1762.

cinquante quintaux que j'ai fait passer à Chambly ;
encore le commis que l'on m'a envoyé, il y a quatre
jours, m'a-t-il dit qu'on en avoit besoin pour les troupes
de Saint-Jean.

Si je vais avec mes plus grandes forces dans la rivière
Chambly, que ferai-je des quatre pièces de canon ? Les
enverrai-je à Longueuil ou à Chambly ? mandez-le
moi ; parce que l'ennemi m'ayant poussé trois lieues
dans la rivière Chambly, trouve des portages très beaux
par lesquels il peut, en me présentant toujours une tête
sur la rivière Chambly, percer sur la grande côte, joindre
sa flotte qui aura fait tous ses mouvements sans que
j'en sache rien, et enlever le canon que conduiroit le
foible détachement que j'aurois sur la grande côte. Ce
détachement sera au plus de deux cents hommes, et il
m'en restera quatre cents pour défendre la rivière Sorel ;
car les miliciens qui prennent ici les vivres ne doivent
être comptés pour rien du tout.

Je ne connois pas la rivière Chambly, que je n'ai
jamais eu le moment d'aller reconnoître, ne pouvant
m'absenter d'un instant, et n'ayant personne sur qui
compter. J'ai ouï parler de l'Ilet-Vert ; mais on dit
qu'il est commandé de droite et de gauche. Je viens
d'y envoyer M. Desandrouins. D'ailleurs, des îles à
occuper n'empêchent pas l'ennemi de pénétrer par terre ;
il chemine derrière vous et votre retraite est ôtée, à
moins qu'on occupe les terres à droite et à gauche ;
mais alors on multiplie les inconvénients puisqu'il faut
plus de monde.

J'apprends par M. Bellot que les habitants de Sorel,
même ceux qui sont couverts par les troupes, portent

leurs armes aux Anglois, tant a fait d'impression la conduite de ceux qui brûlent les maisons et qui ont épargné les habitants fuyards de l'armée. Je lui mande de brûler, à son tour, ceux qui tomberont dans le cas de porter leurs armes, mais je pense qu'au reçu de ma lettre, ils auront tous été à bord de la flotte, et qu'il faudroit tout détruire.

A l'égard de la défense de la rivière Sorel, il ne faut pas se flatter qu'avec quatre cents soldats je puisse arrêter l'ennemi. Il marquera ses campements comme si je n'y étois pas. Si j'occupe un des côtés, il passera par l'autre, et quand même il craindroit d'attaquer quatre cents hommes pour n'être pas gêné sur la rivière, il cheminera par le sud et pourra communiquer avec l'Ile-aux-Noix, quoique, à dire vrai, je ne sais ce qui l'empêcheroit de marcher du même côté que moi, ayant une si grande supériorité, et derrière lui partie de sa flotte, tandis que l'autre partie remontant le fleuve à hauteur, il sera maître de l'entre-deux des rivières, et viendra tomber, en douze heures, sur l'île de Montréal par le portage qui lui paroîtra le plus commode, et enlever, chemin faisant, mon détachement.

J'ai vu cinq Abénakis qui m'ont dit qu'ils alloient voir Saint-François, et qu'ils avoient voulu me voir en partant. Ils m'ont regardé une demi-heure et sont partis ; c'est tout le secours que j'en ai reçu.

J'ai donné ordre, il y a longtemps, de faire remonter la plus grande partie des bateaux jusqu'à Chambly ; il n'étoit pas encore exécuté hier ; les habitants de Saint-Ours refusent d'obéir. J'ai envoyé M. de Cléricy avec quelques soldats pour les contraindre.

A qui jugez-vous que je doive donner le détachement où je ne serai pas ? Je n'ai que M. Duparquet, et, si je suis tué ou blessé, personne pour contenir cette troupe, si je le détache. J'avois compté sur M. Bellot pour la rivière Chambly ; mais son début ne me donne pas grande confiance. Je n'ai pas un homme d'expérience.

––––––––

A Saint-Ours, sur le fleuve, le 24 août 1760,
à sept heures du matin.

J'ai négligé, mon cher général, de vous rendre compte que la flotte a mouillé, hier après-midi, aux îles Plates, à un quart de lieue plus haut que l'église de Lanoraie. parce que j'ai pensé que M. Dumas vous en écriroit, et que j'ai été occupé excessivement, hier, toute la journée.

Le vent étoit fort près, et il peut se faire que la plupart des vaisseaux ne fussent pas en état de suivre. C'est dommage, car ils étoient tous partis très vite, et j'avois peine à les suivre.

Trois navires sont restés devant Sorel. M. Bellot mande qu'ils n'ont pu doubler la pointe, le vent étant trop près. Je pense qu'il en est redescendu quelques-uns de plus ; mais je n'en ai pas de certitude.

Depuis que l'escadre angloise est mouillée, une multitude de carcassières et de chaloupes sont en avant pour sonder le passage des îles. Il y a même des chaloupes à deux lieues de la tête de la flotte. Je crains qu'elles n'enlèvent de nuit quelques habitants ; car je ne puis garder si loin. Je ne sais ce que font nos felouques et la carcassière ; elles empêcheroient bien tous ces voltigeurs de quitter le gros, la *Catiche* même y serviroit très bien. J'avois compté trouver les felouques sur le fleuve ; mais personne ne peut me dire où elles sont.

J'ai toujours les trois Canadiens déserteurs. M. le marquis de Vaudreuil devroit bien se déterminer sur leur compte. Ce ban que j'ai fait battre a maintenant l'air d'une plaisanterie. Si on ordonne de le mettre à exécution, il faudra sans doute assembler un conseil de guerre. Mandez-moi comment il faut s'y prendre, si on veut faire un exemple de ces gens-là.

P. S. — L'artillerie part pour Longueuil.

A Saint-Ours, le 25 août 1760.

La flotte angloise n'a pas bougé depuis avant-hier, mon cher général ; les trois navires qui étoient devant Sorel se sont fait remorquer et sont devant les îles de Berthier. J'ai retiré une partie des détachements qui étoient à Sorel.

Comme j'ai fait passer à Chambly une partie des farines que j'avois à Saint-Ours, il ne me reste sur la grande côte à Varennes et Longueuil que cent cinquante quintaux, ce qui peut faire pour dix ou douze jours. Je pense que dans ce temps-là, nous serons réunis ; mais si nous ne l'étions pas, il seroit nécessaire d'y pourvoir.

Je n'ai ici ni commissaire ni écrivain. Le sieur Feuilt (?), avec un petit commis qu'on lui a donné, ne peut suffire à faire les levées de viande, aux distributions et aux courses continuelles qu'exigent des vivres placées si loin des troupes. Il lui faudroit deux commis de plus sous lui.

Je n'ai point d'armurier pour la réparation des armes.
Je ne me souviens pas s'il y en avoit un dans la division d'artillerie qu'on m'avoit donné, et que j'ai envoyé,
hier, à Longueuil.   Quoi qu'il en soit, j'ai oublié de le
faire rester ici, s'il y en a un, et je vous supplie de
m'en faire passer avec les outils nécessaires.

Il ne seroit pas mal d'avoir ici un ou deux officiers
de navire pour juger de la manœuvre des Anglois.   Il
n'y a pas un seul homme ici qui connoisse assez la
marine pour prévoir leurs mouvements.

Les habitants de Sorel n'ont point livré leurs armes
aux Anglois.   On vient de me dire qu'on les en avoit
empêchés, et qu'ils ont été obligés de s'en tenir à
l'intention.

Un officier de milice de Terrebonne se plaignant à
moi qu'on avoit puni sa compagnie mal à propos, pour
avoir été accusé de pillage dans un jardin, s'est avisé
de me menacer de déserter avec sa troupe ; je l'ai fait
attacher à un piquet, ne le connoissant pas pour officier,
faute d'un hausse-col.   Pour réparer l'injure faite à
son grade, je vais l'interdire de toute fonction, et le
tenir simplement arrêté.   Je vous supplie de demander
sa casse à M. le marquis de Vaudreuil.   Il s'appelle
Pierre Lapointe, enseigne de la compagnie de Terrebonne.   On en est d'ailleurs très mécontent depuis son
départ ; sa compagnie qu'il commande ici, ayant pillé
partout, et servi moins bien que toutes les autres.

Le lieutenant de la compagnie de Deschamps, à
Repentigny, et le passager Belle-Humeur, ont refusé
d'obéir à un ordre que je leur avois donné.   L'objet est
peu essentiel ; mais il pourroit arriver que j'eusse

quelque chose à leur ordonner d'intéressant, et ils prétendent ne devoir obéir qu'à M. le marquis de Vaudreuil et à M. Dumas.

J'ose vous supplier de vouloir bien faire remettre le billet ci-joint chez moi.

La flotte Angloise vient d'appareiller (10 heures) ; mais le vent est foible, et s'il n'augmente pas, ils feront peu de chemin.

A Saint-Ours, le 26 août 1760.

J'ai reçu, mon cher général, la lettre que vous m'avez fait l'honneur de m'écrire, hier.

J'ai gardé ici six cents livres de poudre et douze cents livres de balles, et suis d'ailleurs assez mal pourvu ; les soldats n'ayant que dix ou douze coups chacun à tirer.

M. Du Vernys a dû prendre vos ordres en arrivant à Longueuil. Je ne lui ai rien prescrit autre chose. Je pensois que vous laisseriez cette artillerie à Longueuil pour combattre sur la terre du sud. Si vous êtes dans ce cas, et si la poudre n'est pas retournée à Montréal, je pense qu'il seroit bon d'en laisser une partie à Longueuil.

La flotte n'a avancé, hier, que d'un demi-quart de lieue, le vent étant trop près.

Je n'ai jamais compté faire exécuter plus d'un Canadien lorsqu'il en sera arrêté plusieurs ; ce seroit une boucherie.

P. S. — Je désirerois que M. l'intendant me fît passer quatre cents paires de souliers tannés, je vous supplie de lui en parler.

Une fois l'ennemi vis-à-vis de l'Ile de Montréal, il y a apparence qu'il s'arrêtera pour essayer un débarquement et rester au sud en présence. Dois-je traverser à l'île de Montréal ? Aurai-je des bâtiments pour cela ?

A Saint-Ours, le 26 août 1760, à 6 heures du soir.

J'ai reçu, mon cher général, la lettre que vous m'avez fait l'honneur de m'écrire, ce matin, et je me dispose à partir cette nuit pour exécuter vos ordres. Je laisserai ici M. de Rennepont, avec cinquante soldats de Languedoc et cent cinquante Canadiens, plus M. de Troron (?), avec le piquet du bataillon de Berry, qui est à l'Ile-aux-Noix; il observera la flotte angloise.

Elle appareille actuellement ; mais le vent est foible.

J'ai eu l'honneur de vous rendre compte que j'avois envoyé à Chambly, il y a huit jours, cent cinquante quintaux de farine, comme vous me l'aviez mandé.

J'y ai aussi envoyé la plus grande partie de mes bateaux. Je pense qu'on donnera des ordres pour mettre cette farine en sûreté.

A Longueuil, ce 27 août, à 4 heures après-midi.

J'arrive dans le moment, mon cher général, suivi de quelques grenadiers et volontaires.

Une partie de mes petits bataillons arrivera ce soir. J'en ai laissé cent hommes à Varennes pour garder des vivres qui seront évacués cette nuit.

J'ai laissé cinquante hommes à Boucherville pour garder cette paroisse, avec les habitants qui s'y trouvent.

Il m'a paru que si les Anglois mouilloient, comme ils le peuvent, entre l'île de Montréal et les îles de Boucherville, ce village pourroit être brûlé aisément.

M. de Rennepont, qui avoit ordre de suivre la flotte, aura eu de la peine à le faire ; elle marchoit bien vite, ce matin. Je l'ai perdue de vue derrière les îles de Varennes. Je ne sais où ils sont à présent ; je comptois les apercevoir dans le chenal de la Longue-Pointe.

Ma position, ici, ne me paroît pas trop appuyée ; je ne puis empêcher les Anglois de débarquer au-dessous de moi, où ils voudront ; et, s'ils marchent ensuite, étant si supérieurs, je serai forcé de me replier sur Laprairie, et là je ne sais ce que j'y ferai, ni si j'y trouverai de l'appui.

J'espère que vous aurez la bonté de me mander pourquoi je suis ici, et ce que j'y dois faire.

P. S. — Pardon de mon griffonnage ; mais je suis excessivement fatigué, et les troupes aussi ; elles ont fait dix lieues sans s'arrêter.

A Longueuil, le 27 août 1760, au soir.

Il me paroît impossible, mon cher général, de placer des troupes depuis Boucherville jusqu'à Longueuil, d'une façon passable, à moins d'en avoir beaucoup plus que j'en ai. Il y a deux lieues très fortes, selon moi.

J'en ai bien gardé autant vers Sorel ; mais il y avoit des bois mêlés de déserts, et nul objet de l'ennemi pour débarquer. Ici, s'il veut joindre le corps de l'Ile-aux-Noix, il cherchera à se rendre maître de la terre du sud, et il me sera impossible d'empêcher le débarquement dans une étendue si immense. Cependant, pour me conformer à vos instructions, j'eusse laissé la tête de mes troupes à Boucherville, et je me serois allongé de mon mieux vers Longueuil, si vous m'aviez mandé de me rendre à Longueuil. Actuellement, j'occupe le fort de Longueuil avec la plus grande partie de ce que j'ai ici, et je m'allonge vers le passage des Ormes.

Il est trop tard, et les troupes sont trop fatiguées pour changer aujourd'hui. J'ai deux cent cinquante hommes qui observent la flotte ; j'espère qu'ils joindront demain. J'en placerai cent à Boucherville, et le reste voltigera d'ici là.

J'ai aperçu la tête de la flotte, avec une lunette ; elle m'a paru être entre les îles de Varennes et la pointe de l'île de Montréal. Un des officiers que j'ai laissé à Varennes me fait dire que la frégate s'est échouée sous voiles, vis-à-vis Varennes, et que tout a mouillé. Je la juge relevée depuis, et je crois que tout a appareillé, mais n'a pas fait grand chemin.

Voulez-vous bien me mander si j'ai à craindre pour mes derrières ?

P. S. — J'ai amené cinquante bœufs de Maska et de Saint-Ours. Seulement je n'ai rien levé dans toutes les paroisses en deça. J'ai laissé les deux où j'ai levé, encore assez approvisionnées, et j'ai vécu vingt jours. Vous verrez qu'on n'est pas fort au fait des ressources.

A M. LE MARQUIS DE VAUDREUIL

A Longueuil, le 28 août 1760.

Je reçois les deux lettres que vous m'avez fait l'honneur de m'écrire aujourd'hui, et je fais partir six charrettes pour Chambly.

A l'égard de l'état du monde à faire passer, j'ignore ce que c'est ni où ce monde doit passer. Je ne sais non plus à quoi sont destinés ces canots d'écorce.

M. le chevalier de Lévis m'ordonna, avant-hier, de quitter la flotte et de venir sur le champ à Longueuil, ne laissant que deux ou trois cents hommes pour l'observer. J'arrive à tire d'aile, et il me mande alors qu'il faudroit avoir laissé la plus grande partie de mon détachement à Boucherville, et que ma besogne est d'empêcher que M. Murray ne débarque au sud. En conséquence, sans donner le temps aux troupes de se reposer, je fais repartir cent hommes pour joindre à deux cents, qui observent à Varennes ; j'envoie cent hommes entre Boucherville et Longueuil, et j'allois faire repartir encore une partie de ce qui me reste pour aller à Boucherville, joindre cinquante soldats qui y sont déjà ; votre lettre m'arrête. Je ne sais si votre intention est de rappeler ce détachement, et je reste ici avec plus de la moitié pour être à portée de le faire. Les souliers tannés ne seront donnés que par mon ordre. Il faudra bien en donner aux miliciens qui sont partis de chez eux nu-pieds, et ne peuvent marcher longtemps sans s'estropier.

L'observation du sieur Dussault est juste ; je n'ai jamais pensé que les Anglois passeroient par le chenal de Boucherville. Ils mouilleront à la première marche entre la Longue-Pointe et l'île Saint-Hélène ; mais ils n'en sont que plus à portée de faire leur débarquement à la côte du sud, parce que les îles cachent leur manœuvre, qu'ils ont quatre chenaux pour les traverser, et que d'ailleurs ils peuvent doubler le haut des îles.

La preuve que les îles ne peuvent les arrêter, est la descente qu'ils ont faite cette nuit. Les deux cent cinquante hommes chargés d'observer n'ont pu garnir tout, et il est impossible que cela n'arrive souvent.

Il seroit très essentiel d'avoir quelques fusils. J'ai une douzaine de soldats désarmés ou de tambours sans caisses, auxquels il seroit bon de donner des armes.

— — — —

A Longueuil, le 28 août 1760.

J'appréhende, mon cher général, de n'avoir pas l'honneur de vous voir aujourd'hui. On m'a dit que vous n'aviez pu partir qu'à huit heures pour la pointe de l'île.

J'ai parcouru, ce matin, les environs de Boucherville et le chemin d'ici là. Tant que la flotte angloise sera mouillée où elle est, il est aisé d'empêcher que l'on débarque entre Boucherville et Longueuil ; mais une fois placée entre la Longue-Pointe et l'île Sainte-Hélène, il est impossible de s'opposer à aucun débarquement, et il est facile partout ; la plus belle grève du monde et un terrain immense.

J'ai placé M. de Rennepont à Varennes avec deux cents hommes pour observer la flotte. J'y ai joint les volontaires. Entre Boucherville et Longueuil, deux compagnies de grenadiers et les habitants de la côte. A Boucherville cinquante hommes.

Je reste ici avec le fond des bataillons et leurs milices.

J'attends avec impatience d'avoir l'honneur de vous voir.

A Longueuil, le 29 août 1760.

M. Du Roquan, mon cher général, se trouve sans souliers et est hors d'état de marcher. Il ne peut se servir de souliers tannés, quoique bon marcheur.

Vous lui feriez grand plaisir si vous pouviez lui faire fournir une paire de souliers françois. On ne peut en trouver à Montréal pour de l'argent, et ses jambes sont cependant fort utiles. C'est un très bon officier.

A Longueuil, le 29 août 1760, après-midi.

J'ai été voir le passage, mon cher général; il n'y a encore que onze canots d'écorce. Les gens qui les ont amenés disent qu'ils n'en doivent fournir que vingt-quatre. Je n'aurai que six ou sept bâtiments; ainsi je ne puis faire passer à la fois que la moitié de mon déta-chement.

Il me faudroit encore une vingtaine de bateaux, sans quoi je serai obligé de me retirer plus vite et ne pourrai risquer la moindre fusillade. Il faut deux bonnes heures pour passer et ramener les bateaux. Vous voyez bien dans quelle presse pourroient se trouver les derniers.

J'aurois besoin d'un peu de brai et d'étoupe pour les six ou sept bateaux que j'ai ici. On pourroit en envoyer par le retour des gens qui mènent les canots. On a pris un de mes bateaux pour passer les malades ; je vous supplie de donner ordre qu'il revienne.

Je joins ici une note que m'a remise M. Duparquet.

Vingt-quatre canots à vingt ou vingt-cinq hommes chaque, font cinq ou six cents hommes au plus ; dans six bâtiments, cent quatre-vingts hommes ou deux cents au plus. C'est beaucoup si je passe huit cents hommes à la fois.

J'ai appris de Laprairie que M. de Roquemaure avoit donné ordre d'y faire faire tout le pain que l'on pourroit. On croit qu'il va bientôt y revenir. C'est M. de Blain-ville qui m'écrit.

———

A Longueuil, le 29 août 1760, au soir.

Vous avez bien raison, mon cher général, d'être plus inquiet du passage de M. de Roquemaure que du mien ; il n'y a pas de comparaison. Vingt-six bateaux le passeront tout au plus en trois voyages, et c'est l'affaire d'un jour entier. Pourquoi ne le feriez-vous pas descendre à Longueuil par terre, ainsi que ses bateaux ?

Quoique l'embarquement ne soit pas beau, on peut s'étendre à une ou deux maisons plus haut que l'Espé-rance. D'ailleurs, en nous réunissant, si l'ennemi nous suit, la confiance renoît dans les esprits et la besogne est meilleure.

Si je passe en deux fois, ce ne sera pas à l'île Sainte-Hélène ; la traversée est difficile de chez l'Espérance. Ce sera à une petite île au-dessus de celle-là ; assez bien placée pour mettre en dépôt les premiers passés. Il faudra, si l'ennemi me gêne à l'embarquement, donner ordre à l'île Sainte-Hélène, de mettre de la mousqueterie sur une pointe qui commande le petit rapide, pour empêcher les Anglois de faire remonter quelques carcassières, ce que je crois difficile.

J'ai fait une réflexion effrayante. Il faut, dit-on, avoir recours à la récolte et faire battre pour vivre ; mais, où faire battre si l'ennemi est maître de toutes les terres, ou s'il coupe les communications ?

L'île de Montréal même sera pour la plus grande partie en son pouvoir, lorsqu'il aura débarqué. Le grenier sera bien petit alors.

P. S. — J'apprends, par des miliciens venus de l'Ile-aux-Noix, et que j'ai arrêtés ici, qu'il avoit passé aujourd'hui de Laprairie à Montréal, sept à huit bateaux chargés de monde ; il est à craindre que les vingt-six bateaux sur lesquels on compte, ne s'en aillent ainsi.

L'officier m'avoit pourtant mandé qu'il arrêteroit tout le monde.

A Longueuil, le 30 août 1760, au soir.

J'apprends, mon cher général, par M. de Roquemaure, qu'il a abandonné Saint-Jean et brûlé ce matin ; qu'il est derrière la rivière de Montréal ; que les ennemis paroissent à la Savane et y mènent du canon ; que je dois prendre garde à moi par le chemin de Chambly ; que sa position est mauvaise, et qu'il a peu de monde.

J'avois déjà posté une grand'garde sur le chemin de Chambly. Je vais placer mes volontaires à portée d'y faire des découvertes. J'ai cinquante hommes à Varennes, cinquante hommes à Boucherville, deux cent cinquante hommes depuis Boucherville jusqu'ici, pour garder la côte ; le reste est dans le fort, et depuis le fort jusqu'au passage.

Mandez-moi si je dois passer lorsque M. de Roquemaure sera à Laprairie ; il ne tardera pas à y être ; si je dois attendre les ennemis au débouché du chemin de Longueuil, s'ils s'y présentent. Je pense que si cela étoit, je ne serois pas bastant ; il est vrai que M. de Roquemaure pourroit me joindre... mais la flotte ?

En un mot, vos ordres pour ce que je dois faire, M. de Roquemaure étant à Laprairie, ou l'ennemi pénétrant par le chemin de Chambly à Longueuil.

On vous dira que ce dernier chemin n'est pas praticable. Fausseté fondée sur l'intérêt des jésuites, qui vouloient faire un chemin dans la savane. Il n'y a que quatre lieues de Chambly à Longueuil, et, dans l'état où est le chemin, les gens de pied y peuvent passer. Si M. Amherst savoit cela, et que sa flotte ne pût monter jusqu'à Laprairie, il seroit fou de ne pas pénétrer par là. Il la joindroit demain matin, s'il vouloit.

A Longueuil, le 30 août 1760.

Il me manque, mon cher général, cinq soldats des deux bataillons, ou passés à l'ennemi, ou cachés dans les bois.

Un soldat de la Sarre est soupçonné d'avoir été chez sa femme à l'île Jésus. J'envoie un sergent le chercher ; je voudrois en faire un exemple. J'ai renouvelé fréquemment la défense de s'écarter, et j'ai annoncé que tout soldat qui s'éloigneroit d'une demi-lieue, seroit regardé comme un déserteur. Voyez ce que vous voulez que je fasse.

Un tambour de la Sarre déserta, cet hiver, du piquet de Jacques-Cartier. On dit qu'il a été arrêté et qu'il est dans les prisons de Montréal. Si cela est, M. Duparquet demande qu'on le lui envoie pour en faire justice.

J'envoie à Montréal un soldat de Béarn, arrêté ici, qui a passé le fleuve sans permission pour aller voir sa femme. Incessamment, les Canadiens donneront l'exemple de la stabilité ; cependant j'en ai déjà arrêtés ici une vingtaine, venus de l'Ile-aux-Noix, qui alloient chez eux pour chercher des vivres. Cette raison, très édifiante, ne m'a pas séduit, et je les garderai si je puis, jusqu'à ce que j'aie occasion de rendre à chacun ce qui lui appartient. A propos de cela, M. de Fouilhac n'a pas joint.

J'ai répandu dans les côtes de Longueuil et de Boucherville un grand nombre de Canadiens pour battre ; mais les propriétaires ne sont pas pressés de faire battre, et les travailleurs sont très fainéants.

J'ai envoyé faire une levée de bœufs dans les côtes d'en bas. Je continuerai à épuiser le sud, tant que les Anglois le trouveront bon.

P. S. — Il n'y a que dix-neuf bateaux à Laprairie.

Lettre de M. de Bourlamaque à M. le marquis de Vaudreuil.

A Longueuil, le 31 août 1760, au matin.

J'envoie à Montréal M. de Revillasse (sic), capitaine au régiment de Berry, malade. J'ai donné ordre aux hommes qui le conduisent de ramener un bateau qui servit, avant-hier, au transport de quelques malades, et n'est point revenu. Je vous supplie de permettre qu'ils en prennent un pour le remplacer.

L'on m'a dit qu'il y avoit plusieurs bateaux dans le passage de Repentigny. S'il étoit possible de les faire monter à Montréal, ils seroient fort utiles pour la communication. Il y en a un aux environs de la Longue-Pointe, que l'on a vu hier et qui est en état.

J'ai vu un ordre de vous, Monsieur, au capitaine de Longueuil, pour renvoyer à Chambly tous les Canadiens qui ont quitté le détachement de M. de Bougainville. J'ai cru devoir changer cette disposition, et je lui ai dit de les envoyer par Laprairie au-devant de M. de Roquemaure. Le chemin de Chambly les exposeroit à être enlevés en détail.

J'apprends dans le moment que les Anglois ont débarqué à Varennes en très grand nombre ; ils pillent et ravagent les maisons. Cinquante hommes que M. le chevalier de Lévis m'avoit ordonné d'y laisser, paroissent avoir été coupés ; car on n'a point de nouvelles de M. de Calan, capitaine au régiment de Languedoc, qui les commandoit. La nouvelle est venue par le capitaine de la côte ; il prétend que les Anglois s'y établissent.

J'ai mandé aux troupes que j'ai vers Boucherville, d'aller en découverte de ces côtés.

P. S. — J'apprends que le débarquement des Anglois à Varennes est général.

A Boucherville, le 31 août 1760.

Les Anglois, mon cher général, ont débarqué, ce matin, à Varennes, un peu avant le jour. Comme ils ont mis à terre à plusieurs endroits à la fois, M. de Calan n'a pu les empêcher de débarquer. Il s'est sauvé dans le bois. Quelques soldats de son détachement qui arrivent disent que les Anglois étoient au nombre de cinq cents hommes. Depuis ce moment, ils ont continuellement fait arriver des chaloupes à terre ; plusieurs retournent. Le va-et-vient est continuel. Je n'ai pu voir ce qu'ils débarquoient parce que leur mouvement se fait derrière le cap et l'église de Varennes.

J'ai cent habitants du pays en avant qui fusillent avec les troupes avancées, des découvreurs dans le bois pour m'assurer de cette partie, où ils pourroient pénétrer. Je n'ose m'avancer vers Varennes, parce qu'ils pourroient, en m'amusant là, pousser des troupes au-dessus de leur flotte et prendre poste à Longueuil. D'ailleurs, il ne me seroit pas possible de les forcer à Varennes, ils y sont sans doute bien arrangés ; on leur a vu créneler les maisons.

S'ils marchent à moi, je me replierai à Longueuil, et ferai bonne contenance, lorsque j'y serai rassemblé, pour faire mon embarquement en ordre.

———

A Longueuil, le 1er septembre 1760.

Je dois, mon cher général, vous rendre compte que les soldats des deux bataillons que j'ai ici, désertent journellement. Depuis l'évacuation de Saint-Jean, il en est parti cinq de la Sarre et trois de Berry. Les officiers disent que la plupart des soldats ont résolu de ne pas retourner en France.

A l'égard des Canadiens, la désertion va son train. Il s'en est échappé trente ce matin d'une même paroisse ; il en manque bien autant depuis hier sur toutes les autres.

J'ai commandé quarante miliciens, ce matin, pour battre des grains ; ils ont refusé nettement de le faire, et ont menacé de déserter tous.

J'écris à M. de Roquemaure et le prie d'engager des sauvages à arrêter les soldats qu'ils rencontreront dans leurs découvertes, passant à l'ennemi. Je souhaite qu'ils me procurent les moyens d'en faire un exemple.

Rien de plus facile aux déserteurs que de se rendre à Saint-Jean ; il passe journellement, par le bois, des miliciens qui viennent de chez Jacot. Le chemin de Chambly à Longueuil est mauvais ; il en est venu cependant une femme, ce matin, portant un très gros paquet.

La position des Anglois à Varennes va me faire perdre tous les miliciens du sud, qui étoient au nombre de deux cents, et sont actuellement cent trente.

Je vous serois bien obligé si vous pouviez m'envoyer un peu de papier. Je n'en ai pas d'autre que celui-ci, et il n'est pas praticable.

Je reçois, dans le moment, les deux lettres que je joins ici. L'une est de M. de Rennepont, qui a environ cent vingt hommes à Boucherville et observe les ennemis ; l'autre est de M. Desplaines, que je ne connois pas.

P. S. — Le porteur de ma lettre est celui qui a été en découverte au-dessous de Varennes.

A Longueuil, le 1er septembre 1760.

Les Anglois, mon cher général, sont encore à Varennes, dans la même posture qu'hier. Ils m'ont paru avoir le même nombre de bateaux de ce côté-ci du cap. Nul mouvement d'ailleurs. Lorsque les navires ont appareillé, ils ne m'ont paru rien changer à leurs dispositions. Ils remuèrent de la terre, hier après-midi. Cet ouvrage ne paroît pas augmenté ce matin. Un homme dit avoir vu le détachement de M. de Calan dans les profondeurs ; je lui ai envoyé un guide ; on le croit tué.

Quel mouvement doit faire M. de Roquemaure, si la flotte approche Longueuil ? Viendra-t-il me joindre ou passerons-nous tous deux tout de suite ?

Sans doute vous êtes assuré que l'armée de M. le chevalier de La Corne empêchera les Anglois de tomber à l'improviste sur l'île de Montréal ; sans quoi l'embarquement à Laprairie ne seroit pas sûr.

P. S. — Quoique la flotte monte, je reste dans la même position ; s'ils débarquent entre Longueuil et Boucherville et que je ne puisse l'empêcher, je replierai sur Longueuil ce qui ne sera pas coupé, et j'enverrai dire à M. de Roquemaure de me joindre.

D'ailleurs, je tâcherai de me maintenir jusqu'à ce que j'aie reçu des ordres.

Ce 2 septembre 1760.

J'ai l'honneur de vous envoyer, mon cher général, une lettre que je reçois de M. de Vaudreuil.

Celle que j'avois eu celui de vous écrire ce matin a

été remise chez vous.   Je vous y rendois compte de la
désertion de quatorze grenadiers des deux compagnies.

J'attends vos ordres que m'annonce M. de Vaudreuil.

P. S. — La frégate, un gros vaisseau, deux goélettes
et nombre de bateaux de débarquement ou carcassières,
sont mouillés fort en deçà de la Longue-Pointe.

A Longueuil, le 2 septembre 1760.

Les Anglois, Monsieur, ont paru, hier au soir et cette
nuit, faire passer beaucoup de monde à Varennes, et les
découvreurs assuroient que toutes les troupes angloises
y avoient débarqué. Il n'a paru cependant encore aucun
mouvement de leur part, ce matin, dans cette partie. Je
ne crois pas cependant que nous soyons longtemps
maîtres de Boucherville.

Quatorze grenadiers ont déserté cette nuit des deux
compagnies ; mauvais exemple pour les autres : quelques soldats l'ont déjà suivi, et les officiers assurent
tous qu'il y en a un grand nombre dans les mêmes
dispositions.   J'ai regret à ces grenadiers, c'est la seule
troupe sur laquelle je comptois. On dit qu'il en manque
vingt de la compagnie de Guyenne, et beaucoup aussi
des autres ; je ne sais si cela est vrai.

On ignore si ces grenadiers ont passé à l'ennemi, ou
s'ils ont été chez leurs hôtes ; plusieurs sont mariés. A
tout hasard je vous envoie leurs noms et celui de leur
demeure ; il seroit bon d'en arrêter quelques-uns.

P. S. —·La maraude se joint à la désertion ; je viens
de faire passer par les verges, mais il faudroit bientôt
fouetter toute la troupe.

AVERTISSEMENT

———

Les lettres de Bourlamaque à Lévis qui forment la première partie de ce volume, ont une importance historique qui n'échappera à personne. Grâce à l'obligeance de M. Parkman, de Boston, j'ai pu y ajouter un complément qui leur donne une bien plus grande valeur ; je veux dire la correspondance de Montcalm avec Bourlamaque. La notice suivante, écrite par M. Parkman, fera connaître comment le savant historien a obtenu la copie de cette correspondance.

" Many years ago I was told that an important collection of autograph letters of the Marquis de Montcalm was in the hands of some person in Paris ; but I was unable to gain the slightest clue to the name or address of the fortunate possessor. At length I heard that the collection was sold to a foreigner, who, my informant had been told, was an Englishman. I inquired of the representatives of the Montcalm family, but they could give no information, though they had heard of the existence of the letters. As the greatest collector of manuscripts in England was the late Sir Thomas Philipps, I thought it likely that he might have been the purchaser, and examined the printed catalogue of his vast collection, without finding what I sought.

" It was about fifteen years since I had heard of the letters, and all my attempts to trace them had failed, when a gentleman connected with the British Museum kindly offered to aid me in the inquiry, and, a few months after, sent me the welcome news that the custodian of the collection of Sir Thomas Philipps had informed him that the Montcalm letters were in his charge, having been purchased by Sir Thomas, but not catalogued. They proved to be addressed to Bourlamaque, one of Montcalm's chief officers, with whom he was on terms of intimacy; and they are doubly interesting because they are accompanied with injunctions of secrecy, such as *brûlez cette lettre*, ou, *brûlez toutes mes lettres*, injunctions which, fortunately for us, Bourlamaque disregarded. The letters are hastily written and are unusually perplexing examples of Montcalm's handwriting, which is not very clear at the best. I caused the whole to be copied. The copist took great pains, but he was now and then at a loss to decipher some passage more difficult than the rest. It is believed, however that every essential part has been successfully transcribed, and that this curious correspondence will form a valuable supplement to the noble collection which Canada owes to the devoted zeal and energy of Abbé Casgrain and the liberality of count Raimond de Nicolay.

FRANCIS PARKMAN.

"Boston, 1 May, 1891".

Le caractère tout à fait intime des *Lettres de Montcalm à Bourlamaque* en interdisait la publication, du moins sans l'autorisation de sa famille; mais, comme on vient de le voir par ce qui précède, elles sont entrées pleinement dans le domaine public.

L'ABBÉ H.-R. CASGRAIN.

LETTRES

MARQUIS DE MONTCALM

À

M. DE BOURLAMAQUE

———

Montréal, le 25 juin 1756.

Depuis votre départ, Monsieur, j'ai fait une incorporation de nos volontaires. Je compte qu'un exemple fâcheux mais nécessaire les aura rendus très sages. J'écris sur cet article fort en détail à M. de Fontbonne. Depuis votre départ, on veut toujours faire le siège de Chouaguen; on attend des sauvages d'en haut; on a tous les jours des conférences. Je finis par donner un mémoire ; on le prend *ad referendum* ; on ne conclut rien, tant y a qu'au lieu de partir demain, samedi, on ne me fait partir que dimanche avec M. de Lévis. On a fait partir quatre cents hommes de la colonie ou volontaires. Royal-Roussillon, qui devait partir lundi, ne partira que mardi. On dit que les ennemis marchent en force vers la Pointe *, et je vous préviens pour vous seul qu'il est question de faire une marche en avant avec votre corps pour joindre M. de Villiers et quelque artillerie, et essayer, s'il était possible, le siège ; mais au moins remplir l'objet d'une diversion pour dégager la Pointe, sauf si la diversion réussit et que les ennemis reviennent en force, se rembarquer et replier M. de Villiers qu'on aura joint. Vous comprenez bien qu'en ce cas, il faut embarquer pour faire, s'il se peut, des vivres pour un mois, au moins pour quinze à vingt jours, et que l'officier marche comme le soldat, à un matelas près et un porte-manteau. Je vous préviens de tout cela pour que vous fassiez vos réflexions d'avance sur un projet qui peut avoir lieu ou non ; vous pouvez aussi avoir ordre de ne faire embarquer qu'un bataillon. Vous pouvez l'avoir de pousser votre premier mouvement au corps de M. de Villiers pour reconnoître le fort de fort près, avec un détachement que M. de Villiers fourniroit. On veut aussi que j'aille dans cette partie-là ; on me fait partir pour Carillon, peut-être y finirai-je la campagne. J'ai toujours remis un mémoire fort raisonné où je demande pour nos opérations : 1° Des instructions claires, précises, des bateaux pour les vivres pour n'en pas manquer, et des bateaux avec soi pour la retraite ; de ne pas annoncer cela comme un projet de siège, quand même on devrait le faire, mais comme un projet de diversion pour dégager la Pointe.

J'ai représenté, après le dire d'un prisonnier, que les Anglois ayant mis trois cents hommes armés sur leurs

---

* De Saint-Frédéric.

barques, paroissoient vouloir les attaquer, que quand
même elles seroient meilleures voilières, ce qu'on suppose peut-être gratuitement, il y a des calmes où l'avantage de la marche ne fait rien, mais bien celui des
hommes pour servir le canon et la mousqueterie, et
qu'il seroit bon de vous arrêter. A cette occasion, on
m'a répondu que vous aviez des instructions suffisantes ;
aussi tablez là-dessus et concertez avec le sieur de la
Force. M. de Lapause m'a envoyé un mémoire excellent ; il vous le communiquera sans doute.

P. S. — Il avoit couru un bruit d'apparition de flotte
angloise qui ne s'est pas confirmé, bien au contraire,
car il nous est arrivé une goélette de Louisbourg du
premier. M. Gaumin est mort ainsi que M. de Bourgat,
capitaine du régiment de Royal-Roussillon.

_____

Montréal, 26 juin 1756.

La flûte l'*Outarde* est à l'île du Bic. Elle porte trois
cents hommes de recrues et l'habillement de la colonie.
Nous avons aussi en rivière deux brigantins portant
des troupes. Comme cette flûte n'est partie de France
que le 7 mai, elle a apporté lettres et nouvelles. Voici
les miennes : le maréchal de Noailles retiré ; les trois
calottes rouges arrivées ; le maréchal de Richelieu a
débarqué sans opposition ; les habitants ont prêté serment ; le siège est formé ; la *Galissonière* repartie.
Les vents ont retenu la flotte angloise à Plymouth. J'ai
appris au chevalier de Lévis que M. le duc de Mirepoix
avoit la compagnie des gardes avec un brevet de retenue

9

de quatre cent mille livres ; sans doute il a payé
pareille somme, car autrement la faveur seroit exces-
sive. De toute part on nous confirme la marche vers le
lac Saint-Sacrement. Des familles allemandes, désertées
il y a deux ans, de Chibouctou, sont arrivées et viennent à Québec. Elles avoient passé à l'île Saint-Jean
où il y a trop de monde à cause des familles acadiennes.
Elles augmenteront ici la colonie qui n'en a pas assez.
Je pars toujours demain ; dites à Cornier que sa lettre
est partie.

Au camp de Carillon, le 10 juillet 1756.

Je suis fort aise, Monsieur, que vous soyez arrivé en
bonne santé. Depuis que je suis ici, je me couche à
minuit ; je me lève à quatre heures. Je donne à dîner
à dix-huit ou vingt personnes, et je suis arrivé sans
aucune provision. Je n'ai qu'un mouchoir, une pièce de
drap, six chemises et une couverte. Je finirai la campagne peut-être ici, ou j'irai vous voir dans trois
semaines. Nous avons de toutes nations, les sauvages,
l'hôpital, le hameau, la police du camp, les petites misères
m'excèdent et ne me donnent pas le temps de respirer ;
beaucoup de malades. L'ennemi nous a pris deux
bateaux, et paroît vouloir mettre des partis sur le lac
Champlain. J'ai passé la nuit à tenir des conseils de
guerre avec les officiers généraux de mon armée, cela
n'a duré que cinq à six heures, ils ont été s'enivrer en
sortant de là. Je n'ai pas le temps de répondre à M. de
Lespervenche. Mille excuses, mille compliments, ainsi
qu'à tous vos messieurs.

Au camp de Carillon, le 14 juillet 1756.

M. le marquis de Vaudreuil vous aura informé, Monsieur, de ses projets, et de ses ordres pour leur exécution. Comme elle dépend de la vitesse ou secret, et de la facilité de transport, il faudra que MM. les officiers marchent quasi comme à un bivouac. Il nous est arrivé d'être souvent de même, à des expéditions qui duroient six semaines ou deux mois. Il faut, sans leur parler de l'objet, les préparer à une réduction d'équipages, car je serai sévère sur ce que j'ordonnerai, et dont je donnerai l'exemple. Une tente de deux en deux officiers, nulle cage à poules, les ordinaires de quatre officiers au moins, on porte moins de batterie, un porte-manteau pour chacun, avec demi-douzaine de chemises. L'opération doit être faite ou manquée, dans moins de vingt jours. Il faut les savoir passer durement pour une expédition qui seroit aussi importante, et très avantageuse pour les régiments qui en seroient chargés. Quant aux vivres, le vin ne manquera pas, et pour ce qui est du pain, il serait avantageux aux troupes d'en porter pour dix jours, moitié pain, moitié biscuit ; et l'on pourroit embarquer ce qui seroit nécessaire pour construire des fours en arrivant.

Voilà les seules observations que j'ai l'honneur de vous faire, parce qu'on ne sauroit de trop bonne heure préparer l'officier à cette réduction, nécessaire à tout événement, et pour diminuer le grand nombre de bateaux qu'il faudroit autrement.

Je pars après-demain, 16. Je dois être le 18 au soir ou le 19, au plus tard, à Montréal.

Au camp de Chouaguen, le 18 août au matin.

Je vous envoie, Monsieur, l'état de l'arrangement fait avec le sieur la Force, pour l'arrangement des prisonniers ; faites-y cependant tous les changements que vous trouverez convenables, comme celui de n'en point mettre sur l'esquif où sont les poudres. Convenez avec Arnoux pour embarquer plus tôt que plus tard les malades, de leur donner un chirurgien, ou au moins un garçon chirurgien. Je voudrois aussi envoyer deux domestiques avec la première barque qui partira pour Frontenac. Je vous conseille d'en faire autant, avec ordre à M.. de la Valtrie de les faire partir avec les premiers bateaux pour rapporter nos effets ; demandez aussi à Arnoux s'il croit que le bien du service exige qu'il passe par Frontenac, ou qu'il vienne en voiture avec nous. J'aime mieux le dernier parti, pour l'avoir dans le cas où il faudroit remarcher de suite à Carillon ; mais il faudroit, ce me semble, qu'Arnoux donnât ou envoyât quelqu'un pour faire emporter les effets qu'il peut avoir laissés à Frontenac.

Ne perdez pas de vue l'objet du comblement du port. En supposant toujours que ce soit un ouvrage de peu comme on nous l'a dit, et que ce ne soit pas de la bouillie pour les chats ; car il est désagréable d'annoncer que l'on a comblé un port, et de voir qu'on l'a décomblé trois mois après. Faites attention que sur les quatre cent soixante prisonniers, les matelots que l'on a déjà sont compris. Lorsque vous voudrez faire partir les barques, après avoir employé MM. de Portneuf et Bayeul, écrivez-moi.

Je vous enverrai un sergent, et un cadet pour chacune des autres. Au reste, lorsque nous aurons chargé toutes nos provisions, et que nous aurons pris toutes les berges et bateaux anglois, dont nous pouvons avoir besoin, en donnant les autres berges aux sauvages et les vivres qui resteront, en lard ou en pois, ils les conduiront, en feront des dépôts dans les bois, et viendront les chercher en canot, de chez eux. Ce sont nos missionnaires qui m'ont fait part de cette observation.

LETTRE DU MARQUIS DE MONTCALM A M. LE COMMANDANT DE BON (sic.)

Je vous renouvelle, Monsieur, un des articles les plus importants de ma première instruction, qui est qu'aucun officier ne doit rien se faire délivrer dans les magasins, même de ce qui lui revient en vivres ou en équipement. Ce détail de distribution appartient, conformément aux ordres du Roi, aux seuls officiers chargés des distributions par les commandants de corps, de quartiers ou de détachements. C'est le seul moyen d'empêcher mille abus. Si quelque officier y contrevient, punissezle avec sévérité, je vous en serai très obligé. Je viens d'être obligé de le faire dans un de nos bataillons.

Montréal, le 24 novembre 1756.

Je n'ai pas encore eu l'honneur de vous écrire, Monsieur, parce que suivant les nouvelles de votre marche, vous n'étiez peut-être pas encore arrivé. Je vous ai beaucoup plaint pendant votre navigation. J'ai l'honneur de vous envoyer copie d'une petite lettre circulaire, et voici, pour vous seul, le fait. On a arrêté trois quarts de farine à Sainte-Thérèse, revenant de Carillon ; deux ont été réclamés par trois lieutenants de Royal-Roussillon, qui disent se les être fait donner par la Force, pour remplacement des rations qu'ils n'avoient pas prises ; vous pensez bien que le Roi ne fait pas voiturer à grands frais, des vivres à Carillon, pour que les officiers les fassent refluer d'où ils sont partis, et que le décompte de l'officier, en argent, des vivres, qu'il ne prend pas, n'a été imaginé que pour la conservation des vivres des magasins du Roi, et ce ne seroit pas en prendre le chemin. Ce détail est pour vous seul, Monsieur, à moins que l'intendant ne vous en parlât, auquel cas parlez-lui de ma colère, de ma punition et de ma lettre circulaire. Une autre fois j'enverrai l'officier en prison pour trois mois, dans un fort. Il faudroit aussi punir les gardes-magasins qui délivrent à d'autres qu'aux officiers chargés des distributions. Voilà, Monsieur, ce que je vous prie de lui dire, s'il vous en parle.

J'ai permis à M. de Solvignac, ainsi qu'à M. de La Mothe, du régiment de Béarn, d'aller passer quelque temps à Québec, tous les deux pour leur plaisir ; le premier, parce qu'il est recommandé à M. l'intendant ; le second, pour faire sa cour à Mme de Beaubassin, quoiqu'il m'ait parlé de sa santé. J'ai permis aussi à M. d'Alerac, parent de M. l'archevêque de Bordeaux, pour être entre les mains d'Arnoux ; il y a de l'étoffe en lui pour faire un joli sujet. Cependant, avec un air et des propos qui vous séduiront, c'est une mauvaise tête ; je lui ai promis de m'occuper de sa santé, de le former, et de lui faire tâter de la prison. Quant à présent, il est totalement aux ordres d'Arnoux, et s'il ne se conduit pas très bien, sur la plainte d'Arnoux, mettez-le-moi en prison. Si je permets à d'autres d'aller à Québec, je vous écrirai; je ne doute pas que ces messieurs, dans les vingt-quatre heures, ne vous rendent leurs devoirs; s'ils y manquoient, je ne suis pas en peine que vous les mettiez dans la règle.

S'ils profèrent le seul mot de logement pour Québec, faites-les repartir, tout comme s'il y avoit la moindre chose à dire à leur conduite.

Nul officier de vos deux bataillons ne doit venir ici sans la permission de son commandant et la vôtre; ne l'accordez que rarement, difficilement, et qu'il y ait de la nécessité pour affaires du service.

M. de Roquemaure m'a parlé de quelques officiers de son bataillon qui auront envie de passer l'hiver à Québec. J'ai répondu : à sa prudence, et avec votre permission, et qu'on n'ait pas l'air d'y rester tout l'hiver. Il faut de temps en temps aller faire un tour à la troupe, et y rester quelques jours; je n'ai pas besoin de vous recommander l'exactitude pour les uniformes, c'est-à-dire pour l'habit; d'ailleurs des mitigations pour les vestes, que je n'aurai jamais lorsque je commanderai en France; que les officiers, de tous les bataillons y soient assujettis indistinctement, et qu'ils n'aillent pas, sous prétexte qu'ils ne sont pas de la garnison, ne la pas porter; et au moindre mot qu'ils vous diroient là-dessus, renvoyez-les à leurs quartiers, et mettez-moi toujours en avant comme le loup gris.

M. le marquis de Vaudreuil m'a ordonné de faire
renouveler les défenses de jeux de hasard, par les commandants de corps. Il a fait assembler, à cet effet, les
officiers de la colonie chez M. Duplessis ; faites faire
la même chose par M. de Fontbonne. J'ai remis à M.
le marquis de Vaudreuil le mémoire ci-joint, qui est
pour vous seul. La réponse a été que toutes les lois
de France étoient les mêmes pour le Canada, à l'exception du fils d'habitant ; qu'il y avoit une tolérance et
un abus, qui ne pouvoient jamais regarder nos officiers,
à cause de la distinction du domicile dont il a été
frappé ; qu'il croit bien que des mariages faits avec sa
permission et la mienne, seroient valides pour l'état
des personnes, mais que nous n'empêcherions pas
l'exhérédation, si le père et la mère vouloient la pro-
noncer ; que nous serions blâmés en France, et qu'aussi
je devrois refuser la permission aux personnes en puissance paternelle ; qu'il ne vouloit pas consulter son
tribunal, mais que, quant à lui, il en parleroit avec
l'intendant. La seule chose que vous ayez à faire, Monsieur, c'est de lâcher un mot vague, comme j'ai fait ici
à M. de Roquemaure, à M. de Fontbonne, que les principes de M. le marquis de Vaudreuil, sur cette matière,
sont totalement différents de ceux de l'hiver dernier, et
c'est ensuite à ce sage commandant à en faire usage,
s'il s'apercevoit que quelque officier inclinât à se marier
comme l'année dernière. Et vous, Monsieur, avec une
modération et une discrétion que vous êtes plus capable
de prendre qu'un autre et que moi-même, si, par
hasard, on traitoit cette matière, même l'évêque, que
vous avez des raisons pour croire que M. le marquis

de Vaudreuil pense différemment, qu'il y a peut-être eu l'année dernière des circonstances qui l'avoient déterminé, et que cette année-ci, il peut l'être par d'autres, et si par une conséquence naturelle, on vouloit apporter du doute, sur les quatre mariages faits l'hiver dernier, ne manquez pas de soutenir la validité sur le fondement de la permission, et que vous doutez qu'on l'accorde cette année. Je vous envoie un petit bulletin de nos nouvelles, sûrement l'intendant les a, en tous cas dites-les lui.

M. le chevalier de Lévis s'amuse fort ici. Il passe sa vie avec sa société, chez Mme de Pénisseault. Il a été d'un grand souper chez M. Martel. Pour moi, je joue au trictrac et je fais whist chez mon général. Mme Varin, rarement; Mme d'Eschambault et parfois je dis des f... avec Mme de Couagne, et je n'en fais pas. Vous voyez que je n'ai pas étendu mes connoissances.

———

Du 25.

On a eu des nouvelles de Carillon depuis le départ de M. le chevalier de Lévis, et tout y étoit dans la plus grande tranquillité.

Par les nouvelles de M. Dumuy, fils, et du sieur Desfonds, qui n'est arrivé qu'hier, on est toujours de plus en plus confirmé dans l'opinion que la prise de Chouaguen a fait un effet étonnant chez les sauvages. Les Hurons du Détroit en ont été consternés. Ils sont Anglois dans le fond du cœur, mais entourés des Outaouais et des Poutéotamis. On s'aperçoit, dès cette année, de l'avantage pour le commerce des pelleteries, en comptant celles dont on m'a fait l'envoi et celles qui n'ont pu arriver à temps.

Nous sommes toujours inquiets de savoir quand et comment M. Dumas et M. Duparquet nous descendront.

Par les nouvelles du 9, de Niagara, un parti de Loups a rapporté quelques chevelures ; les Mississagués avoient formé neuf petits partis pour aller passer vers le haut de la rivière de Chouaguen et de là vers Corlar, s'ils n'y trouvoient rien. Il y en avoit eu de rentré le 9 avec une chevelure. Il est arrivé à Niagara des Loups de Canestoga, frontière de la Pensylvanie. Ils avoient jusqu'à présent resté indifférents à notre querelle. Ils sont repartis avec la hache de leur père. M. Pouchot la leur a remise. Cet officier paroît fort au gré des nations, et fort occupé d'achever ses fortifications et ses magasins.

Les ambassadeurs des Cinq-Nations, au nombre de plus de cent, se sont fait annoncer hier. Leurs chefs sont arrivés aujourd'hui, et l'on attend le reste demain. On avertira les Iroquois du saut Saint-Louis et du lac des Deux-Montagnes pour venir aux conférences ; on n'avoit pas accoutumé de recevoir la visite de ces messieurs aussi tard. Ils assurent qu'ils ont aussi envoyé des ambassadeurs à Orange ; mais que ce n'a été que pour savoir les résolutions qu'on y prendroit et nous en faire part. J'ai oublié, Monsieur, de vous marquer que M. le marquis de Vaudreuil m'a dit l'autre jour qu'il avoit oublié d'écrire à M. de Longueuil de donner des ordres pour que l'on marie les soldats de nos bataillons sous votre seule permission, et qu'au moyen de cet oubli les prêtres refuseroient. Ainsi, ne

compromettez pas votre signature sur cet article qu'autant que vous serez assuré par M. de Longueuil que
cela ne soulèvera nulle difficulté, et sera un malheur
pour les amoureux et un retard parce qu'il faudra nous
en écrire.

Je vous prie, Monsieur, de dire à M. de Solvignac
que M. l'intendant paroît craindre que le séjour de
l'hiver à Québec ne fût dispendieux. Aussi, quand lui
et M. de La Mothe auront passé le temps des plaisirs à
Québec, il faudra bien songer à venir faire le carême
dans ce triste gouvernement de Montréal pour, suivant
les règles, faire Pâques avec son curé.

Montréal, le 20 février 1757.

Je dois réponse, Monsieur, aux deux lettres que vous
avez eu la bonté de m'écrire, dont la dernière est en
date du 17. Je suis fâché que vous ayez à vous plaindre
de votre poitrine. Il faut espérer que le temps doux
qu'il fait depuis quelques jours vous sera aussi avantageux que contraire au détachement.

M. le marquis de Vaudreuil est arrivé mardi. J'eus
l'honneur de le voir le jour même, et je le trouvai assez
bien. Depuis ce temps-là, il va de mieux en mieux,
malgré une petite faiblesse à la jambe, qui n'aura aucune
suite. Mercredi matin, M. de Longueuil partit pour
aller chanter la guerre aux Iroquois du Saut et à ceux
du Lac. M. de Rigaud l'avoit été chanter aux Abénakis;
ce qui nous en produira trois ou quatre cents. Le zèle
des Canadiens est d'autant plus grand qu'on leur a
quasi promis, par des lettres circulaires, que ceux qui

marcheroient actuellement ne marcheroient pas cet été ; d'ailleurs on a quasi pris dans ces mêmes lettres le style de Louis XIV, convoquant l'arrière ban ; aussi marchent-ils, car les volontaires, espèce de gentils-hommes, s'empressent de marcher sous les étendards de frère Rigaud. M. de Perigny, moins connu que M... marche comme second aide de camp ; car M. de Thi-baudier de la Ronde, qui étoit à Chouaguen, reste en possession de la place de premier. M. Dufils va, dit-on, à la guerre.

L'armée marche sur quatre divisions : la première part de Saint-Jean le 20, elle est composée de six com-pagnies de marine, commandée par un lieutenant ; la seconde, aux ordres de M. Duchat, capitaine de Lan-guedoc, en partira le 21, elle est composée des piquets de la Sarre et de Languedoc, avec quatre compagnies de troupes de la colonie ; la troisième, aux ordres de M. Ducoin, capitaine de Royal-Roussillon, composée des piquets de ce même régiment et de Béarn et quatre compagnies des troupes de la colonie, part le 22 ; la quatrième, qui part le 23, est composée de la compa-gnie des grenadiers volontaires, de deux compagnies des troupes de la colonie et d'une compagnie des volon-taires du Canada. C'est à cette division que marchent MM. de Rigaud, de Longueuil, Dumas et Lotbinière. Cet ordre de bataille a fait dire à un plaisant que c'étoit M. l'Evêque qui l'avoit fait, parce que le curé va tou-jours le dernier à la procession. M. de Malartic doit se trouver à Saint-Jean pour faire distribuer ses équi-pements aux nôtres. Nos officiers et soldats marchent avec le plus grand zèle. J'ai fait, hier, la revue de votre

détachement à Laprairie, et j'y ai donné à dîner, et je
vous dirois si je vous faisois la relation d'un autre,
avec autant de profusion que de magnificence, à deux
tables servies également, faisant trente-six couverts, et
je joins copie des instructions que j'ai cru devoir
remettre à M. de Poulhariez. J'ai eu l'honneur de voir
deux fois par jour M. le marquis de Vaudreuil depuis
son arrivée, et de lui remettre le mercredi 17, l'état du
détachement. Il y a beaucoup loué le zèle de nos cadets
qui marchent tous : cela peut les placer. J'ai eu l'honneur de lui rendre compte, hier au soir, de la beauté et
bonté de notre détachement, ce qui m'a paru lui faire
plaisir. M. Dumas m'est venu voir, mercredi matin, et
il lui a bien fallu avoir la patience de se laisser persi-
fler. Il a bien persiflé les capitaines de la colonie. Je
crains que ce ne soit un intrigant avec moins d'esprit
que je ne lui en croyois. J'en agirai toujours poliment
avec lui, je m'en servirai même quand je le croirai utile
au service du Roi, si on me le donne ; et si on ne me le
donne pas, il faudra bien se servir des ouvriers que
j'avois l'année dernière, tels que MM. de La Corne,
Contrecœur et Villiers. Quand il croira avoir à se
plaindre de moi, il aura une ressource, c'est de dire de
moi comme M. Duquesne, que j'aime mieux la mari-
nade qu'une fricassée de poulets. M. de Rigaud m'a
assuré qu'il ne savoit rien, il me l'a aisément persuadé,
il m'a ajouté qu'on lui donneroit ses instructions cache-
tées pour être ouvertes à hauteur de Saint-Jean ou
Saint-Frédéric. Si cela est, c'est du style de la marine
transplanté sur terre. Comme j'avois beaucoup écrit, je
n'avois plus rien à dire, aussi ne m'a-t-on rien dit. J'ai

une lettre du 12 qui constate par écrit votre bonne
volonté et le refus qu'on en a fait ; cela m'étoit
nécessaire pour diminuer un jour la surprise où le Roi
et son ministre peuvent être, que deux jeunes et vigoureux officiers supérieurs remplis de bonne volonté
n'eussent pas marché.   Ce n'est pas que dans le fond
de l'âme je n'en sois bien aise pour vous autres ; mais
je suis nommément en état de vous rendre justice
auprès de M. le comte d'Argenson, et je l'avois à
cœur et je puis en être dédit.   M. de Longueuil
s'est fait saigner hier ; cependant je crois que son
incommodité n'aura pas de suite ; ce seroit bien dommage qu'il ne pût faire sa première campagne.   Voilà
tout ce que je pense vous apprendre sur le détachement.   Passons à d'autres choses.   Depuis que je suis
ici, je passe ma vie à donner des grands dîners de quinze
ou seize personnes, et parfois souper aussi nombreux
sans en être plus gaillards.   Il faut souhaiter que l'hiver
prochain on en puisse faire qui puissent dédommager.
Dimanche j'avois rassemblé des dames de France, hors
Mme de Parfouru, qui m'a fait l'honneur de me venir
voir, il y a trois jours ; et en la voyant, je me suis
aperçu que l'amour avoit des traits de puissance dont
on ne pouvoit pas rendre raison, non pas par l'impression qu'elle a faite sur mon cœur ; mais bien par celle
qu'elle a faite sur celui de son époux.   Mercredi, une
assemblée chez Mme Varin ; jeudi, un bal chez le chevalier de Lévis, qui avoit prié soixante-cinq dames ou
demoiselles.   Il n'y en avoit que trente, autant d'hommes
qu'à la guerre.   La salle bien éclairée, aussi grande
que celle de l'intendance, beaucoup d'ordre, beaucoup

d'attention, des rafraîchissements en abondance toute la nuit, de tout genre et de toute espèce, et on ne se retire qu'à sept heures du matin. Pour moi qui ai quitté le séjour de Québec, je me couchai à bonne heure. J'avois eu cependant ce jour-là huit dames à souper, et ce souper étoit dédié à Mme Varin. Demain, j'en aurai une demi-douzaine. Je ne sais encore à qui il est dédié, je suis tenté de croire que c'est à la Rochebeaucour. Le galant chevalier nous donne encore un bal. Le public prétendoit que nos aides de camp vouloient en donner un mardi, je leur ai conseillé d'attendre après Pâques, et après le succès du parti, et il sera plus convenable alors de donner des marques publiques de sa joie. D'ailleurs, ils pourront y inviter leurs confrères : MM. Thibaudier de la Ronde et de Perigny. Dès hier soir, on est occupé de visiter et d'interroger l'Oneyout, soupçonné de porter une lettre de M. de Cleveland. M. de Perthuis et M. de Montrepos procédant au dû de leur commission, ont fait emprisonner tous les domestiques de M. Varin, sans excepter la très aimable et autrefois très galante Mlle Roi, chargée de l'éducation d'une fille de condition. Ce détachement coûtera au moins six cent mille francs. Ce sont les plus modestes qui parlent ainsi, car beaucoup le mettent à un million. La composition des compagnies est assez bien ; elle est faite d'après les réflexions de mon grand mémoire. Elles sont de cinquante hommes, savoir : quinze soldats des troupes de la colonie et trente-cinq miliciens ; deux officiers, un cadet, un officier de milice, deux sergents dont un de milice. C'est M. de Benoist, aide-major, qui est chargé de cette composition à Saint-Jean.

Le dimanche au soir, depuis ma lettre écrite, M. de Vaudreuil m'a envoyé par son secrétaire ses instructions pour M. son frère, et de suite je lui ai communiqué l'instruction de M. Poulhariez, dont j'avois une copie toute faite ; jusque et inclus l'article marqué dans votre copie par une croix. Cela a donné lieu après dîner à une très longue conversation, où je souhaite pour le bien du service que sa conduite à venir me prouve la vérité de ses paroles ; pour moi je lui ai parlé avec vérité et fermeté, sans nommer personne de ceux qui s'occuperoient pour mériter sa confiance, à détruire celle qu'il pourroit avoir en moi, de la nécessité où j'étois de lui faire part de mes réflexions et de mes opinions ; mais que en même temps il me trouveroit toujours porté à l'aider des moyens pour les succès, lors même que son opinion, qui doit toujours prévaloir, seroit différente de la mienne ; mais que j'osois me flatter que la confiance dont M. le garde des sceaux m'avoit flatté, sembloit me devoir faire espérer qu'il ne communiqueroit plus à l'avance ses projets, et que si la connoissance du pays, de ses ressources, du genre de guerre lui donnoit une supériorité dans ses vues, il devroit croire que je pourrois le seconder dans les détails et dans les moyens. Cette explication s'est passée assez honnêtement et a fini par une proposition de manger un mufle d'orignal après-demain. Je lui ai dit aussi qu'il ne devoit pas trouver extraordinaire la chaleur que j'avois mise pour offrir vos services et les miens, que j'approuvois son choix ; mais que je me devois et à vous autres, Messieurs, de ne laisser aucune équivoque sur votre zèle, et que je lui saurois gré d'en rendre compte au ministre et d'y

ajouter même que j'en avois eu de l'humeur qui n'avoit
rien ralenti de mon zèle pour le succès. Au reste, toutes
les instructions réduisent les opérations aux réflexions
de mon dernier mémoire et à celles de la lettre qui
l'avoit précédé, à cela près que l'on mène quinze cents
hommes et que je réduisois ce nombre à six, au plus
huit cents, dès qu'on vouloit absolument faire un parti
d'hiver.

Je brûle vos lettres, Monsieur, et je vous prie d'en
faire de même des miennes, sauf à extraire des choses
dont vous voudriez conserver une note.

Je vous prie de demander à MM. de Lapause et
Doreil si je ne leur aurois pas prêté par hasard l'extrait
du Journal de Lévis.

La verve que j'ai eue m'a amené à demander à
M. de Vaudreuil ses intentions à votre égard, celles de
M. Desandrouins et des officiers des quatre bataillons
du gouvernement de Montréal qui se trouvent à Québec.
La réponse a été que vous seriez le maître de venir
quand vous voudriez et que vous ferez bien de venir
dans les premiers jours de mars, avant que le dégel
rendît les chemins difficiles ; que M. Desandrouins et
ces messieurs feroient bien de s'arranger de même, sauf
à vous suivre de quelques jours pour ne pas se trouver
dans l'embarras. Je vous prie, Monsieur, de le leur dire,
je serai comblé de vous revoir, je ne vous dissimule
pas que j'aurai quelques regrets de ne vous savoir plus
à Québec ; j'y avois au moins un ami qui parlait quelquefois de moi, à ce qu'il m'assure, dans la rue du
Parloir, et dont les conversations étoient bien reçues

suivant ce que vous m'écrivez. Je ne sais si vous
voulez me flatter, mais je mérite ces sentiments par
tous ceux que je conserve pour l'extrémité de cette rue.
Je suis bien aise qu'on parle de moi aux trois dames
qui l'habite, flatté de leur souvenir. Je ne suis véritablement touché que de celui d'une à qui je trouve,
dans certains moments, trop d'esprit et trop de charmes
pour ma tranquillité. Vous aurez son frère peu de
jours après ma lettre ; il est de mes amis. Je vais
beaucoup dans sa maison et je ne suis pas en peine
que vous ne lui fassiez beaucoup d'honnêtetés. Vous
pouvez, Monsieur, communiquer mon instruction et ce
que vous jugerez de ma lettre à mon ami Lapause.
Dites à cette dame que chacun a ses saintes, que pour
moi je ne chargerai point la mère d'une neuvaine ; mais
que la fille ou mari en veulent suivre une pour moi
quand je serai à la guerre, j'en aurai un bon augure ;
demain je me jette à corps perdu dans la dévotion. Il
me sera plus aisé de me tourner vers Dieu et de me
détacher du monde étant à Montréal qu'il me le seroit
facile à Québec.

Ne doutez pas, Monsieur, de mes sentiments et de
mon amitié. Au reste, rassurez cette dame sur l'effu-
sion de sang. Il faut s'en fier à la prudence de Dumas.
Duquesne le connoissoit bien, et voici comment il me
l'a noté :

Dumas, bon, intelligent. J'ai revu mes notes ; en
général, il me les a données justes. Je crois que je n'ai
pas besoin de signer ma lettre.

Comme j'ai fort à cœur tout ce qui peut intéresser la
réputation des officiers françois, je dois vous dire que

M. de Lusignan s'étoit plaint de la vente de l'eau-de-vie de la part de M. d'Astret, lieutenant de Languedoc. Il a écrit fortement à M. le marquis de Vaudreuil ainsi qu'à moi, pour nous envoyer les preuves justificatives de l'injustice de son accusation et ses regrets sur la réprimande que j'avois faite. M. le marquis de Vaudreuil qui ne m'avoit pas laissé ignorer la plainte, n'a pas voulu me parler de la justification et du désaveu que Lusignan fait en galant homme qui a été surpris; mais moi je vous prie de le dire à Pascalis, parce que je me souviens que je lui avois parlé de l'accusation; je dois le désabuser et lui faire part de la justification; la probité m'y oblige.

Montréal, 14 mai 1757.

Il nous est arrivé, hier, un courrier avec des lettres en date du 9, où il n'y avoit aucune nouvelle qu'il y eût des bâtiments en rivière; ce qui nous force à renvoyer à Québec une partie des farines que nous avons ici pour nourrir le peuple. M. le marquis de Vaudreuil m'a ordonné de vous écrire de réduire la ration de pain à une livre et demie, et le décompte de la demi-livre sera fait comme celui du quarteron de lard supprimé. Au reste, quoiqu'il ne m'ait pas parlé des sauvages, je crois pouvoir vous dire que ce sont les seuls que cette réduction ne peut regarder. Il en part un parti du saut Saint-Louis, dimanche, pour vous aller joindre. M. Jacquot * est parti de Québec avec des ouvriers, le 10

* De Fiedmond.

mai, pour vous aller joindre en droiture. Je crois que les circonstances où nous nous trouvons doivent vous faire songer avant tous travaux, à disposer votre fort, votre position entre le fort et la redoute, votre communication avec vos fours, de façon à vous y maintenir en cas d'événements longtemps avec vos propres forces et avoir toujours votre retraite assurée par le lac Champlain. Vous ne sauriez trop recommander à Saint-Frédéric la conservation des vivres.

P. S. — Je vous prie de prévenir messieurs de Royal-Roussillon et de Béarn, que les officiers qui seront traités et reçus aux hôpitaux, payeront par jour, les capitaines, cinq livres, les capitaines en second et les lieutenants, trois livres.

Mmes de Saint-Ours, de Beaubassin, et Mlles de Longueuil, de Drucour sont arrivées hier au soir. Je rouvre ma lettre pour vous dire que M. le marquis de Vaudreuil m'a chargé de vous ajouter que Canadiens, soldats des troupes de la marine sont également compris dans la réduction des vivres, et qu'à l'égard des sauvages, vous ne pouvez pas les y comprendre, et que s'il étoit possible sans qu'ils s'en aperçussent de leur diminuer quelque chose, ce seroit bien fait. Il approuve aussi très fort qu'avant toute œuvre, vous songiez à employer vos travailleurs à rendre votre position respectable de préférence à la continuation des travaux. Nous avons eu des nouvelles du fort Duquesne du 15 avril, et de Niagara du 3 et 5 mai. Beaucoup de petits partis, quelques prisonniers et quelques chevelures, et rien de bien important.

Les ordres sont donnés à M. de Rouville pour procurer un quartier de rafraîchissement aux soldats que vous renverrez avec M. de la Grandville ou au moins avec un officier ou sergent.

Montréal, le 17 mai 1757.

Celle-ci, Monsieur, n'est que pour ne pas laisser passer d'occasions sans vous écrire, d'ailleurs nulle nouvelle quoique l'on en ait eue de Québec du 14. L'armée de renfort pour la Belle-Rivière part vendredi ; à demain des conseils d'Oneyouts avec les Népissings et les Iroquois du lac invités à cette espèce de congrès. Demandez au cher petit Arnoux par qui et sur quelle barque vient une barrique de vin. Mme de Baraute se porte bien, elle m'a promis de faire l'honneur de ma maison jeudi, et Mme de Beaubassin me compte un major général.

P. S. — Je viens de recevoir dans l'instant la lettre que vous m'avez écrite par Hotchig et celle de M. de Malartic.

Montréal, le 21 mai 1757.

Je réponds par celle-ci, Monsieur, à la lettre que vous m'avez fait l'honneur de m'écrire le 15. Je n'ai aucune nouvelle à pouvoir vous écrire dont bien me fâche ; et pour m'être mis à parier un peu tard pour les nouvelles de France, je perds comme un autre. Le souper de Mme de Beaubassin a été fort gai ; on y a bu les santés de la rue du Parloir et celle du général de Carillon. Il faudra ces jours-ci donner un dîner qui sera un peu plus sérieux à Mme de Saint-Ours. Péan est allé s'établir à Lachine, d'où il ramènera la Barolon qui accompagne un époux envoyé à la Belle-Rivière avec M. de Villejoin et Louvicourt. Cette partie me paroît, suivant la déposition des prisonniers, menacée. Cela n'empêche pas que le renfort qu'on y envoie, n'ait déjà perdu de Québec à Lachine quinze jours de temps ; on ne sait comment il marche, avec la lenteur d'une flotte marchande plutôt qu'avec la célérité d'une armée de secours. J'ai donné un mémoire anglois pour être envoyé au commandant de Machault et à Des Ligneris. J'ignore si on le fera. J'ai donné verbalement mon projet pour marcher à la fin de la campagne, et la reprendre si on la perd avant, sauf à hiverner où l'on pourroit. Il faut pour cela des vivres et en faire passer d'avance en juillet et en août, force de canots et des bateaux sur le lac Érié. Le fera-t-on ? je ne sais rien ; mais *dixi, scripsi*.

Le général négocie avec les Oneyouts ; le patriarche des Cinq-Nations a son projet ; il se promet une grande réussite. Cela peut être et cela peut n'être pas ; mais ses propositions doivent être acceptées. Le général m'en a fait mystère. Comme il n'y faut point des nôtres, cela m'est égal et j'en suis instruit.

Noyan part incessamment pour Frontenac. Péan tient un état à Lachine. Le chevalier de Lévis y est allé aujourd'hui.

Dumas ne lâche pas sa proie, il obsède toujours ; les beaux-frères ne s'aiment ni ne se réunissent. Celui des Indes me paroît moins assidu, on en veut à sa fureur. Nos Guyennes partiront. Il y aura, lundi, une partie d'île pour l'un d'eux qui est très regretté.

M. de la Grandville aura trouvé des ordres à Chambly.

Jacquot, que j'aime fort, vous communiquera sans doute un projet de bateau qui me paroît bien. Il m'a prié de n'en pas parler, ce que j'ai fait. Il vous arrive avec quarante-huit ouvriers et douze canonniers. Hotchig vous rejoint avec Langlade et les Népissings, Outaouais; il partira dans six jours. Sabrevois, Bleury partoient plus tard avec un autre parti. Mes compliments à Malartic; j'ai reçu sa lettre du 15.

Montréal, le 23 mai 1757.

Depuis ma dernière lettre, Monsieur, la négociation qui était secrète est devenue publique. Les députés Oneyouts qui vouloient du secret ont tout d'un coup voulu de la publicité, croyant par là être mieux soutenus de leurs frères et mieux forcer la main à ceux qui votent pour l'Anglois. Ils n'ont d'ailleurs pas voulu d'auxiliaires. Cette résolution arrêtée à l'improviste avec la grande politique.... On assembla les nations. Le brave Sarégoa arriva de Carillon avec ses guerriers. Ononthio présenta un collier de six mille grains où la hache étoit empreinte. Perthuis chante la guerre. Les ambassadeurs relèvent le collier pour eux et les Tuscarorins. Ils promettent de frapper avec leurs frères de la Présentation. On leur promet refuge pour les femmes et les enfants où ils voudront: l'abbé Piquet pour les convertir, des soldats et toutes les nations pour les soutenir quand ils auront commencé à frapper. Il nous est arrivé, hier, la troupe du fameux Minaboigon, c'est un frappe-fort. Ce sont des Mississagués ou Outaouais, et cela partira dans cinq ou six jours avec Langlade et Hotchig. Hier, un parti d'une douzaine d'Iroquois a demandé à partir ces jours-ci. La Milletière a eu l'honneur d'être demandé en plein conseil, et je voulois l'envoyer. On a reçu, hier, des nouvelles des pays d'en haut ; toutes les nations sont en mouvement. Celles depuis le Détroit jusqu'à Michilimakinac partent pour venir à Montréal. Les Poutéotamis, les Miamis, les Illinois et ceux de la rivière Saint-Joseph pour venir au fort Duquesne. M. Des Ligneris a beaucoup de partis en campagne et même un de deux cents. Toutes les nouvellès de partout menacent la Belle-Rivière pour laquelle je crains, malgré la disposition des sauvages au-dessus de toute espérance. Pouchot a fait passer diligemment de lui-même poudre et balles, et songe à acquérir des connoissances pour être notre maréchal des logis. Ses ouvrages avancent. La demi-lieue entièrement finie. Encore un mois et demi, et il n'y aura plus rien à faire, sauf à revêtir ensuite en pierre. M. de Noyan et Mme partent mercredi. Mme de la Naudière a accouché heureusement d'un enfant mort, elle s'en tirera. Les lettres de Québec du 19 n'annoncent aucuns bâtiments en rivière. On croit, vu la durée des glaces, qu'il aura fallu relâcher à Louisbourg ou qu'ils viennent en flotte. Je donne de vos nouvelles par la voie de Louisbourg à tout événement. Mes compliments au chevalier de Bernetz, et accusez-lui la réception de la lettre qu'il m'a fait l'honneur de m'écrire.

Montréal, 24 mai 1757.

Depuis ma dernière, la négociation des Oneyouts vient encore de changer de forme. Le sage cavalier, pendant l'absence duquel on avoit conclu la démarche publique, a trouvé que c'étoit dangereux et une bravade, toutes les fois qu'on n'avoit pas un gros détachement pour les soutenir ; on a dépêché un canot à ceux de la Présentation qui attendoient le résultat, afin d'aller frapper seuls. Les Oneyouts dissimuleront vis-à-vis l'Anglois et désavoueront la démarche si elle est sue ; ils ne parleront que de neutralité et attendront que les circonstances permettent d'agir avec certitude de soutien.

Le 25.

Je réponds, Monsieur, aux deux lettres que vous m'avez fait l'honneur de m'écrire, le 21. Je les ai reçues, hier au soir, avec les divers états qui y étoient joints, dont je vous fais mes remerciements. M. le marquis de Vaudreuil m'a paru très content des divers détails dont vous l'instruisez ; pour moi, je l'ai été beaucoup, et j'ai trouvé netteté, clarté, activité et bon ordre. Rien à ajouter : je trouve seulement qu'il faut que les heures de découvertes soient moins fixes.

MM. de Vaudreuil et Péan m'ont promis de faire partir, demain, l'équipement complet des troupes de la colonie, avec dix-neuf chapeaux pour Béarn. Il m'a promis aussi de vous envoyer, dans quelques jours, cent hommes des troupes de la marine. Les trente Mississagués et Hotchig partent demain. Ce sera un parti de cinquante, et d'ici à quinze jours, on en fera partir deux autres, avec huit jours d'intervalle.

Péan m'a dit que la melasse ne manqueroit pas, qu'il alloit vous en arriver plein une barque, et une chaudière par barque. Il seroit d'avis que l'on donnât de quoi en faire quatre barriques par mois par compagnie ; pour les soldats et les troupes de la colonie, il suffit de deux pots de melasse. A l'égard de la façon, les soldats s'en donneroient la peine eux-mêmes. Sur cela, prenez le parti que vous croirez le plus avantageux, le meilleur à pouvoir durer, et souvenez-vous bien d'inculquer à l'officier et aux soldats, que c'est une douceur qui peut manquer d'un moment à l'autre, et à laquelle ils ne doivent pas croire avoir aucun droit.

Landrière et M. Fayol, écrivains de la marine, partent dans quelques jours pour vous joindre et faire leurs fonctions. Lyard, que j'avois fait, l'année passée, sergent-major de la milice, et qui est devenu, cette année, enseigne, va aussi vous joindre incessamment ; c'est un joli sujet, actif et qui peut être employé fort bien, à tout ce qui est de détail.

Les Anglois trouveront qu'on use de diligence à leur égard. J'ai fait, hier, une sortie à votre occasion, chez M. de Vaudreuil : on ne cessoit d'y rabâcher sur la prétendue évasion de votre Anglois, dont l'officieux M. de Lusignan a écrit. On m'en parloit comme de la perte de l'Etat et avec plus d'emphase que de celle des deux otages ; mais je rembarrai si bien la compagnie que tout le monde se tût... jusqu'à M. le gouverneur général. Au reste, si votre Anglois s'est évadé, à la bonne heure ; il n'en faut plus parler ; s'il ne s'est pas évadé, écrivez-le moi, et croyez-moi, défaites-vous-en ; prenez aux premiers Canadiens qui arriveront, quelqu'un qui sera enchanté de vous servir toute la campagne, à la même besogne.

M. le marquis de Vaudreuil dit que les officiers de la colonie qui paroissent manquer de tout, devroient, comme les régiments, envoyer un bateau chercher des vivres, rafraîchissements et autre chose qui pourroient leur être nécessaires.

Je trouve comme vous que le sergent de Béarn a bien réussi en chemin; et je me confirme dans l'opinion qu'un seul homme, plus ou moins, fait beaucoup.

M. de Vaudreuil ne veut pas vous renvoyer les charpentiers de Béarn. Jacquot et Lotbinière vous amènent quatre-vingts ouvriers, et il a fort à cœur le fort Saint-Jean. Il commence à avoir pour ce fort la tendresse qu'une mère a toujours pour le dernier enfant dont elle a accouché. M. de Lévis me charge de ses remerciements et compliments. Le Mercier est ici depuis avant-hier.

P. S. — Il me paroît que le commandant d'hiver a laissé tout dévasté et brûlé : outils, brouettes, palissades, maison de l'hôpital.

Montréal, 25 mai 1757.

M. de Langlade, qui vous remettra ma lettre, est un officier fort accrédité parmi les sauvages. Il vous mène soixante Outaouais, Mississagués, Algonquins et huit Iroquois du Lac, qui ont demandé à se joindre. Le frère d'Hotchig, qui est un joli guerrier, est le chat. Il a été convenu en plein conseil, qu'on ne leur donneroit point d'eau-de-vie. Les Népissings ont remercié, au nom de ceux qui sont de la prière. Il a été convenu

qu'ils frapperoient fort, qu'ils ne reviendroient pas pour
une ou deux chevelures, qu'ils se concerteroient avec
Langlade et vous sur l'expédition, que si vous aviez
besoin de découvertes, ils vous en feroient, en allant et
en revenant, sans que cela tînt lieu de l'expédition
qu'ils comptent faire, sur laquelle on leur a donné un
peu carte blanche.

Langlade m'a promis que quoiqu'il faille leur donner
de la melasse, ils vous en demanderoit moins, et avec
plus d'ordre qu'au détachement de M. de Rigaud.

J'ai cru que vous seriez bien aise de savoir ce qui
s'est passé au conseil d'adieu ce matin.

———

Montréal, 27 mai 1757.

Je vous remercie, Monsieur, d'avoir bien voulu me
donner de vos nouvelles par la lettre que vous m'avez
fait l'honneur de m'écrire le 10 ; je ferai usage de votre
mémoire ce matin. M. de Malartic pourra vous dire
que votre idée est depuis longtemps conforme à la
mienne sur ce que j'avois recueilli des divers avis de la
colonie, car d'ailleurs je ne connois pas le local.

J'avois prévu ce que vous me marquez en ordonnant
que Guyenne me remplaçât ses charpentiers de Béarn
à Saint-Jean.

Je n'écris pas à M. de Malartic, mais dites-lui que je
suis bien persuadé que sa présence n'est pas inutile au
régiment de Béarn, malgré l'expérience et l'acquit de
M. de l'Hôpital.

J'ai reçu une lettre de M. Ducoin avec un état des
malades et des morts, depuis le 12 novembre jusqu'au

28 avril. Je ne lui réponds pas, mais je vous prie de lui en accuser réception.

Le cher petit Arnoux part demain pour vous joindre, et vous porte un précis que j'ai fait des nouvelles omises par M. Doreil. Celles de Québec du 4 font trembler. Il faut des vaisseaux à Québec pour le 14 ; nous ne laissons pas que de songer à la chair de cheval en guise de lard, si nos vaisseaux n'arrivoient pas. On est honteux d'avoir fait marcher quinze cents hommes et d'avoir autant gaspillé de vivres ; article pour vous seul.

M. le marquis de Vaudreuil envoya, hier, éveiller à quatre heures et demie M. le chevalier de Lévis pour aller demander à dîner à M. de Senezergues. La pluie fit changer ce projet en celui de faire un petit dîner fin de huit personnes chez le chevalier de Lévis. J'y fus invité, mais j'avois du monde prié de la veille, et le major général me remplaça.

Bougainville a passé la journée du lundi délicieusement à l'île Sainte-Hélène ; celle de mardi dévotement à la Montagne *. J'y fus à quatre heures, et j'eus la complaisance d'y souper en réfectoire à cinq heures trois quarts.

⸻

Montréal, le 9 juin 1757.

M. Hertel de Louisbourg, qui vous remettra ma lettre, mon cher Bourlamaque, est un joli sujet, je vous le recommande. Si vous avez occasion, employez-le, et

---

* Maison de campagne des Sulpiciens, à Montréal.

s'il fait bien, comme je n'en doute pas, écrivez à M. le général.

Il nous est arrivé, ce soir, quarante Outaouais au lieu de quatre cents. A la vérité, on dit que ce n'est que l'avant-garde. On ne tardera pas à vous les faire passer. Il nous est arrivé aussi trente Mississagués.

M. Hertel compte avoir beaucoup de crédit avec les Abénakis, qui sont en petit nombre à votre camp.

. Le courrier de Québec qui est arrivé, ce matin, et c'est toujours la même chose, et il faudra, dans peu, leur envoyer des farines, et l'on envoie ordre au régiment de la Reine de venir camper avec Guyenne. Ils n'y seront pas, cependant, avant le 23. Mes compliments à tous vos messieurs. Mes amitiés à Malartic.

P. S. — Je rouvre ma lettre, Monsieur, pour vous apprendre que deux des six vaisseaux de Gradiche sont arrivés au Pot à l'eau-de-vie. Ils étoient partis le 10 mars. Ils portent des farines et du lard, ainsi que des troupes. Point de lettres pour personne. Un mot du nouveau ministre de la Marine. Je n'ai eu qu'une petite lettre de recommandation de M. d'Argenson, qui est exilé à la terre des Ormes. M. de Machault à la sienne. M. de Paulmy en fonction. M. de Moras, la Marine. M. de Palud et le Normand, travaillant sans lui, ce qui fait de la peine aux commis. Toutes nos demandes en vivres, armes, troupes accordées. Le maréchal de Belle-Isle à la tête de tout. L'abbé de Bernis au conséil ; des membres du parlement exilés. Le parlement n'étoit pas rentré, il étoit en pourparlers, et négocie le retour de ses membres. Le Roi a reçu un coup de poignard qui n'a rien été. Le meurtrier n'a rien voulu avouer, il n'étoit pas jugé, on attendoit la rentrée du parlement. Huit maréchaux de France.

Deux escadres, l'une pour Louisbourg et l'autre pour le Canada. Les Anglois y envoient aussi seize vaisseaux et force de troupes. On n'a point envoyé de troupes en Allemagne. La reine de Hongrie a pris le contingent en argent, mais nous allons, dit-on, faire le siège de Vezel comme auxiliare. La première_division de 25,000 hommes, aux ordres de M. de Soubise, devoit partir le 17 mars. Cette nouvelle, et celles des maréchaux de France, ne me sont écrites que par Gradiche, qui prétend que l'armée auxiliaire pour la Westphalie sera de 100,000 hommes. En ce cas, je vois l'électorat de Hanovre repris.

Il est arrivé un petit bâtiment de la Martinique.

———

Montréal, 10 juin 1757.

Nous venons, Monsieur, de recevoir avis, par une lettre chiffrée, que le roi a accordé toutes les demandes faites en vivres, munitions, armes et marchandises. Tous les hommes nécessaires pour dix compagnies nouvelles dans les troupes de la Marine, huit dans la Reine et dans Languedoc.... Si tout nous arrive, six cent cinquante. Augmentation des canonniers, des soldats de Royal-Artillerie et du corps royal. Les mêmes lettres nous annoncent une escadre de dix-huit vaisseaux avec un gros corps de troupes angloises que l'on croit destinées pour l'Ile-Royale, nous annonçant aussi une flotte aussi considérable prête à les suivre partout.

P. S. — M. le comte de Vaudreuil, gouverneur de Saint-Dominique, qui depuis deux ans demandoit son rappel, l'a obtenu. Sa place donnée à M. Bast.

M. de Senezergues enverra cette feuille à M. de Bourlamaque, cachetée.

Supplément aux dernières nouvelles. — Le Roi a tenu un lit de justice, en septembre, où il a supprimé une chambre des enquêtes et une des requêtes, et exilé plusieurs magistrats. L'assassinat du Roi a été commis le 5 janvier; le nommé Damiens lui a porté un coup de couteau, comme il montoit en carrosse. Ce forcéné n'avoue rien, et, comme un autre Ravaillac, il témoigne des regrets de n'avoir pas réussi.

Les deux ministres ont été exilés le 4 février. La lettre du Roi à M. d'Argenson dit:

" M. d'Argenson. — Votre service ne m'étant plus nécessaire, je vous ordonne de me renvoyer la démission de votre charge de secrétaire d'Etat et autres emplois, et de vous retirer dans vos terres ".

Celle à M. de Machault porte:

" M. de Machault. — Quoique je sois bien persuadé de vos bonnes intentions, les circonstances présentes m'obligent de vous demander les sceaux et la démission de votre charge de secrétaire d'Etat de la marine. Soyez toujours sûr de ma protection et de mon amitié. Si vous avez des grâces à demander pour vos enfants, vous pouvez le faire en tout temps; il convient que vous vous retiriez quelque temps à Arnonville; je vous conserve votre pension de ministre et les honneurs de garde des sceaux.

Nous avons trois escadres en mer, une de six vaisseaux, pour les côtes de Guinée; une de vingt-quatre vaisseaux, de la compagnie des Indes, trois vaisseaux de guerre commandés par M. Duché, chef d'escadre,

avec 3,000 hommes de troupes de terre, commandée
par M. de Lally. La troisième, commandée par M. de
Bauffremont, est allée aux îles, et est composée de six
vaisseaux de guerre. MM. de Montalès et de la Rigaudière ne s'étant pas trouvés au combat de M. de Beaussier, il y a eu ordre de la cour d'informer de leur
conduite. M. de Montalès, accusé par ses officiers
mariniers, a été justifié par le conseil de guerre sur le
dire de M. de Beaussier. M. de la Rigaudière a été
si vivement saisi d'une lettre dure du ministre, qu'il est
mort de désespoir, et n'a pu être mis au conseil de
guerre, où il se seroit sans doute justifié. Il me paroît
même par la lettre que j'ai vue, qu'il n'y avoit pas ordre
de l'y mettre, mais un simple ordre de rendre compte
de sa conduite. L'escadre de Guinée est commandée
par M. Lucrain, ancien capitaine de vaisseaux. Celle...
est partie en décembre ; celle de M. de Bauffremont
est partie le 25 janvier ; celle des Indes devoit partir
au premier juin. Le Roi a tenu son lit de justice, le
20 décembre ; s'il falloit s'en rapporter aux termes de la
lettre que j'ai lue, et dont j'ai tiré ces nouvelles, il sembleroit qu'il a supprimé les chambres des enquêtes et
des requêtes, mais je pense qu'il faut réduire cela à
une de chaque espèce, d'autant que c'est un projet dont
il est question depuis deux ans. Je prie M. de Senezergues d'envoyer copie de ma lettre à M. de Fontbonne,
et de l'envoyer en original à M. de Bourlamaque.

11

Montréal, 12 juin 1757.

Je réponds à la hâte, Monsieur, à votre dernière lettre que je suppose du 8, par la date de celle de M. de Malartic. Rien ne me paroît mieux que votre disposition, et je vois qu'on ne peut que vous louer et vous approuver en tout. Je crois que vous auriez autant aimé que j'eusse à me louer de vous, en écrivant à M. de Paulmy. On vient de m'assurer qu'on vient de vous envoyer l'équipement de la colonie, des souliers tannés et du tabac, six canots ; on va vous en envoyer six autres. Vous pourriez peut-être faire passer quelques bateaux, et M. le marquis de Vaudreuil l'approuveroit. Quant à moi, je voudrois que vous essayiez l'invention de Jacquot, et si vous la trouvez bonne, allez votre train, mettez deux bateaux montés de même, sur le Lac, et vous pouvez facetter les berges, si elles viennent. Au reste, vous êtes sur les lieux, bon et sage. C'est à vous à déterminer pour le mieux. Je n'ai pas le temps d'écrire à M. de Malartic.

Montréal, 13 juin 1757.

Parmi toutes les nouvelles de Niagara, en date du 4, les dispositions sont toujours bonnes parmi les Iroquois, c'est-à-dire les Tsonnonthouans et les Goyogoins. Les Loups et les Chaouanons ont fait beaucoup de prisonniers, rapporté des chevelures, détruit plusieurs maisons, enlevé des familles et des bestiaux ; ils ont pris un jeune officier anglois, qu'ils ont mangé, leur ayant paru bien gras. Les nouvelles du fort Duquesne, en date du 23 mai, sont des meilleures. Les sauvages paroissent

toujours bien affectionnés.   Les partis rapportent beaucoup de chevelures, et ramènent des prisonniers.

Le pays des Anglois continue à être désolé.   Les
Illinois avoient fourni des vivres.   Toutes les nouvelles,
tant de Niagara que du fort Duquesne, jusqu'à présent,
avoient paru menacées d'une expédition des Anglois
dans cette partie.

Toutes celles d'aujourd'hui sont contraires et semblent
annoncer qu'ils n'ont plus que des projets de défensive
sur la Belle-Rivière, et qu'au contraire leurs projets sont
d'agir vers le lac Saint-Sacrement.   Il vient de nous
arriver deux cent cinquante Outaouais.

Montréal, le 13 juin 1757.

Je réponds par celle-ci, Monsieur, à la lettre que vous
m'avez fait l'honneur de m'écrire le 10 ; je ne puis
trop vous répéter que M. le marquis de Vaudreuil
est extrêmement content de toute l'activité et de la
méthode que vous mettez dans les divers travaux, et
de l'occupation où vous êtes pour songer également à
une expédition que nous ne perdrons jamais de vue, et
à une défensive rigoureuse, si le système des Anglois
venoit à se déterminer pour la frontière du lac Saint-
Sacrement.

Je connois assez la partie où vous êtes pour vous dire
que tout ce que vous faites peut être d'une grande
utilité, et comme vous avez de l'ardeur pour le travail, et que vous en avez inspiré à vos hommes, non
seulement vous élargirez la trouée, mais avec le temps
vous ferez quelques petits ouvrages de campagne ou

épaulement du côté du bois, dans la partie où vous tenez actuellement vos bateaux.

Dès que vous êtes d'accord avec M. de Lotbinière sur le fond de l'ouvrage, et que vous trouvez ses vues bonnes et sages, il doit être content, se rapporter entièrement à vous sur ce qu'il y a de plus pressé à faire, puisque ce seroit vous qui défendriez cette position. Soyez tranquille sur la façon de penser de M. le marquis de Vaudreuil, il a la plus grande confiance dans vos vues. A l'égard des canots qui vous manquoient, j'ai déjà eu l'honneur de vous écrire qu'on en avoit envoyé six, et qu'on vous eu envoyoit encore six autres. Si vous pouviez y faire passer quelques bateaux sur lesquels on pourroit y faire mettre quelques pièces d'artillerie, ce seroit bien le moyen de donner une correction à leurs berges, surtout en faisant couler par les deux rives quelques partis qui les couperoient, si pour se sauver ils vouloient se jeter à terre. Vous devez avoir reçu un bon renfort d'officiers de bonne volonté, des soldats de la colonie et des Canadiens, et comme on vous enverra bientôt grand nombre de sauvages, songez d'avance de les rendre le plus utile que ce pourra, quoique d'avance je vous préviens par mon expérience que les officiers en qui ils ont beaucoup de confiance, y sont souvent fort embarrassés. Par les nouvelles que nous avons eues, hier, du fort Duquesne, en date du 23 mai, et de Niagara, en date du 4 juin, les dispositions sont toujours très bonnes parmi nos sauvages. Ils désolent le pays, ils ont mangé un jeune officier parce qu'il étoit bien blanc. M. Des Ligneris paroît très content des dispositions des sauvages jusqu'à présent. Toutes les nouvelles avoient paru annoncer des projets vers la Belle-Rivière. Toutes celles d'aujourd'hui paroissent indiquer qu'ils n'ont que des projets de défensive pour cette partie, soit qu'ils n'aient voulu qu'en faire courir le bruit ou que Milord Loudon n'ait pas trouvé dans son voyage de Philadelphie les dispositions, les secours et les ressources qu'il croyoit trouver dans les provinces, soit que nous ne soyons pas encore bien instruits ; il paroîtroit par ces mêmes nouvelles que les ennemis veuillent se rassembler vers le lac Saint-Sacrement. Je ne les crois pas encore nombreux par ces mêmes nouvelles. Vous êtes plus à portée d'en savoir des nouvelles que nous. Il y a longtemps que sans l'article indispensable des vivres, nous les aurions primés et nous y serions en grand nombre, et si nous ne marchons pas actuellement, c'est qu'il faut réserver ceux que vous avez pour un besoin pressant ; mais M. le marquis de Vaudreuil a toutes ses dispositions faites pour rassembler son armée avec la plus grande promptitude. La Reine est en mouvement, les ordres sont déjà donnés pour que les hommes destinés aux troupes de terre joignent vite leurs corps respectifs. M. le chevalier de Lévis, qui me charge de ses compliments, trouve, après avoir lu la lettre de Malartic, que vous avez fait beaucoup de besogne, et il trouve que MM. de Béarn, pour n'avoir pas fait toute la campagne au camp de Carillon avec lui, ne travaillent pas avec moins d'émulation que MM. de Royal-Roussillon. Vous savez que comme un père juste et tendre, je leur rends à tous justice, amitié sans aucune préférence. Je ne réponds point à M. de Bellecombe ; sa lettre étoit elle-même une réponse qui ne laisse rien à désirer. M. de Malartic me dispensera aussi de lui écrire.

P. S. — Je viens, Monsieur, de lire ma lettre à M. le marquis de Vaudreuil, qui me charge de vous ajouter qu'il en approuve tout le contenu, et qu'il s'en rapporte entièrement à ce que vous croyez de mieux pour le service, et que vous êtes fort le maître d'essayer, si vous en avez le temps, et si vous le croyez de quelque utilité, le projet de Jacquot pour avoir des bateaux sur le Lac. Il vient de nous arriver deux cent cinquante Outaouais.

Montréal, le 16 juin 1757.

M. de Senezergues voudra bien, Monsieur, vous faire passer les nouvelles. Je réponds par celle-ci à vos deux lettres du 13. Je ne suis point surpris de l'aventure arrivée au détachement des Outaouais ; malgré cela, je trouve que vous avez bien fait de leur donner les huit soldats françois qu'ils demandoient, et puisque vous demandez mon sentiment sur la seconde proposition, je leur en aurois donné cent avec un capitaine pour être maître de la marche ; et dans les gros partis, donnez-leur-en très peu et très ingambe, ou un gros si c'est pour ne pas aller loin. Au reste, votre intention était toujours bonne, et votre opinion dans cette occasion peut bien se défendre. Je compte que d'ici à un mois nous serons six à sept mille hommes à Carillon, avec dessein d'agir vigoureusement, et nous aurons quinze cents sauvages. Enfin, la Reine part le 17 de Québec. Le courrier qui part demain au soir porte les ordres pour mettre en mouvement les troupes de la colonie et les Canadiens du gouvernement de Québec. Le Mercier va recevoir ordre de venir en toute diligence. Le chevalier de Lévis vous joindra sept à huit jours avant moi. Je partirai quelques jours avant les dernières troupes et je compte vous avoir joint du 10 au 20. N'annoncez rien de ce que je vous écris.

Je compte, lundi, aller faire une tournée à Chambly et à Saint-Jean, dont je serai de retour jeudi. Enfin M. Martel et M. Péan partent pour aller faire ce qui auroit du être fait il y a six semaines·: une recherche de grains.

P. S. — Il y a quatorze cents quarts de farine partis de Québec.

Je reçois dans le moment votre lettre du 14 qui confirme la très grande peur des Outaouais..., au reste sensible à votre procédé. Je ne l'exigerois pas si je ne vous croyois des vues sérieuses, mais soyez content, on vous aime, on me parle souvent de vous, et je n'ai que l'avantage de la voir, de l'entretenir souvent, la simple amitié qu'elle mérite sur laquelle elle m'assure que je puis compter, rien de plus, assurément; on souhaite fort vous voir vivre avec nous à Québec. On écrit qu'après mon départ, vous trouviez de l'esprit à Mme Marin. Si nous pouvons nous rassembler à Québec; pourquoi nòn? vous pas à Mme de la Naudière, qui depuis sa couche est plus belle que jamais. Je vous recommande tout ce qui est assez, (sic) je songe plus à la guerre qu'à la galanterie; je me récuse du grand banc; comme un autre je ne vois quasi aucune dame; et que Figuery n'ait aucune inquiétude de moi ni personne, trop occupé, trop bouillant pour suivre un projet. Le chevalier de Lévis qui, je crois, a du regret de n'avoir pas ouvert la scène, a quelque envie de marcher; mais il ne me précèdera que de quelques jours, comme je vous l'écris.   M. le marquis de Vaudreuil est très content de votre gestion, et il me semble qu'il n'y a rien à ajouter.   Du biscuit à force, de quoi faire des fours de campagne, des cintres, des outils, et songeons à nos marches; car un Dieu, un diable, il faut une opération et risquer une action; si cela réussit, nous pourrons tous les trois demander un grade de plus.   Brûlez ma lettre.   Je n'envoie pas encore La Roche; j'attends le départ d'un gros avec Marin.   Nous attendons cinq cents sauvages de la baie, je ne suis pas plus avancé avec celle-ci qu'avec Mme M..., et je ne dois pas attendre, mais je lui crois moins d'art, plus de franchise, plus de gaieté,... mais mal dans les yeux; elle me paroît si montée en réserve que pour aucune raison elle seroit fâchée qu'on en parlât, n'y ayant rien et qu'elle se conduisit avec décence.   Je la vois même par cette raison moins à Québec, je la verrois plus, on y a meilleur ton; ceci c'est la province.   Elle est un peu comme toutes les Canadiennes, plus d'envie de plaire que d'aller au fait; je suis seul ici sur la scène; je ne connais pas d'autre avantage, et je souhaite bien me trouver toujours de même; j'y gagnerai, autrement j'y trouverais du danger. Bougainville a besoin d'aller en campagne, tête qui bout. Nulle lettre pour vous, ni pour le chevalier de Lévis à proprement parler.

Le 18 juin 1757.

Depuis ma dernière, Monsieur, nous ne songeons qu'à la guerre. Sérieusement on a fait partir, hier au soir, les ordres pour Le Mercier, six cents Canadiens de Québec et toute la colonie, hors trois cents hommes à Québec. Je donnerai des ordres pour que la Reine qui sera à Chambly le 24 ou 25, vous passe de suite avec les Canadiens qui les auront conduits. Le Mercier a ordre de partir avec Lusignan. Martel fait la tournée qui aurait dû être faite, il y a six semaines, pour du blé et du lard. Péan part aujourd'hui pour vos bateaux et vivres dans tous les dépôts. Je pars demain pour Chambly, Saint-Jean et le chemin de la savane où l'on va mettre Languedoc, le 23, avec quatre cents Canadiens ; ils partiront de là le 30. Guyenne et la Sarre suivront. La colonie d'ici, les sauvages, le chevalier de Lévis et moi nous partirons tous avec confiance. Ne parlez pas encore d'offensive, mais songez-y ainsi qu'au campement ; développement de toutes ces troupes qui vont vous arriver au nombre de six à sept mille hommes, compris mille cinq cents sauvages. Il faudra établir à la Chute et au Portage, premièrement pour se moins embarrasser, deuxièmement pour être à portée de faire le chemin et le portage des effets. Dites que la Reine vous vient faute de pouvoir l'employer à Chambly. Je vous écrirai par toute occasion. Du biscuit à force et ayons des cintres.

Mon nouvelliste Doreil assure le comte de Maillebois cordon bleu.

Deux courriers en vingt-quatre heures de Québec. Le premier apprend que le *Saint-Antoine*, vaisseau au

munitionnaire, étoit en rivière. Il a, chemin faisant,
fait deux prises angloises et les a rançonnées quatre-
vingt mille livres. Il a intercepté des lettres qui ne
laissent aucun doute sur l'expédition maritime, mais
de l'incertitude si c'est pour Louisbourg ou Québec.
L'intendant, Le Mercier, l'évêque font caca ; ils ont
communiqué leur frayeur aux dames, au peuple. J'ai
offert d'envoyer le chevalier de Lévis, de partir pour y
rester dix jours l'un ou l'autre pour remettre les têtes
et faire les dispositions ; ni l'un ni l'autre. Le Mercier
vouloit qu'on arrêtât le régiment de la Reine, Longueuil
y avoit d'abord consenti. Deux courriers pour proposer
de ne pas agir vers le lac Saint-Sacrement et se tenir
en mesure ici pour Québec. Le général ne démord pas,
rit de leur frayeur, mais néglige trop certains détails de
précaution pour préparer une défense avec ordre.
L'évêque vient de donner un mandement sur port
Mahon, qui est comme l'épée de Charlemagne. Le
deuxième courrier, envoyé vingt-quatre heures après le
premier, dont rien ne transpire, intrigue ici ; dites si
vous voulez en parler pour porter de l'argent au trésorier
qui en manquoit. Pardon, Monsieur, si j'écris aussi
mal que Roquemaure. Je m'imagine que vous avez
renvoyé chercher vos canots, Je reçois dans le moment
une lettre de M. le chevalier de Bernetz. Je n'ai pas
le temps de lui écrire. Je ferai ce qu'il désire. Ne
doutez pas, Monsieur, de mon inviolable attachement.

[Pour vous seul]

Au fort Saint-Jean, le 20 juin 1757.

Me voici, Monsieur, avec M. le chevalier de Lévis qui me charge de ses compliments. Nous irons, ce soir même, à Chambly, et nous serons de retour, demain, à Montréal, pour déterminer, après le retour de M. Péan qui ne sera qu'après-demain, le départ de tout ce qui doit composer une petite armée, que l'on croit devoir être de cinq mille hommes et quatorze cents sauvages.

La Reine est parti le 17 de Québec et passera de suite. J'estime à vue d'œil que Guyenne et Languedoc partiront de Saint-Jean du 1ᵉʳ au 5. La Sarre, la colonie, le reste des sauvages du 5 au 10. M. le chevalier de Lévis partira vraisemblablement du 1ᵉʳ au 5, et moi du 5 au 10.

Le Mercier a dû recevoir, hier au soir, des ordres pour partir de suite, M. de Longueuil pour envoyer trois cents hommes du gouvernement de Québec; on en tirera fort peu, à cause de la peur que l'habitant et l'évêque, ainsi que Le Mercier, ont communiqué aux dames et peuple. En vingt-quatre heures nous avons eu deux courriers pour demander des troupes, et dissuader de toute entreprise. On croit même que l'évêque arrivera demain pour détourner de toute entreprise ; il est contraire cette année-ci de la dernière année. Landrière, qui est ici encore, doit conférer demain avec Péan, que je joindrai ce soir à Chambly ; il partira après-demain avec quarante Canadiens ; il a ordre de préparer force biscuits, des cintres, ustensiles et briques, pour faire des fours. Le projet est de marcher avec encore moins d'équipage qu'à Chouaguen, quinze jours de bivouac.

A l'égard de l'artillerie, occupez-vous de la mettre en
état. Nous croyons, sans avoir parlé au grand-maître,
de l'artillerie, qu'il suffiroit d'avoir douze pièces de canon
de 19, 18 et 12. Les quatre pièces de la Belle-Rivière
et quatre de campagne d'un moindre calibre, avec six
gros mortiers, de préférence à des obusiers, dont je ne
fais pas grand cas ; beaucoup d'outils, beaucoup de munitions, relativement à notre artillerie....

Il faudra songer au campement de nos troupes de la
colonie et des sauvages, et de leur arrangement. Voici
mon projet, si M. le général ne le contrarie pas : le
plus ancien officier de la colonie sans troupes. Le reste
divisé en compagnies de cinquante, soixante ou soixante-
dix hommes, suivant le nombre d'hommes et d'officiers.
Deux officiers par compagnie, quatre compagnies
formant une brigade, aux ordres d'un des plus anciens
capitaines, un garçon major par brigade, un major et
deux aide-majors pour le tout. Tous les sauvages aux
ordres de Saint-Luc, les interprètes lui répondroient, et
puis beaucoup d'officiers par nation des pays des
Iroquois et Népissings, les Abénakis avec Courtemanche,
et deux ou trois jeunes officiers... Comme nous n'avions
pas reçu les huit compagnies de la Reine, Royal-Roussillon et Guyenne, la Sarre, Languedoc et Béarn, il
faudra songer à les camper : la colonie au camp du
Portage, trois bataillons à Carillon, trois à la Chute, et
vous pourrez très bien mettre la Reine en arrivant à
Carillon, car il seroit trop foible tout seul à la Chute.

L'on fera arranger chacun à sa place, soit pour marcher sur deux colonnes ; l'une, de tout ce qu'il y aura
de plus ingambe par terre, et l'autre, de ce qu'il y aura

de moins par l'eau. Quand je dis au camp de la
Chute, au lieu de leur faire prendre le camp de l'année
dernière, sous prétexte de couvrir le moulin à scie, il
vaudroit mieux les camper de l'autre côté, au-dessus
du moulin, à la rive droite de la rivière ; par cette
disposition ils seront plus à portée de travailler, quand
il faudra travailler au chemin du Portage, de faire
passer les bateaux et l'artillerie, et dépenseront moins
en gardes. Et, pour cet effet, il faudroit préparer un
désert pour les camper, sous prétexte de faire éclaircie
au-dessus du moulin. Songez, avec Jacquot, à avoir les
cordages, les rouleaux, les câbles et les chèvres nécessaires pour toute la manœuvre à faire. Je vous envoie
des lettres pour votre camp, et une pour M. Hertel de
Louisbourg. Je vous recommande tout ce qui est
Hertel : ce sont les neveux d'une dame que vous aimez,
et qui vous est fort attachée ; car elle me parle souvent
de vous, avec les plus grands éloges, mais vous avez
passé sur le grand banc.

P. S. — Arnoux a oublié de laisser aucun remède
pour l'hôpital. Il y a une grande plainte de l'intendant
sur Béarn, qui aura par jour cinq à six mille rations de
plus ; dites-le à Malartic.

A Chambly, le 21 juin 1757.

M. le marquis de Vaudreuil a dû vous écrire, Monsieur, pour que vous lui renvoyiez le plus de bateaux
que vous pourrez, avec les quarante Canadiens des
Trois-Rivières, que Landrièvre vous mène ; si vous aviez
quelques convalescents hors d'état de servir, vous pour-

riez les joindre, et alors vous pourriez renvoyer un peu plus de bateaux, avec l'aide de ces convalescents. Occupez-vous de nous faire beaucoup de biscuits, de faire mettre l'artillerie en état, et tout ce qui est nécessaire en cordage, câbles et rouleaux pour le portage.

La Reine sera ici, vraisemblablement le 25 ou le 26, et partira de Saint-Jean le 30. Il est encore arrivé, avant-hier au soir, après mon départ, un courrier de Québec à Montréal; c'est toujours mêmes représentations, et même refus de la part de M. de Vaudreuil, qui n'est plus occupé que d'une opération qu'il a en tête.

Une lettre circulaire aux capitaines et aux curés, ébauchée pour le détachement du frère Rigaud. Dites à Malartic que tous les Béarn rejoindront. Le chevalier de Lévis me charge de ses compliments. S'il y avoit quelque détail à vous écrire de Saint-Jean, M. Péan, qui y va ce soir, le feroit.

P. S. — De même que vous aviez fait prendre une note dans les régiments de Royal-Roussillon et Béarn, des soldats qu'il faut laisser de préférence, pour la garde du fort et des bateaux; la même chose, à l'arrivée de chaque bataillon, une note de tous les ouvriers utiles, comme forgerons, armuriers, boulangers, charpentiers et charrons, ainsi que des soldats qui ont servi quelquefois à l'artillerie.

Je vous remets l'article du renvoi des bateaux, parce que M. Péan est persuadé que M. le marquis de Vaudreuil oublie, et vous aurez la bonté de vous y conformer.

On envoie des bœufs et des vaches. Landrième vous expliquera la destination des premiers, qui ne doivent pas être mangés qu'après avoir servi à conduire l'artillerie ; ils resteront à Saint-Frédéric pour pâturer jusqu'à nouvel ordre ; envoyez-en un bien ferme à M. de Lusignan pour qu'il le fasse garder et conserver contre les sauvages ; il vaudroit mieux lui envoyer une augmentation de garde qui rejoindroit toujours l'armée....

A Montréal, le 23 juin 1757.

Il vient de nous arriver, ce matin, un courrier de Québec, qui n'a apporté aucune nouvelle, Monsieur, que l'entrée en rade du vaisseau, *Le Breton*, un gros paquet de gazettes de France, que je n'ai pu encore lire, mais dont j'aurai soin de vous faire un extrait, s'il y a quelque chose d'intéressant.

Y compris les sauvages que vous avez, nous tenons huit cents sauvages des pays d'en haut, savoir : quatre-cents Outaouais de Michilimakinac ou Saguinaw, trois cents Puauts : Sakis, Renards et Iowas ; ces derniers n'avoient jamais paru à Montréal, cent Folles-Avoines.

On en attend trois cents des environs du Détroit, et dans le moment il vient d'arriver cent Poutéotamis, avec M. de Saint-Ours ; on compte avec les domiciliés sur deux mille. Il y a eu, hier, la grande cérémonie du pardon à deux Iowas, qui avoient tué deux François, il y a deux ans. On a soufflé dans le calumet de paix : les meurtriers étoient conduits, liés, mis un bâton d'esclave à la main, chantant la chanson de mort, comme s'ils alloient être brûlés ; Saint-Luc et Marin faisant les fonctions du chevalier de Dreux et M. Desgranges. Ces sauvages dansent beaucoup mieux que les domiciliés, à ce que disent les dames ; et ces jours-ci, on en fera la revue dans la plaine du Sablon. Les généraux et les dames assisteront. Doreil a fait une chute, pour laquelle il a été saigné six fois, mais ce ne sera rien.

Je prie M. Bellecombe de m'envoyer les pièces nécessaires pour faire recevoir le nommé Champigny, sergent aux invalides ; je prie aussi M. de Malartic de m'envoyer les pièces nécessaires.... Il ne les a jamais envoyées ; qu'on profite de la première occasion pour que je puisse les signer et envoyer ensuite à Doreil, à Québec.

L'intendant a de l'humeur de ce que l'on ne m'a pas envoyé, ou M. le chevalier de Lévis, pour huit à dix jours à Québec.

Montréal, 24 juin 1757.

Les gazettes de France ne nous apprennent pas grand'chose ; cependant, comme les personnes expatriées sont toujours bien aise de savoir les plus petites choses, je vous envoie l'extrait que j'en ai fait. Je ne regretterai pas ma peine, s'il peut vous amuser un moment. Je n'y ai mis que les nouvelles que nous ne savons pas.

M. Le Mercier et M. Péan, comme s'ils s'étoient donné le mot, viennent d'arriver, l'un de Québec et l'autre de sa tournée. Le premier ne tardera pas à partir. Il paroît que nous sommes à l'étroit sur bien des choses ; nous voulons, cependant, agir. Les régiments de la Reine et de la Sarre partiront d'ici, environ le 1er, avec le chevalier de Lévis, et le reste suivra le plus tôt possible.

Nous avons eu quelques lettres, Bougainville et moi.
Elles sont du 8 mars ; nous voyons que la gazette de
France a fait imprimer, le 4, une relation que j'ai lue,
où l'on a pris un peu de la mienne, et beaucoup de celle
de M. de Vaudreuil. Vous y êtes nommé trois fois. Il y
est fait mention de votre blessure. *La sagesse et l'habileté du marquis de Vaudreuil contraste avec l'activité
et l'intelligence du marquis de Montcalm.* On a
imprimé, à la hâte, une médiocre relation, où les troupes
de terre et leur général, jouaient un rôle subalterne.
Tracasserie ; D'Arbouillin et l'abbé de Bernetz ont été
pour nous chez la marquise, et Bougainville a été auto-
risé à faire imprimer une autre relation dans le Mercure
et dans le journal de Verdun, dont on a tiré des exem-
plaires à part, répandus à la cour et à la ville, et on
nous en envoie trente qui sont en rivière, dans une
malle. On nous flatte que nous allons gagner au changement par l'union de Mars et de Neptune, et que ce que
je demanderai à la fin de cette campagne sera accordé
de concert et par sollicitations communes de la part des
deux ministres. En tout, Chouaguen a fait grand bruit,
et pour vous et pour moi. Je vais être accablé d'affaires
et d'écritures, car je veux laisser à Doreil des lettres
et des duplicata tout faits, où vous aurez la part que vous
devez avoir, ayant ouvert la campagne. Les sceaux
n'étoient pas encore donnés.

Je vois beaucoup d'incertitudes sur les opérations de
cette armée du maréchal d'Estrées. Le petit Hérault a
le régiment de Rouergue, et a pris le nom de Séchelles.
Son grand-père ne va mieux pour la santé et pour la

12

tête. Mme Hérault me fait trembler pour la santé de
Chevert.   Elle paroît craindre que sa santé ne se rétablisse pas, et qu'il ne soit en état de la campagne.   Je
reçois, dans ce moment, par la Force, votre lettre, en
date du 19, et vous remercie du détail qu'elle contient,
et vos réflexions sont justes.

A Montrèal, 28 juin 1757.

Départ des troupes de Saint-Jean.

La Reine, le 1er ; la Sarre, le 2 ; Languedoc avec
M. le chevalier de Lévis, le 4 ; Guyenne, le 6 ; la
colonie avec les milices, les 8, 9, 11, 13 et 14.

Le marquis de Montcalm va, le 10, chanter la guerre
au Saut ; le 11 au Lac. Et il partira vraisemblablement
le 13 ou le 14 de Saint-Jean, avec la compagnie des
grenadiers de Guyenne qu'il garde à cet effet.

Composition de l'armée.

Les six bataillons des troupes de terre ; mille hommes
de troupes de la colonie ; deux mille cinq cents hommes
de milice ; quinze à dix-huit cents sauvages.

Il marche soixante-seize officiers et tous les cadets.
Je crois que M. le général né me refusera pas la proposition qu'il a envie que je lui fasse, de faire marcher
M. de Rigaud.   Je compte, à la vérité, le garder avec
moi comme M. le maréchal de Belle-Isle gardoit M. de
Brieux, et détacher, suivant l'occurence, M. le chevalier
de Lévis et M. de Bourlamaque. Nous aurons seize
capitaines, y compris M. de Cabenac et M. de la Valtrie ;

M. de Sermonville marche comme aide-major. Cependant on patricotera, et par un arrangement singulier, auquel on ne s'attend pas, il y aura un bataillon des troupes de la marine, pour faire brigade avec les troupes de terre, dont il y aura le détail, et Dumas fera le détail du reste et servira de gouverneur au gouverneur, et si M. de Gannes vient, il faudra lui former un second bataillon. Péan reste à Montréal pour le cabinet ; Saint-Luc, colonel général des sauvages ; Marin, commissaire général, car Courtemanche est maître de camp général. Martel est revenu de sa tournée, et en ne prenant que ce qu'on lui a jeté à la tête, il a trouvé de quoi nourrir, trente jours, deux mille huit cents âmes, en farine, lard et pois.

Faites camper la Reine et la Sarre à la Chute ; mais au-delà, marquez-y le terrain pour Languedoc et Guyenne. Il est juste de ne pas déplacer ni Royal-Roussillon ni Béarn ; nous rangerons les brigades en mouvement général.

Il convient qu'il y ait un officier principal au camp de la Chute. Le chevalier de Lévis se propose d'y camper et de vous laisser à Carillon. En ce cas, ne bougez pas pour mon arrivée, quand même je resterois à Carillon, en vous resserrant, comme avoit fait le chevalier de Lévis. Je me placerai et je me servirai, si vous l'approuvez, de la cuisine, le peu de jours que je serai à Carillon.

M. le marquis de Vaudreuil me charge de vous recommander d'avoir grand soin des canots des sauvages, d'obtenir d'eux amitié, de les faire ranger auprès du fort, d'y mettre une petite garde, que chaque bande les numérotte, et d'avoir des gens qui les raccommodent continuellement, si besoin est. Vous devez un compliment à Malartic sur la première présidence de la cour des aides de Montauban, accordée à son frère. Je viens d'écrire au comte de Maillebois, et je lui parle de vous, Monsieur, un peu particulièrement, parce que je vous nomme comme étant en campagne depuis le commencement de mai dans toutes mes lettres, au nombre de soixante-dix, que j'adresse à Doreil pour les faire partir quand il voudra.

J'ai écrit deux lettres à M. de Moras ; l'une, correspondance avec le ministre ; l'autre, pour être remise par Mme Hérault, à qui elle est adressée à cachet volant, à condition qu'elle n'ira pas dans les bureaux. J'y fais mention de vous, Monsieur, dans toutes les deux.

A Montréal, 29 juin 1857.

Je réponds par celle-ci, Monsieur, aux deux lettres que vous m'avez fait l'honneur de m'écrire le 24 et le 25. Je pensois comme vous pour placer la Reine et les trois autres bataillons ; mais un peu de déférence et de complaisance pour M. le chevalier de Lévis qui compte s'établir dans ce camp, s'occuper des détails relatifs au chemin et au portage des bateaux et artillerie, dans le temps que vous voudrez bien vous occuper de tous sens relatifs à notre besogne au camp de Carillon, fait que je vous prie de mettre la Reine, la Sarre tout de suite au delà du moulin et pousser alors M. de Celoron au Portage, à moins que vous n'ayez quelque raison particulière pour l'y conserver encore jusqu'à l'arrivée de

M. le chevalier de Lévis. Pour moi, il me tarde fort d'être à Carillon ; je ne partirai cependant, au plus tôt, que le 13 de Saint-Jean. M. le marquis de Vaudreuil ne cesse de se louer de vous, Monsieur. Je crois qu'il pense ce qu'il dit, et pour moi, je crois qu'on ne peut rien faire de mieux que de vous donner de la besogne à conduire, et fort aise d'en faire avec vous.

Je vous promets d'être aussi occupé qu'on le puisse de rendre justice à la façon dont vous servez. Il n'y a point de compliments dans ce que je vous écris, car la fausseté canadienne n'est pas encore prête à me séduire.

La farine à donner à cette colonie est le sujet d'une grande occupation et d'une grande intrigue, parce qu'il y a beaucoup de mouvement.

P. S. — Je vous prie de dire à M. de Malartic qu'il est inutile qu'il écrive une lettre de plaintes ni de reproches à l'intendant, parce qu'il n'a pas écrit sur un ton de reproche. Il a seulement prié Landrième, à qui il a envoyé la note d'éclairer cette affaire : c'est par occasion que je l'ai su.

Votre lettre a été lue à la belle dame et puis brûlée, elle en a été très contente. Les généraux françois seront bien reçus dans cette maison. Elle partira le samedi 9, moi le 10, pour le saut Saint-Louis. Il a été trouvé décent qu'elle partît de Montréal avec Mme de Saint-Ours.

Montréal 3 juillet 1757.

Par les nouvelles, Monsieur, contenues dans la lettre dont vous m'avez honorée le 28, je ne trouverai pas extraordinaire que nous fassions l'histoire des deux qui se rencontrent la lanterne à la main, et je conseille au chevalier de Lévis de se conduire en conséquence de cette idée, d'autant que je crois qu'il n'y a plus rien à craindre pour la Belle-Rivière, et que, quels qu'aient été les projets des Anglois sur Louisbourg et Québec, je les crois avortés.

Par les nouvelles que nous avons des premiers jours de juin, M. de Bauffremont étoit entré à Louisbourg avec six vaisseaux de guerre, compris un vaisseau de soixante-dix canons, qu'il a pris sur les Anglois anx attérages de Saint-Dominique, et qu'il a armé tout de suite. Il a avec lui deux frégates. *L'Abénaquise* étoit aussi entrée à Louisbourg avec une flotte chargée de vivres ; le *Chariot-Royal* a été pris ; il nous est entré à Québec le 29 et le 30, *l'Elizabeth, la Gracieuse,* goélettes venant de la Rochelle. La *Gracieuse* est démâtée, ayant essuyé un combat. Ces deux goélettes ne portent que des marchandises pour des particuliers. *L'Elizabeth* est partie le 20 avril de la Rochelle, avec quatre autres bâtiments. On a appris par elle que nous avions un senau chargé pour le munitionnaire, en rivière, mais que la goélette " la *Madame* de la Rochelle, et le navire le *Fortuné*, de Bordeaux, tous deux chargés par le munitionnaire, avoient été pris ; que le *Robuste*, vaisseau de Gradiche, capitaine Rozier, avoit relâché à Rochefort, ayant été rasé de ses mâts dans un combat vif, où il y a eu soixante-dix hommes de tués : il nous portoit cent quarante hommes de secours. Voilà, Monsieur, toutes les nouvelles, et je conclus que l'Anglois n'étant plus à temps pour la Belle-Rivière, ses expéditions maritimes

pouvant être échouées par la prévenance de l'escadre
de M. de Bauffremont, il peut y avoir du refus dans
notre partie ; j'oubliais de vous dire que M. de Bauffremont a été surpris, en arrivant à Louisbourg, de ne
pas trouver une escadre de dix-sept vaisseaux, commandée par M. Perrier de Sulvert, à laquelle il devoit
se joindre. M. de Lévis vous dira le surplus, ainsi que
l'article des fusils.

P. S. — J'ai reçu une lettre d'Arnoux, à laquelle je
crois n'avoir jamais répondu. Je serai le 9 au Lac ; le
10 au Saut ; le 11 à Montréal ; le 12 à Saint-Jean ; le
13 en pleine marche. Gagnez une bataille avant mon
arrivée.

A Montréal, le 7 juillet 1757.

Je réponds par celle-ci, Monsieur, à la lettre que
vous m'avez fait l'honneur de m'écrire le 2, et je vois
que vous allez de l'avant. Il n'y aura aucun changement à ma marche. Je partirai toujours d'ici le 12, et
le 13 de Saint-Jean. Je suis bien aise que vous ayez
été content de l'idée de Jacquot. Il me semble que cela
peut nous être utile pour être à la tête de notre convoi
maritime, pour favoriser une descente, pour couler bas
leurs berges, pour attaquer les îles, s'ils y avoient pris
postes.

Marin part ce soir pour vous joindre et aller de suite
en parti. Je lui ai bien recommandé de prendre toutes
ses précautions, d'avoir toujours des découvreurs en
avant, sur la droite et sur la gauche, de faire fouiller
les bois, de ne pas cacher les canots aux mêmes endroits,

de faire occuper les hauteurs quand il sera obligé de marcher dans un chemin creux et une petite rivière aussi étroite, encaissée et bordée de rochers, que celle au Chicot.

M. le chevalier de Lévis, à qui vous voudrez bien communiquer ma lettre, sera bien aise de donner toutes ses instructions aux commandants de détachements qu'il enverra à la guerre.   Il est certain que si l'on pouvoit battre complètement une de leurs patrouilles, cela intimideroit les autres.

J'ai parlé, hier, pour le brai, et tous les articles demandés par Landrière ; on m'a assuré qu'il y avoit du brai au fort Saint-Frédéric, et qu'on songeroit à tous les autres articles ; pour de la porcelaine, nous en avons une bonne provision.

Depuis mes dernières, il m'est arrivé ni courrier de Québec ni lettres.   Mille choses à M. le chevalier de Lévis.

P. S. — Saqueville, grenadier de Béarn, et le soldat du même régiment, qui travaille chez les religieuses, rejoindront avec moi, ainsi que le grenadier de Languedoc qui manquoit. Je vous prie de le dire aux majors de ces bataillons.

J'ai reçu les pièces que M. de Bellecombe m'a envoyées, concernant Champigny. Je viens de tenir un conseil avec les Iroquois du Saut, pour accorder grâce à un soldat de Languedoc, que je crois être Lafontaine, grenadier. Je le ramènerai aussi.

Au camp du Portage, le 27 juillet 1757.

J'ai remis à M. Dumas, réponse à tous les articles. On compte avoir assez de toile pour les *banderelles*, L'arrangement de M. de Bourlamaque pour venir avec quatre jours de vivres, me paroît très bon. On accepte avec satisfaction et reconnoissance, les marmites offertes par les deux bataillons de la brigade de Royal-Roussillon, mais comme première charité commence par soi, on pourroit en prêter dix à MM. de la Sarre, qui prêteroient les leurs qui sont en plus... à MM. de la colonie. Il sera nécessaire que la Force vienne après-demain matin, pour partir avec les sauvages le 30 au matin, du camp de Contrecœur.

Au Portage, 28 juillet 1757.

Je réponds par celle-ci, Monsieur, à votre lettre du 28. Je m'en vais écrire pour qu'on nous fasse passer quelques bateaux, si l'on peut demain, et j'emploierai pour faire un portage, toute la nuit, toute celle de demain, et après, parce que je craindrois de nuire à ce qui est nécessaire à Carillon. A l'égard du biscuit, il sera ici aussi à couvert qu'on le peut. Je le fais mettre dans les baraques qui sont dans les hangars ; il faudroit profiter des bateaux pour passer le biscuit. Vous faites bien de garder Brisebois et sa troupe, jusqu'au 30, puisqu'il est nécessaire au transport des vivres.

J'envoie ordre à la brigade de la Sarre d'envoyer le 30 au matin, un lieutenant, pour être aux ordres de M. Dalquier. Gardez le nouveau de la Reine. A l'égard des trois chaudières qui vous restent à envoyer, adressez-les moi directement, voulant en disposer. Sans doute que les trois brigades n'ont pas besoin d'endroit, puisque vous n'en entendez pas parler. Je viens de commander mille rames et trois cent dix avirons. Je viens d'ordonner que cela seroit payé comptant par M. Sermet, sur le pied de douze livres la rame et vingt-quatre livres l'aviron, ce qui fait neuf cent soixante livres.

P. S. — Prévenez Landrière pour l'argent. M. Charly vient de me dire que les trois brigades ont porté tous leurs effets au magasin que vous leur avez indiqué. Demain matin vous aurez, à 7 heures, à achever de donner des fusils aux brigades de La Corne, Repentigny et Vassan. Celle de Saint-Ours est complétée, celles de Courtemanche et de Gaspé vont chercher leurs fusils le 30, à sept heures du matin, après quoi, M. Le Mercier pourra enfermer tous ceux qui resteront, soit à Carillon, soit chez Sermet ; car à l'égard des ouvriers qui manquent de fusil, les armuriers qui restent à Carillon leur en raccommoderont plus qu'il ne leur en faudra.

Voyez aussi quel ordre nous pourrions donner pour nous faire rejoindre à M. Totabelle, lorsqu'il sera de retour avec son détachement. Si M. de Malartic n'étoit pas d'une nécessité absolue à Carillon, il pourroit venir coucher demain au soir ici, ou, tout au moins, partir de grand matin le 30, pour établir le camp de sa brigade, et commencer à faire la distribution des bateaux.

Il me reste ce soir, quoique j'en aie bien fait distribuer, cinquante-six fusils, ici.

On m'a demandé, ici, quand M. de Saint-Ours partiroit pour s'en retourner. J'ai dit que je n'en savois rien,
mais qu'il étoit le maître de partir quand il voudroit, et
de profiter de la première occasion, dès que sa santé ne
lui permettroit pas de faire la campagne. Je vous prie
de lui faire dire par M. Arnoux.

Les calfats peuvent lui fournir une bonne occasion,
car ils partiroient le jour du départ de l'armée. M.
Landrièvre portera dans sa réserve tout le vermillon
qui reste.

————

Au Portage, 28 juillet 1757.

J'ai l'honneur, Monsieur, de vous envoyer une lettre
pour M. de Lotbinière, et une pour M. Desandrouins,
afin de leur indiquer leur départ avec vous, et qu'ils
auront un bateau pour eux deux. J'écris à M. de
Lotbinière que, si les affaires de Carillon les retiennent,
il lui suffira d'arriver le 31, et qu'il ait la bonté de vous
rendre compte de ce dont il veut charger la milice, afin
que vous donniez vos ordres à cette occasion ; ayant
toujours suivi cet objet, vous êtes plus en état de le
faire que moi. Je vous envoie aussi l'instruction que
vous laisserez au départ à M. Dalquier, et une lettre
que je lui écris, par laquelle je lui marque de se conformer à tout ce que vous jugerez à propos d'ajouter,
ou retrancher. M. de Sermet n'avoit encore acheté que
trois fusils des sauvages, mais je m'en vais en assembler
plus de cinquante. Ils serviront pour les trois dernières
brigades, si nous épuisons ceux qui sont en haut. J'ai
l'honneur de vous envoyer l'ordre pour la brigade de
Royal-Roussillon.

Saint-Pierre et Rome (*mot d'ordre*).

Gardez patrouilles, défense à l'ordre, les appels exactement. M. le marquis de Montcalm demande que toutes les distributions soient faites d'ici à demain matin, afin que rien n'arrête le départ du détachement qui doit s'assembler, demain au soir, à l'ancien camp de M. de Contrecœur, aux ordres de M. le chevalier de Lévis. On avertira, ce soir ou demain matin, de l'heure à laquelle les détachements s'assembleront, et se mettront en mouvement.

Vous voudrez bien, Monsieur, donner vos ordres pour le départ de M. Landriève et M. Arnoux. Je crois qu'il est convenable qu'ils soient ici le 30, au plus tard.

M. Landriève enverra, sitôt le présent ordre reçu, à M. de Sermet, cinquante livres.

Au Portage, le 28 juillet 1757.

Je réponds par celle-ci, Monsieur, à votre lettre du 28. Nous n'avons ici, encore, que deux cent trente deux bateaux. Vous pouvez hardiment faire passer, jusqu'à concurrence de deux cent cinquante. Ceux qui arriveront le 31 suffiront pour le service de Saint Frédéric. Formez le rôle de votre garnison, ainsi que vous me le marquez. Il faut y comprendre n'importe de quel régiment ils soient, à moins qu'ils ne fussent grenadiers.

J'accorde que tous les boulangers rejoignent leurs corps le 29 ou le 30 au matin, ainsi que vous le jugiez à propos.

M. de Lapause a eu tort de mander que l'armée ne s'assembleroit que le 31. Vous recevrez, demain,

l'ordre pour partir le 30. Non seulement c'est très bien
de partir avec des vivres pour quatre jours, mais
j'envoie le même ordre pour les bataillons de la Chute.
Je ferai faire, après dîner ou demain matin, par M. le
major général et M. Marcel l'état des vivres qui sont
au Portage.   Vous pouvez, demain matin, pour ne pas
donner vos doubles, tirer sur moi jusqu'à concurrence
de soixante fusils, qui me restent de ceux que j'ai
achetés.   Il ne faut pour M. de Villiers que dix-sept
fusils en tout, que j'ai demandés pour la promptitude,
et pour que cette troupe légère soit mieux armée. Ceux
qu'il laisse à réparer, au nombre de quatorze, seront au
Roi, et vous en disposerez pour qui vous voudrez.
Envoyez avec les quinze chaudières, les trois, cela fera
dix-huit ; il n'en faudra plus que sept pour la troupe
de Villiers, que je trouverai ici, et Dieu merci, toutes
les brigades ont les leurs.

Vous enverrez directement l'ordre aux bataillons de
la Chute, que vous croirez convenable, pour fournir les
cent hommes de garnison.   Je vois qu'il faudra qu'ils
en donnent fort peu.

Puisqu'il n'y a plus de peaux de chevreuils, il est
inutile de garder ceux qui travaillent.   Ainsi, envoyez
demain matin Brisebois, à moins que vous n'en ayez
besoin, auquel cas vous le garderiez encore.

P. S. — S'il y a des soldats convalescents de la colonie,
en état de servir, ainsi que des miliciens, faites-en faire
un rôle à Arnoux, et qu'un sergent de vos deux bataillons les assemble et les conduise demain à M. de
Sermonville : ils seront en état, au moins, de faire fond
à la garnison qui restera ici.

M. de Malartic, major de brigade, donnera à son
arrivée une note de la force de son bataillon, compris
ce qui est resté à Carillon ; une note de tout ce qu'il y
a à embarquer : officiers, soldats et domestiques. Par
conséquence il distraira ce qui reste en arrière et ce
qui marche avec M. le chevalier de Lévis.

Une note de ce qu'il y aura de combattants effectifs,
dans laquelle il comprendra ce qu'il y aura de combattants non effectifs, et ce qui marche par terre et par
eau, sans y comprendre les officiers et domestiques.

―――――――

Saint-Nicolas et Nancy (*mot d'ordre*), le 29 juillet 1757.

C'est très bien, Monsieur, d'avoir envoyé le collier à
M. de Lusignan.... Les sauvages d'en haut éloignés,
branlent au manche. Les colliers trottent. On donne du
vin, c'est-à-dire le mien, et mes poules. En passant
demain au camp de la Chute, vous donnerez la con-
signe à la garde que les bataillons laisseront à la Chute.

Les brigades de Courtemanche et de Gaspé seront
demain, à 6 heures, à Carillon. Recommandez, je vous
prie, à M. Pénisseault la subsistance des deux nègres de
Saint-Luc, et de celui que l'on a dit à moi, qui sont en
prison. S'il envoyoit celui de Villiers, dont il s'est
chargé à Montréal, il pourroit envoyer les trois nôtres,
et le faire adresser chez Saint-Luc.

―――――――

Au fort Saint-Jean, le 30 août 1757.

Par une lettre que j'ai reçue en chemin, de M. le
général, il me paroît qu'il ne veut pas envoyer les
Canadiens demandés par M. de Lotbinière ; je ne sais

si une semonce verbale fera mieux ; il désire que l'on garde les Canadiens qui sont à Carillon, c'est pourquoi je laisse, ici, des lettres à M. le chevalier de Lévis et aux commandants des deux bataillons pour qu'on rassemble les Canadiens qui seront descendus avec les bateaux, et qu'on vous les fasse remonter.

On dit ici qu'après-demain, jeudi, on doit casser la tête à un Outaouais qui a tué un François, à Montréal. Comme les sauvages ont les privilèges des anciens François, il aura été jugé par..., car ce privilège, qui est aujourd'hui restreint aux ducs et aux conseillers en cour supérieure, étoit un privilège parmi les Francs....

——————

A Montréal, le 3 septembre 1757.

Je vous serai obligé, Monsieur, et à MM. Dalquier et Bernetz d'adresser vos réponses en mon absence à M. le chevalier de Lévis, afin que s'il y avoit quelque chose à dire à M. le marquis de Vaudreuil, il eût attention de le faire, et il aura celle de me faire passer ensuite mes lettres, suivant ce que m'a dit Bernard, du régiment de Béarn. Le capitaine à rester de ce bataillon sera Mazerac ou Jourdeaux ; ils sont tous deux très bons. Cependant je ne me soucierois pas de Mazerac, parce qu'il est capitaine de 1744, et que si je trouve de la difficulté pour Senezergues, ou vis-à-vis de lui, ou vis-à-vis M. le marquis de Vaudreuil, qui devroit le souhaiter et qui paroît ne pas s'en soucier, je verrai de faire tomber le commandement sur un simple capitaine dont j'ai grande opinion, d'Hébécourt, et il n'y a que Mazerac qui peut m'embarrasser.

S'il y a lieu d'envoyer d'avance d'Aubrespy, soit pour mener les convalescents ou autres, recommandez-le à Malartic. Sa femme va changer d'établissement ; elle est jolie, demande et facilite les choses de bonne grâce, et cela touche les généraux. Je pars samedi ou dimanche si le chevalier de Lévis arrive. Ce premier voyage me mènera jusqu'à la Toussaint, au moins. M. le marquis de Vaudreuil viendra à Québec à la fin d'octobre, et vous, Monsieur, quand vous voudrez, votre campagne finie. Nos moines Augustins romains se sont trouvés anabaptistes.

A Montréal, le 9 septembre 1757.

Je pars demain, mon cher Monsieur, pour Québec, par la raison que je n'ai voulu partir.d'ici qu'après y avoir installé M. le chevalier de Lévis. Je ne dois repartir de Québec qu'après vous y avoir installé. N'allez pas d'après cela croire que ce sera me traiter honnêtement que d'arriver fort tard ; tout au contraire, venez le plus tôt que vous pourrez, et j'annoncerai à une très belle dame tout l'empressement que vous devez avoir après la cession qui vous en a été faite.

Je vous offre d'être votre commissionnaire pour faire arranger votre maison lorsque vous voudrez venir.

Comme M. le chevalier de Lévis reste près la personne de M. le marquis de Vaudreuil, je vous prie de lui écrire sur ce qui peut regarder nos troupes, et sur le nombre de bateaux dont vous aurez besoin, y compris ceux que vous devez laisser à Carillon. Il sera aisé de vous en faire passer autant que vous voudrez. Nous aurons quatre piquets à vous envoyer et cinquante Canadiens ouvriers. M. d'Hébécourt, capitaine au régiment de la Reine, qui se trouve plus ancien capitaine que ceux qui restent à Carillon, y commandera le piquet de son bataillon, et aura un ordre particulier pour commander dans le fort. Il est plus ancien que tous les capitaines des bataillons qui sont ici, et je le suppose plus ancien que ceux de Béarn qui sont à marcher.

Par le premier article de l'instruction de M. le marquis de Vaudreuil, il aura ordre de se conformer entièrement à celle que vous lui laisserez. Ainsi, je vous prie de ne rien négliger pour que cet officier, rempli de zèle et d'application à son métier, se tire avec honneur de ce commandement et pour mettre en état les bâtiments civils. Fermez la basse ville autant qu'il sera possible. Je suis toujours inquiet du hangar qui est si mal placé au bord de l'eau, si les ennemis ont envie de le brûler pendant l'hiver.

P. S. — M. de Vaudreuil vient de recevoir une lettre d'avis des grâces de la colonie. Le cordon rouge et dix mille livres de gratification pour lui. Cinq croix de Saint-Louis. MM. de Sermonville, Repentigny, la Colombière, Villiers, Le Mercier. Deux pensions de quatre cents livres, MM. de Contrecœur et Des Ligneris; six mille livres de gratification à distribuer aux subalternes, officiers de milice et simples miliciens. J'ai reçu une lettre des plus honnêtes de M. Paulmy; il me prie d'avoir la même confiance pour lui que pour son oncle, de ne pas lui écrire simplement comme au ministre de la guerre, mais personnellement à lui.

13

Je vous prie de recommander à MM. les aides-majors d'être exacts à envoyer ce que M. Doreil leur demande.

J'ai reçu une bonne lettre de quatre grandes pages de Richelieu *proprio pugno*.

J'ai eu occasion d'écrire une lettre assez longue qui sera sûrement lue de M. le Dauphin. Je l'ai écrite pour cette raison avec attention, et j'y ai parlé avec éloge sans affectation de M. de Bourlamaque, capitaine dans le régiment de M. le Dauphin.

A Québec, le 20 septembre 1757.

Il faut espérer, Monsieur, qu'un soldat qui va être conduit pour être puni comme déserteur, fera un bon effet. Je crois que vous serez content de la façon dont j'ai traité vis-à-vis M. de Paulmy dans une lettre pour lui seul, l'objet qui nous intéresse le plus tous les trois. J'ai été jusqu'à présent plus occupé d'affaires que d'autre chose ; cependant je ne perds rien de vue. Dites à Arnoux que je suis furieux d'être obligé de tenir son enfant, et qu'il doit m'en savoir gré ; car cela me fait une grande affaire. L'Ile-Royale, le manque de pain, voilà ce dont on parle tonte la journée. Venez donc, car il faut un quatrième. M. de la Naudière vous aime et vous estime, c'est le meilleur de mes amis, il dîne demain chez moi. Bonsoir, monsieur.

A Québec, le 23 septembre 1757.

Je réponds par celle-ci, mon cher Monsieur, à votre lettre du 14. 1° J'approuve très fort que La Mothe reste en qualité de capitaine avec le lieutenant qu$_i$

voudra rester avec lui, et si cela fait quelque difficulté, écrivez-le au chevalier de Lévis, qui enverra Wolff avec un ordre particulier pour servir comme lieutenant du piquet de Béarn. Je pourrois bien, de vous à moi, et je vous prie de ne pas le dire, rester ici jusqu'au carême, à moins d'une volonté à ce contraire de la part du marquis de Vaudreuil. Vous aurez de la peine à tenir la maison que vous y teniez l'année dernière. Vous avez fait vos preuves sur l'article de la dépense. Je vous conseille comme votre ami de prendre le pré-texte de la rareté des vivres, du manque de pain ; pour moi. je crois que j'aurai de la peine à soutenir cinq jours de la semaine à douze ou quatorze personnes. Et à cause du pain, mes deux jours sont fixés au jeudi et dimanche, parce qu'on ne m'en donne pas ces deux jours-là, et les autres on me donne un quarteron par personne. Les recrues de Béarn, la Sarre, Guyenne et Royal-Roussillon partent avec un déserteur de Béarn, compagnie de Pointras, et l'incorrigible Herbert que je remets à sa troupe. Je prie M. de Malartic de lui donner, quand il aura rejoint la compagnie d'Aubrespy, vingt-quatre livres à employer en nippes, suivant ses besoins et en détail.

Comme il me paroît que M. de Vaudreuil ne laisse pas des officiers de la colonie en état d'aller en parti, s'il le falloit, le sieur Wolff et le sieur d'Arenne passe-ront à Carillon pour y passer l'hiver, et si les logements embarrassent, vous laisseriez le sieur Wolff pour faire fonction de lieutenant à quelqu'un de nos six piquets, et vous trouverez aisément un lieutenant qui ne deman-dera pas mieux. Je joins ici un ordre en blanc, dont vous pourrez faire usage pour obvier à tout inconvénient.

Les derniers vaisseaux partiront au commencement de novembre, et de meilleure heure, dit-on, que l'année dernière. La *Nouvelle - Société*, navire venant de la Rochelle, a péri, avant-hier, à trois lieues d'ici. Il y a eu treize personnes de noyées. Il étoit chargé de vin et d'eau-de-vie. Il y a encore deux bâtiments en rivière. Dieu veuille que ce soit la *Liberté*. J'ai reçu une lettre du chevalier de Bernetz du 14, avec les pièces nécessaires pour le soldat qui a perdu un bras.

Je suppose que l'arrangement de La Mothe convient aux officiers du régiment de Béarn. C'est M. d'Hébécourt, capitaine au régiment de la Reine, qui doit commander à Carillon.

Vous aurez la bonté, avant votre départ, de régler les logements, tant des piquets que des officiers.

On dit, ici, que M. de Vaudreuil avoit ordonné que la milice occupât en entier le logement de Lotbinière, que Lusignan occupoit l'année dernière. Lotbinière est assez ridicule pour l'avoir demandé au marquis de Vaudreuil, et celui-ci, assez bon pour l'avoir accordé; mais quand même on vous montreroit un ordre ou lettre de M. le marquis de Vaudreuil, allez votre train; n'y ayez aucun égard, sauf à lui dire que vous voyez bien qu'il a été surpris, et que cela ne pouvoit être autrement, vu la rareté de logement, et l'indécence qu'un piqueur de travaux occupât tout un corps de logis, lorsque le commandant et les officiers seroient à l'étroit.

Je vous serois obligé; le marquis de Vaudreuil pourra en être fâché, mais il n'osera en dire mot.

P. S. — Dites au chevalier de Bernetz qu'il mettra son état-major où bon lui semblera. Je vous prie de dire à M. Dalquier que j'ai reçu sa lettre en date du 14. J'approuve tout arrangement concernant M. de La Mothe. On dit trois bâtiments en rivière, la *Liberté* et le *Bristol*. Dieu le veuille, nous allons être misérables pour le pain; on parle de réduction à commencer du 1er octobre.

Le capitaine du bâtiment qui a péri, dit qu'ayant passé le jour de Saint-Louis à huit ou neuf lieues de Louisbourg, il a entendu canonner vigoureusement depuis midi jusqu'au soir.

_____

A Montréal, le 27 septembre 1757.

Nous avons vu, Monsieur, l'année dernière, plusieurs soldats qui s'étoient rendus errants et vagabonds dans les côtes; nous avons eu de la peine à les faire rejoindre; il y en a même eu trois qu'on a fini par coutumacer. Il manque depuis sept à huit jours quatre convalescents qui sont errants. Sur mes représentations, M. le marquis de Vaudreuil va rendre une ordonnance dont voici les dispositions:

1º Ordre à tous les habitants d'arrêter tout soldat qui ne sera pas muni d'un congé ou permission;

2º Tout habitant qui arrêtera un soldat dans le cas ci-dessus, le conduira à la prison la plus prochaine des villes de Montréal, de Québec ou Trois-Rivières;

3º Tout habitant convaincu d'avoir donné asile, subsistance ou travail sera puni par amende et prison;

4° Tout habitant sera tenu d'avertir l'officier commandant ou l'officier major toutes les fois que le soldat, qui sera logé chez lui, découchera, à peine de prison et d'amende s'il ne le fait. Je vous prie, Monsieur, de faire assembler les deux bataillons du camp de Carillon, et faire battre un ban pour leur déclarer de la part du Roi, que tout soldat arrêté à trois lieues de son camp, garnison ou quartier d'hiver, sans être muni d'un congé ou permission, sera réputé déserteur, et puni suivant la rigueur des ordonnances ;

5° Tout soldat qui, s'étant absenté, n'aura pas rejoint dans la huitaine sera sur le champ, conformément aux ordonnances, mis au conseil de guerre et contumacé, sans que le commandant du bataillon en diffère la tenue sous aucun prétexte ;

6° Tout soldat qui aura manqué à l'appel ou découché pendant deux jours sera passé par les verges, sans que le commandant du bataillon puisse, sous aucun prétexte, différer l'exécution.

Il est bon, Monsieur, après avoir publié le ban ci-dessus, d'ajouter que M. le marquis de Vaudreuil, de son côté, vient de rendre une ordonnance à cette occasion et leur en apprendre les dispositions.

A Québec, le 4 octobre 1757.

On informe toujours. M. le général part de Montréal le 8. On jugera Beauséjour et Gaspareaux vers le 15.

Du 1ᵉʳ, le soldat est réduit à une livre de pain. On sauve les effets de la *Nouvelle-Société*, bâtiment qui a péri avec perte de onze hommes.

Depuis l'arrivée de la *Liberté* et du *Bristol*, nous n'entendons parler de rien. .

Le *Rameau*, paquebot, est parti ce matin, avec cent-cinquante Anglois, pour Plymouth. Nulle nouvelle de Louisbourg. Détachement de M. de Bellestre, vers Corlar. L'abbé de Tonnancour, mort. Continuation de morts et maladies à l'hôpital-général. La sœur de Mme de la Naudière y est morte ; Mme Marin malade. Bougainville fréquente un peu la maison où je vais beaucoup ; mon cœur et mon estomac sont malades, le dernier est le plus fâcheux. Voilà nos nouvelles, Monsieur. Je vous attends à la Toussaint.

P. S. — Je regrette bien Fontbrune. Si des caprices sont aimables, je n'ai rien à désirer.

—————

A Québec, le 18 février 1758.

Je viens de prévenir, Monsieur, MM. les commandants des régiments de la Reine, Languedoc et Berry de vous rendre compte des divers détails qui peuvent concerner leurs bataillons. Je les préviens de vous remettre au 1er avril un état de leur situation, et un état détaillé des mariages de leurs soldats, depuis le commencement de l'hiver, et pour Berry, depuis son arrivée en Canada. Je les préviens sur l'ordre du Roi, pour défendre les jeux de hasard, et nommément le quinze, et d'y tenir la main.

J'ai fait remettre à M. l'intendant les états des réparations nécessaires, pour que les bataillons puissent entrer en campagne ; il y fait travailler, et nous avons du temps devers nous, car ces bataillons ne sauroient mouvoir qu'après l'arrivée des vivres.

Quand vous croirez, Monsieur, que la saison vous permettra de faire tirer le soldat, on pourra donner de la poudre et des balles ; mais ce ne peut être, vraisemblablement, qu'à la fin d'avril.

Je n'ai rien de particulier à vous prescrire. J'aurai l'honneur de vous écrire exactement tout ce que je croirai utile au service, et je vous prie d'en agir de même. Je souhaite que vous vous amusiez à Québec.

J'aurai attention de vous prévenir des projets et intentions de M. de Vaudreuil, dès que je les saurai, mais le manque de vivres lui fera retarder l'entrée en campagne le plus qu'il pourra.

A Montréal, le 22 février 1758.

Arriver à midi, dîner chez M. de Vaudreuil, écrire, voilà mon occupation, parce que le courrier qui porte les dépêches pour Louisbourg part demain. J'ai trouvé le chevalier de Lévis en bonne santé.

M. de Langy est de retour à Carillon. Il a fait vingt-trois chevelures, amené trois prisonniers. Il paroîtroit par les dépositions de ces derniers, que les Anglois font des amas de vivres considérables entre Lydius et Orange. M. de Langy reste pour repartir avec un nouveau détachement, après que M. Wolff sera de retour de sa course au fort. M. le chevalier de Lévis et M. Pouchot ont été consultés comme géographes ; ce dernier a dressé une carte pour accompagner le système de M. le marquis de Vaudreuil sur les limites, système qu'il ne leur a pas communiqué ; et moi pour n'être pas en arrière, j'ai écrit une lettre à M. de Paulmy, et chiffré mon système sur les limites.

Une bonne chose, c'est qu'on joue au quinze chez M. le marquis de Vaudreuil, parce qu'il assure qu'il n'est pas défendu dans l'ordre du Roi ; et comme c'est lui qui est chargé de l'exécution, et qu'il ne me l'a ni communiqué ni remis copie, je ne dis mot, et si on le joue à l'intendance, faites de même. Une chose encore meilleure, que Montgay m'a assuré de tenir de la Plume, ancien soldat de sa compagnie, c'est que M. de Vaudreuil a reçu une lettre en chiffres, mais il n'a plus son chiffre particulier. Vous savez que ce la Plume est son secrétaire. M. Hère n'a reçu que huit coups d'épée, et n'en a donné qu'un.

Mes compliments, je vous prie, aux dames et à M. de la Naudière. Brûlez mes lettres.

A Montréal, le 3 mars 1758.

Je dois répondre, monsieur, aux deux lettres dont vous m'avez honoré, le 24 et le 27. Rien à ajouter à ce que vous avez fait sur les deux soldats de la Reine accusés ou soupçonnés de vol. Les exemples deviennent d'autant plus nécessaires, que ces crimes sont bien fréquents. La justice ordinaire informe actuellement contre un grenadier de Bearn et un soldat de la colonie, qui ont pris, avec effraction, un bœuf aux dames de la Congrégation. Lundi, conseil de guerre à Boucherville contre un soldat qui a mis l'épée à la main et frappé son sergent, qui vouloit le séparer d'avec son camarade.

L'affaire de MM. Hère et Liébaux est finie. Ils se sont comportés au gré de leurs camarades, et on a dit :

Holà ! on ne joue plus aucun jeu, pas même le quinze. M. Duplessis, major, ayant fait voir à M. le marquis de Vaudreuil qu'il n'avoit pas bien lu l'ordre du Roi, et que le quinze est défendu nommément, M. de Vaudreuil a mis en prison, par un effet rétroactif, le nommé Matha, qui tout l'hiver a tenu un tripot pour les jeux de hasard.

M. de la Durantaye part demain de Saint-Jean avec deux cents hommes, dont vingt Canadiens ; le reste sauvages du Saut. Les beaux jours occasionnent beaucoup de parties de campagne. M. et Mme de Vaudreuil y vont souvent. Le chevalier de Lévis en est quelquefois, et il a aussi les siennes. Pour moi ma vie ordinaire, le plastron le matin et tous ceux qui n'ont rien à faire ni à dire. Dîners avec dix-sept personnes, le soir chez moi, chez le général. Cette dernière maison est renforcée de Malartic et de Villiers qui y sont souvent. M. Varin peut être remplacé, mais sa maison ne l'est pas ; celle de d'Eschambault qui n'a jamais été gaie l'est moins cette année-ci. Restez à Québec jusqu'au dernier moment où votre présence sera nécessaire quelque part, et vous ferez bien ; si j'eusse eu le pouvoir et le devoir, j'en eusse fait autant. J'aurai demain à dîner six dames. Celles de Québec partent dimanche avec Roquemaure ; Pontleroy mardi ; d'Hert à la fin de la semaine. Je vous enverrai par eux toutes les gazettes d'Avignon, Hollande, France et mes nouvelles à la main. Si vous vous donnez la peine de les feuilleter, promotions, charges, etc.

J'ai reçu des lettres de Manneville, de Bellot et du chevalier Péan ; je leur répondrai à tous par Roquemaure. M. de Vaudreuil qui ne devoit expédier son courrier que demain au soir, vient de m'envoyer dire qu'il va le faire partir.

Le chevalier de Lévis est en bonne santé ; il me paroît qu'il n'a fait aucun projet de campagne, ceux qu'on a ici me paroissent conditionnels. Vous vous conformerez à mes conversations du mois d'octobre ; dans le détail et l'exécution bien des choses l'arrêteront. Dumas ne quitte ni la chambre ni le cabinet. Je le crois d'opinion contraire pour les détails avec Le Mercier et moins en crédit que ce dernier. Pour moi, je suis à mon ordinaire très bien. Je vois venir. J'attends qu'on me parle ou qu'il soit temps de parler. Nous attendons ce soir M. Doreil. M. de Vaudreuil, entre nous, n'a pas été content de ce que son ami l'évêque a écrit aux curés sur le serment illusoire demandé par M. de Montrepos, lors de la recherche des grains.

Jusqu'à présent, Pontleroy ne peut que se louer, la Naudière est en règle. Lotbinière à ordre de se mettre à son devoir. M. de Vaudreuil approuve tout, convient de tout : visites de fortifications à Carillon, Saint-Jean, Niagara, etc., veut s'employer à la guerre. Tout cela est beau. Voyons si au fait et prendre, il ne trouvera pas des empêchements dirimants lors de l'exécution.

On parle, ici comme à Québec, du mariage de M. le Noir avec Mlle Herbin. Je le crois meilleur pour lui que pour la demoiselle. Il mange et loge chez le futur beau-père. J'aurois donné ma permission de suite, s'il n'étoit en puissance de père et de mère, mais je ne le puis d'après ma lettre du ministre, du 3 août. Le Noir a écrit à ses parents et moi aussi, pour demander un consentement qui viendra. Ce détail est pour vous. La demoiselle est un petit outil qui a l'air de jouer encore avec des poupées, et qui n'a pas encore ce qu'il faut pour être nubile.

Je vous prie d'écrire à M. de Trécesson quand vous en aurez occasion; à propos de quoi est-ce que M. de Houstet, petit sujet de son bataillon, s'avise, parce qu'il se croit recommandé à M. de Vaudreuil, d'écrire d'un air d'aisance pour lui prêter vingt-cinq louis. Il faut lui en laver la tête et le gronder.

P. S. — M. Doreil vient d'arriver. Bougainville qui a de l'argent de reste, a été voir ses frères de la Tortue au saut Saint-Louis, pour leur donner cent cinquante livres de tabac et dix livres de vermillon. Au retour, il a couru véritablement risque de se noyer; les glaces mauvaises; il s'étoit trompé de chemin.

———

A Montréal, le 3 au soir.

Je profite, Monsieur, de l'occasion de M. Cadet : je mets sous votre enveloppe la lettre de M. l'intendant, 1° pour m'éviter de vous en répéter le contenu ; 2° pour que vous preniez et gardiez une copie. Je puis, dans une discussion de conduite, vouloir prouver que je ne me suis pas regardé consulté, et qu'au moins on ne m'avoit parlé en aucune façon d'avance des ordres donnés à la Belle-Rivière, Saint-Jean, Niagara, Frontenac, Présentation, etc ; car dans mes chimères, je crois toujours que si la colonie étoit perdue, on nous mettroit trois à la Bastille. Ce seroit au chevalier de Lévis et à vous à faire les mémoires de votre général. Je vous prie de prévenir MM. de Roquemaure, Trivio, Trécesson et leurs détailleurs, du départ à la première navigation au plus tard le 1ᵉʳ mai, peut-être au 25. Voyez que rien n'arrête. Il me paroît, monsieur, que votre destination, quoiqu'on ne s'en soit pas encore bien expliqué, sera de partir avec le premier corps des trois bataillons et douze cents Ganadiens québecquois. Ainsi, tenez vous aussi prêt pour tout arranger : ordonnez avec trois bataillons de venir suivant ce que j'aurai l'honneur de vous écrire dans le temps. M. de Vaudreuil doute que l'on ne soit au 20 à Carillon. Ce qui est dans ce gouvernement des Trois-Rivières partira plus tard. Cependant s'il apprenait l'ennemi au fort Saint-George, ceci ferait mouvemeut plus vite, et alors le chevalier de Lévis seroit l'avant-garde ; car nous y serions tous trois, hors le cas d'une charge aux Rapides ou d'une alerte à Québec ; en ce cas je vous vois à Carillon, Rigaud aux Rapides, le gouverneur-général en poste à Québec, le chevalier de Lévis et moi en route de Carillon à Québee pour donner deux batailles, dont une gagnée sauveroit la colonie. Je conseille, si nous capitulons, d'aller en Louisiane avec notre corps qui ne sera pas alors considérable. Ceci est extrait du mémoire, et par l'avis aux trois bataillons, tous pour vous seul, même les douze cents Canadiens. C'est à M. de Ramzay à le dire. Ne faites pas semblant, vis-à-vis l'intendant, d'avoir lu sa lettre.

P. S. — On soutenoit avoir à Carillon pour quatre mille hommes à amener du 1ᵉʳ mai pour un mois. On dit s'être trompé en calcul, n'y avoir que pour trois mille, y compris même le dépôt de Saint-Jean, et on doute si avec ce qui est ici, les moutures des curés, on aura pour cinq mille de plus pour un mois. Sûrement Rigaud ira aux Ra] ides.

———

A Montréal, le 7 mars 1758.

M. de Pontleroy part à midi très content de M. le marquis de Vaudreuil, et il doit l'être s'il y a sincérité. Je le vois ingénieur en chef du Canada, Carillon compris. Lotbinière ne part que jeudi, ayant fait une chute qui l'alarme, pour laquelle il a été saigné deux fois. Je tiens actuellement M. Le Mercier. Mémoire court, succint, mal fait, où il traite la partie qui ne le concerne pas, ne traite pas la sienne. Je sais M. le marquis de Vaudreuil par cœur sur la campagne ; il m'a entretenu longtemps. Son système général bon. On manquera par les détails. J'ai le morceau de géographie du chevalier de Lévis à lire ; il n'a aucun projet. Mon système seroit de n'en avoir aucun et de ne rien proposer, parce que, dit-il, si ce que vous proposez ne réussit pas, *idem*, que je l'aie proposé ou non. D'ailleurs, je dois par ma place remontrer, proposer, éclairer, instruire de mon mieux, et en faisant le dû de ma charge, j'attends avec tranquillité l'éloge ou l'improbation. Les beaux jours continuent ; la fonte des glaces me fait craindre l'interruption des parties de M. et Mme de Vaudreuil qui vont visiter les notables de la côte comme Henri IV chez les notables bourgeois de Paris. Hier, chez MM. Bailly et Gannes, (sic) à l'île Saint-Paul, à l'île Grosbois, chez M. de la Tour. Pour moi, j'ambitionnerais l'île Madame ou l'île Saint-Louis. Des compliments aux dames. Vous voyez, Monsieur, que je cherche les occasions de m'entretenir avec vous, car c'est vous écrire uniquement pour cela.

P. S. — Dites à Arnoux que je sais tous les ouvriers employés pour le Roi ; que je n'aurai jamais de calèche assez tôt pour le printemps ; j'en ai une qu'on me prête pour l'arrière-saison à Québec, ainsi à délibérer pour une autre année si notre séjour se prolonge. Si on dit à Québec que M. de Selles à tué un Canadien, dites que vous ne le 'croyez pas. Je compte qu'il n'est que blessé légèrement. Le Canadien insolent n'a pas voulu se ranger et l'avoit pris à la gorge, le forçoit, lève sur M. de Selles un petit coup de couteau de chasse. J'ai envoyé un chirurgien. M. de Vaudreuil a pris cela bien. Deux bons bourgeois témoins donnèrent le tort à l'instant à l'insolent Canadien. Je compte que M. Dalquier va donner la prison à M. de Totabelle, de Béarn. Il a insulté l'hôtesse de Cornier, femme qui aime les François et qui ne veut pas se plaindre, raison de plus pour punir avec sévérité. Ce M. de Totabelle et quelques autres prennent les mœurs des pays d'en haut. Les liqueurs enivrantes. Des attaques d'apoplexie en détachent Segla et le remène à Dieu.

A Montréal, le 10 mars 1758.

L'homme blessé par M. de Selles étoit encore en vie ce matin, toujours dans un grand danger ; cependant les accidents ayant diminué, le sieur de Bonne qui ne le quitte pas par mon ordre, sans en espérer, n'en désespérait pas. M. de Selles est d'autant plus à plaindre

qu'entre nous soit dit, le jeu de M. l'intendant l'a pré-
cipité dans une ruine totale et affreuse, et si la fortune
n'avoit pas favorisé nos joueurs aux dépeus de M. l'intendant, nous n'aurions que trop d'officiers dans la
situation de M. de Selles.

M. de Vaudreuil n'arrête pas, il est tous les jours en
partie de campagne. J'ai toujours oublié de vous informer que nous avons envoyé et que nous devons envoyer
un grenadier de Béarn impliqué dans le vol du bœuf ;
c'est d'accord avec le marquis de Vaudreuil pour sauver
un Canadien et un soldat complices. Je suis convenu
avec les quatre bataillons de la Reine, Languedoc,
Guyenne et Béarn que l'on délivreroit l'habillement en
entier avant d'entrer en campagne, mais que de fait
nous garderions pour n'être délivrés qu'au retour de la
campagne les habits et les culottes, et que nous déli-
vrions avant que de partir les chapeaux, vestes et
guêtres. Vous serez peut-être surpris de la réserve des
culottes, c'est qu'outre celles de l'habillement général,
on nous en délivrera une paire avant d'entrer en campagne pour tenir lieu de brayet. Cet arrangement
économique n'est que pour nous, car vis-à-vis l'intendant il faut avoir l'air de prendre l'habillement, car si
la paix arrivoit au mois de juin, on voudroit peut-être
nous renvoyer avec nos haillons. Je vous écris par M.
d'Hert. MM. de Joannès et d'Aiguebelle partiront la
semaine prochaine. Mes compliments aux dames. Vous
pouvez dire à Mme de Beaubassin que je comménce à
être très content de la santé de sa mère, que j'ai vue ce
matin ; tout ce qui lui appartient m'intéresse bien
aussi.

P. S. — Nous avons été au moment de perdre M. de Beauclair qui occupe la chambre de Fontbrune ; inflammation au bas ventre, poitrine affectée, et on n'osoit le saigner. De son aveu, il falloit le vider, et rétablir en consommés, etc.

———

A Montréal, le 11 mars 1758.

J'ai quelque regret, Monsieur, à la lettre que M. de... ne vous a pas remise. Ce n'est pas qu'il y eût rien d'intéressant, mais autant que je puis me le rappeler, c'est une lettre de quatre pages écrites de ma main, où j'aurois laissé aller ma plume par le plaisir de vous entretenir. Je vous y parlois guerre, campagne, mémoires de M. Le Mercier, anecdotes de Montréal, etc.

L'homme blessé par M. de Selles alloit encore mieux aujourd'hui. L'opinion où vous êtes que les Anglois ont vingt bataillons dans ce pays-ci, cadre avec la déposition du prisonnier. Je ne vous ai rien dit sur la signature des permissions de mariage, parce que c'est comme l'année dernière.

Quand la saison le permettra, et que vous voudrez de la poudre et des balles pour exercer les deux bataillons de Berry, et les huit compagnies nouvelles de la Reine et de Languedoc, j'ai prié M. le marquis de Vaudreuil d'en écrire à M. Le Mercier. Nous n'avons rien de nouveau qui mérite de vous être mandé.

———

Le 14 mars. — Il n'est pas surprenant, Monsieur, que l'homme frappé par M. de Selles, passe pour mort à Québec. Cependant, hier matin, le chirurgien, le sieur de Bonne, qui ne le quitte pas, et le soigne comme on pourroit me soigner, en espère grandement, ainsi que ses confrères, après avoir jugé le coup mortel.

Mes remerciements à M. l'intendant, si l'homme ne meurt pas. M. le marquis de Vaudreuil et moi estimons que la famille et l'homme qui convient de ses torts, ne plaidera pas la justice d'en rester dans le silence; et je pense que c'est l'avis de M. l'intendant. En cas de mort, je suis si fort de son avis que la poursuite est inévitable, que je suis convenu avec M. de Montrepos, qui dit que de Bonne m'avertiroit par un exprès, qu'il se feroit requérir par son procureur du Roi, pour éviter des frais-indemnité à M. de Selles, qui est, entre nous, bien éloigné de pouvoir payer, ne sachant où donner de la tête, pour suite de jeu.

M. de Bellecombe vous adresse des copies de jugement d'un conseil de guerre, que j'ai fait tenir à Boucherville. Lévêque, sergent, soupçonné d'avoir contrefait la signature de Bellecombe, pour un billet de cent pistoles, va être remis à la justice ordinaire.

Je vous écris par Doreil. La Rochette part samedi avec d'Aiguebelle et Joannès. Boishébert est parti d'hier; quoique M. de Vaudreuil ne m'ait pas instruit de sa mission, la voici :

Cent cinquante hommes choisis : Canadiens, Acadiens, soldat, marine, ce qui, joint à ce qui est à Miramichi, fera un corps de six cents hommes destinés à passer à Louisbourg, et si cela ne se pouvoit pas, ce corps feroit quelques courses aux environs de trois petits forts que les Anglois ont à la rivière Saint-Jean, opération qui ne mènera à rien, quoique M. de Vaudreuil en fasse cas. Boishébert emportera quarante ou cinquante

quarts. Nous attendons, jeudi, Péan et le munitionnaire. Ici, grand projet. Lydius, Orange, Corlar, etc.
Je remets ce soir mon avis qui plaira moins que le
mémoire de M. Le Mercier. Il ne présente que des
roses et moi des épines, il est cependant bien sage par
le fond des choses et le style. Je suis actuellement sur
les objets de gouvernement, de population, de politique,
de réforme, d'abus. Je jette sur le papier bien des
idées pour le retour en France, s'il a lieu et qu'on
veuille m'écouter. Le crédit de Dumas diminue, mais
il ne se rebute pas et suit son plan, s'opiniâtre.
On s'occupe sérieusement de garnir de marchandises
la Belle-Rivère. Il voudroit déplacer Vassan qui déplaît
aux sauvages et les éloigne. Brûlez mes lettres.

M. le chevalier de Lévis, son train de vie ordinaire.
Pour moi, ma chambre et le château, je fais bien ma
charge de général. Je ne vais partout ailleurs que
rarement et en visite. Des compliments à M. l'intendant et des remerciements. Des respects au prélat.
Mille choses aux dames. Tranquillisez-vous bien ; c'est
votre mieux, jusqu'à ce que l'on fasse mouvoir les
troupes. Je doute qu'on veuille pour le début plus
d'un bataillon, faute de vivres ; en ce cas j'aurois envie
d'y envoyer huit piquets avec une compagnie de grenadiers. Fontbonne, Lapause, etc. Je crois que dans
ma lettre perdue, dont j'ai bien du regret, je vous parlois du bon accueil à Pontleroy, de la décision pour lui,
où l'on ne lui manquera pas de parole, où l'on a un mot
dans les lettres du 3. Au reste qui a fait changer de ton.
Je ne suis pas mécontent de celui que l'on a vis-à-vis
de moi. Je me contente aisément. Ne doutez pas,
Monsieur, de mon inviolable attachement.

A Montréal, le 16 mars 1758.

Vous verrez, Monsieur, par une lettre que j'écris à M. Arnoux, que je ne comptois pas avoir occasion de vous écrire par M. de la Rochette, faute de nouvelles. Je joins à cette lettre un état des troupes qui sont dans les colonies angloises d'après la déposition d'un prisonnier intelligent, et vous verrez par là que les trois mille hommes annoncés par la gazette du mois d'août sont arrivés cet automne. Je ne trouve par cet état que dix-neuf bataillons, non compris les trois mille hommes, et il me semble qu'ils doivent en avoir vingt. Vous êtes en état mieux qu'un autre de m'expliquer cette différence. Joignez-y le numéro des régiments, puisque vous avez un almanach militaire; cela me servira à dresser une liste que je veux envoyer en France, sans en garantir l'authenticité. Comparée avec la petite poignée de monde (quatre mille huit cents hommes de troupes réglées), elle ne pourra qu'effrayer la cour et la ville, et c'est toujours bon pour rehausser la gloire du général ou diminuer son blâme. Mme de Douglas a accouché ce matin d'un garçon. Ci-joint l'extrait des nouvelles de Carillon.

A Montréal, le 19 mars 1758.

M. le marquis de Montcalm n'ayant pas encore entendu la messe, et M. de Vaudreuil dépêchant un courrier cette après-midi, j'ai l'honneur de vous faire part des nouvelles.

(Extrait de la lettre de M. d'Hébécourt du 15 mars).

Sur une jonglerie sauvage que les Anglois étoient à

portée du fort Carillon, M. d'Hébécourt en fit partir
une vingtaine en découverte qui revinrent à toutes
jambes nous avertir qu'ils avoient trouvé une piste
fraîche considérable. Les sauvages et Canadiens ne
furent pas longtemps à se déterminer. Le temps de
prendre de la poudre, des balles, leurs fusils et de la
galette, et dans l'instant partirent entre deux et trois
heures. M. de Langy partit aussi avec des sauvages, et
on peut dire que tous ceux qui y étoient firent des
merveilles, ayant été obligés d'essuyer la première
décharge de l'ennemi qui nous avoit découverts les
premiers. Le sieur Rogers fut sauvé avec une vingtaine
d'hommes et un officier, ce qui est à la connoissance de
deux prisonniers qui ont été faits hier matin, 14. Les
sauvages ont cent quarante-quatre chevelures et sept
prisonniers, avec les deux qui se sont rendus le 14 au
matin. Les ennemis pouvoient être de cent soixante-
dix à cent quatre-vingts, y compris dix ou douze officiers. Le coup est très beau, mais il coûte cher par la
perte que nous avons faite. L'affaire s'est passée le 13
au soir, à peu près au même endroit que celle du 21
janvier, l'année dernière. Ils alloient se porter entre la
Pointe et Carillon pour faire des prisonniers. Ceux que
nous leur avons faits, rapportent qu'ils étoient très
décidés de venir à Carillon, cet hiver, sans la trop
grande quantité de neige qu'il y a au fort Lydius; que
treize mortiers et douze pièces de canon étoient destinés
pour cette entreprise, sans toucher à l'artillerie du fort ;
que le chemin avoit été battu pour venir par le Lac;
qu'il y a, au sud du fort, une grande quantité d'écheiles
qui étoient préposées pour cette expédition; que l'équi-

pement pour la même entreprise y étoit aussi ; que le sieur Rogers attendoit cinq compagnies de cent hommes chacune pour augmenter sa troupe et faire ses découvertes, tant ici qu'au tour de leur fort. Qu'il y avoit eu neuf ou onze régiments de commandés pour l'expédition. Qu'à présent, le bruit couroit qu'ils devoient aller à Halifax et de là en Acadie prendre ce qui nons reste dans cette contrée, tantôt que c'est pour aller en Pensylvanie, tantôt ici, tantôt ailleurs, on ne peut rien assurer. Il y a au fort Lydius une cinquantaine de canonniers et six ou huit officiers d'artillerie ou du génie. Les cent douze charpentiers qui travaillent à Orange, aux bateaux, sont venus de la Nouvelle-York.

Etat des officiers canadiens et sauvages tués ou blessés dans cette action :

MM. de la Chevrotière, blessé dangereusement ; de Richerville, deux bonnes blessures ; un milicien blessé dangereusement ; trois Iroquois tués ; quinze Iroquois de blessés, tous presque à mort ; un Népissing tué ; un Abénakis à qui il faut couper le bras.

Voici l'état des commissions dont étoient porteurs les officiers anglois qui ont été tués dans cette affaire :

Commission du capitaine Robert Rogers, du 4 mars 1756 ; ...d'enseigne dans le 27e régiment ;...de lieutenant dans la compagnie de Rogers ; d'enseigne dans la com- pagnie de Rogers ;... Cet état des commissions est d'après l'examen que M. de Bougainville en a fait. On a trouvé aussi l'ordre particulier donné au capitaine Rogers pour commander ce parti, qui est spécifié de deux cents hommes ; ainsi il n'y a nul doute que le capitaine Rogers est tué, malgré ce que disent les prisonnîers. M. le mar-

quis de Montcalm vous a écrit, hier, une très longue
lettre, dont M. de Joannès qui est parti ce matin est
porteur. Je compte que vous voudrez bien communiquer ce détail à M. Doreil.

Le 23. — Le munitionnaire général part demain,
Monsieur, ainsi que M. de Repentigny ; il fait passer
axx postes des bœufs tués pour Québec, et c'est mieux
que de les jeter, ne pouvant les consommer pour Montréal d'ici au dégel. Nous manquerons de pois, ou il
faudra nous en faire revenir en poste. On assure que
Chabert porte force marchandises aux Cinq-Nations,
qu'on prendra des précautions pour éviter lès vols d'ici
à la Belle-Rivière. Ainsi soit-il. On fera sortir les
troupes le plus tard possible, et quand on sera au
moment de la première navigation, on pourra bien vous
envoyer des ordres en blanc, afin de prolonger le plus
possible. Vraisemblablement, ce sera toujours le 2me de
Berry, puis le 1er, ensuite Languedoc. M. le général
compte faire partir Boishébert à la première navigation,
et n'écrira pas, dit-il, par lui. Pour moi, j'enverrai des
duplicata par lui, ayant fait triplicata et quadruplicata.
M. le général fait partir à la première navigation un
bâtiment *recta* pour la France, et écrira par là et moi
aussi et mes triplicata. Demain, je remets à M. le
général un petit mémoire sur les découvreurs à envoyer
au-dessus d'Orange, vrai moyen de découvrir les projets
de Milord Loudon. Je voudrois trois petits détachements d'un officier intelligent, deux Canadiens, deux
sauvages. Observez, s'il défile des troupes ; laissez
tout passer, hors des hommes seuls qui auroient l'air

courriers. Bien payer les sauvages et Canadiens qui seroient là huit ou dix jours en station, etc. On n'en fera rien, mais j'ai dit. Péan me paroît toujours diminuer à la cour. Dumas assidu sans beaucoup de crédit, à moins que Pâques ne réconcilie Rigaud et d'Eschambault, belle antipathie. M. Le Mercier trouvoit tout facile dans son mémoire, et moi tout difficile. Par sa lettre et mémoire du 18, il trouve tout difficile, et moi je me rapproche un peu plus de M. le général. Je m'amuse si fort à Montréal que je voudrois qu'à la grande assiduité près à l'église, la semaine sainte se prolongeât. C'est un prétexte pour ne faire ni recevoir des visites, rester chez moi, et dîner quasi seul ; cela vaut mieux que tout ce que je fais et ferai d'ici à l'entrée en campagne qui sera tardive, à moins que Milord Loudon ne nous y force. Brûlez toutes mes lettres, ainsi des vôtres.

P. S. — Pour peu que M. de Drucour craigne, manquant de monde, il fera passer ce qui est à l'île Saint-Jean en l'abandonnant dans son île ; on ne me l'a pas dit, mais j'ai recueilli cela. Ecrivez-moi exactement la réception de mes lettres. L'homme de M. de Selles comme guéri, et tout est dit.

L'histoire du chiffre renvoyé et de l'embarras est une absurdité mal rendue par Montgay ; je sais mieux l'histoire, voilà une incluse pour Bellot. Langy marche actuellement avec un deuxième parti de la moitié des premiers et des Abénakis, qui sont en marche au nombre de 30. Il part sous trois jours cent trente Iroquois, avec les cadets qui seront les trois détachements de Langy. Un détachement d'Iroquois de la

Présentation doit avoir frappé vers Corlar. Le fidèle
Oneyout en marche avec trente idem. Troisième parti
en marche idem. L'Anglois de Virginie offre de l'eau-
de-vie, marchandises pour la neutralité aux Loups,
Chaouanons. Nous manquons d'habillements à la Belle-
Rivière, etc. Vous avez un état ancien des bataillons
anglois ; ajoutez six venus de la Vieille-Angleterre,
l'année dernière,

Montréal, le 28 mars 1758.

La dévotion et le carême ont, je crois, Monsieur,
dérangé un peu mon estomac et occasionné un rhume.
Du lavage, du régime et une médecine rétabliront ma
santé. Cela ne m'empêche pas d'avoir aujourd'hui à
dîner M. le gouverneur général pour le décarêmer, suivant l'usage du pays. Mme de Vaudreuil n'aura d'autre
dame que Mme de Baraute, sa petite-fille, et Mlle de
Longueuil. Je ne sais si je vous ai écrit le retour
de sept Abénakis de Missiscoui séparés d'un parti de
M. de Langy. Ils ont été frapper à vingt lieues de
Boston, ont brûlé une maison, rapporté trois chevelures,
amené la femme et les deux enfants. Holà ! la femme
avait des pendants-d'oreille d'or et la maison étoit bien
garnie. La Durantaye est arrivé hier, avec les prisonniers. Il résulte de leurs diverses interrogations, qu'il
y a de l'incertitude sur la mort de Robert Rogers,
quoiqu'on ait trouvé sa commission et son ordre, parce
qu'il est apparent qu'il a jeté son habit pour mieux
courir, comme avoit fait le comte de Lévis-Léran, à
la bataille de Plaisance. Il résulte aussi du dire d'un
petit domestique assez intelligent, qu'on parle chez eux

de mouvements pour Halifax, du rappel de Milord Loudon, de l'arrivée de Milord Lothies. M. le chevalier de Lévis connoît ce dernier, qui est Ecossois et lieutenant général. Nouvelles d'officiers qui causent à l'auberge, et fort incertaines.

Il semble, par le rapport unanime et bien circonstancié des prisonniers, qu'il n'y a pas de doute que l'Anglois n'a eu, tout l'hiver, un projet d'entreprise sur Carillon, et n'ait fait faire beaucoup d'échelles. C'est sans doute à quoi aboutissoient leurs fréquentes visites, au commencement de l'hiver, pour connoître l'extérieur de la place, et savoir si on étoit alerte. Rappelez-vous qu'ils se sont glissés jusque dans le fossé. Suivant la dernière lettre de M. d'Hébécourt, du 16 mars, Carillon manque totalement de fer et d'acier à l'égard des outils. Je vous envoie la note de ceux qui sont à l'artillerie, et M. d'Hébécourt m'a ajouté qu'à l'égard de ceux qui sont à la disposition du génie, ce qui sans doute veut dire de MM. de la milice. Ils en ont peu, et mauvais. Je vous fais ce détail pour que vous le communiquiez à MM. de Pontleroy et Lotbinière, et que vous en parliez, s'il le faut, à M. l'intendant.

Le 30 mars 1758.

Je réponds par celle-ci, Monsieur, à la lettre que vous m'avez fait l'honneur de m'écrire le 27, où vous avez la bonté de m'accuser la réception de mes diverses lettres. J'ai eu l'honneur de vous écrire, il y a deux jours, par M. de Boinio (sic) ; depuis rien d'intéressant. Nos blessés du saut Saint-Louis y sont rendus, bien soignés, et vont bien ; un chirurgien à demeure y va souvent en visite, et rien n'y manque, et l'on m'a promis que les morts seront bien couverts, avec distinction.

Le général Lothies s'appelle Rothes ; voyez votre almanach militaire, colonel du régiment gris.

Les trois maisons en avant peuvent être, comme vous dites, très bien des *blockhouses* ou une suite de la lecture du livre du maréchal de Saxe, voyez : *Pour agrandir une petite place.*

L'instruction donnée à Rogers, traduite par M. Perthuis, dénote plutôt occupation de savoir quand nous nous assemblerons à Carillon, que projet de l'attaquer, surprendre. J'ai interrogé moi-même le M. Doigners ; il parle comme de bruits incertains, ainsi que le petit valet, de marche de troupes à Halifax ; assemblée de milices à Lydius ou Orange. Rappel de Loudon. Arrivée d'un général, que les uns disent pour le remplacer, d'autres pour être son supérieur. Saint-Jean court en vivres ; entre nous, mal administré, séjour d'ouvriers inutiles, travaillant mal. Chabert part vers le 10, pour les Cinq-Nations, avec cinquante mille francs, marchandises. Pénisseault, Rocheblave et Créty, fils de Mme de Couagne, pour la Belle-Rivière. Ce dernier, cadet à l'aiguillette, confié, avec une pacotille, à Rocheblave. N'en parlez pas, les glorieux de la colonie ne l'approuveroient pas. Mme de Vaudreuil s'en est enthousiasmée, comme de son parent, et s'il fait bien, il ne vieillera pas à être officier. Grand dîner, aujourd'hui, chez Martel ; vingt-trois personnes, les grosses perruques, nulle dame. D'ici à quinze jours il nous reste à essuyer ceux de Péan, Deschambault, le chevalier de Lévis, le major-général ; il nous manque Monsieur Cadet. Ma santé va mieux, c'est-à-dire mon estomac.

Le chevalier de Lévis travaille en géographie, et Pouchot aussi. Le chevalier de Lévis travaille à un mémoire sur des points que je lui ai donnés *Vederimo* et à un, sur des points qu'il s'est donnés. Bougainville respire avec peine, lit peu, va d'habitude, n'aime plus, et moi quasi tous les soirs dans ma chambre ; c'est l'endroit où je m'ennuie le moins, et où je me plais le plus. Je ne savois pas y rester, à Québec. Bien fait de laisser à la côte des petits hommes aussi dangereux que nos petits Tudesques, et de faire rester Badelard à son devoir, ou le casser. J'ai toujours oublié de vous parler de deux sergents de Languedoc nécessaires pour la procédure de Lévêque, sergent de Royal-Roussillon. Je compte que M. Privat les fera descendre, si l'intendant l'en requiert directement, ou par vous. Vers le 15 avril un état exact de la force des bataillons, une note des soldats servant comme valets, avec permission, une note détaillée des mariages, nom du soldat, de la fille, paroisse. La note exacte, et comme Doreil passe quelques hommes de plus, me marquer à combien il passe, pour que je m'y conforme dans la note à remettre à M. le marquis de Vaudreuil. Si dans les bataillons il y a quelques hommes incapables de servir, mangeant des vivres inutilement, m'en envoyer la note pour que je les fasse repasser en France ; mais les voir et examiner vous-même ; toute demande d'invalides renvoyée, à moins d'impossibilité d'aller à Carillon ; car le vieux soldat qui peut y aller en bateau, sauf à ne faire aucun détachement est bon à amener, il servira derrière le rempart

de Carillon, mieux que des recrues. J'en userai de
même pour les quatre bataillons qui sont ici, et j'enverrai,
à la navigation, par la première barque, le petit nombre
de soldats à renvoyer en France à M. Doreil.

A Montréal, le 6 avril 1758.

Je dois réponse, Monsieur, à deux lettres que vous
m'avez fait l'honneur de m'écrire, l'une le 3, en me
renvoyant le plan de Lydius, l'autre le 4.   Rien n'est
mieux que de tâcher de prolonger le séjour de nos
bataillons chez leurs hôtes le plus qu'il sera possible.
Je ne crois pas la nouvelle de la prise d'une goélette,
comme vous a dit M. de Boishébert ; les Acadiens en
ont pris une l'automne dernier, qu'ils vont même armer
en course, et M. Jacquot demandoit à la commander,
ce que M. le marquis de Vaudreuil lui refuse ; il ira,
au contraire, à Carillon, avec une soixantaine d'ouvriers.
Le Mercier l'a proposé, et M. de Bonafous reviendra à
Québec pour être sous Pontleroy. Le Mercier ignore ce
dernier article. Les Acadiens ont, cette fois-ci, manqué
une goélette chargée de vivres, et pris une petite chaloupe. Tous ces détails pour vous, Monsieur. Le
mémoire donné pour avoir des nouvelles des ennemis,
a été loué, goûté, approuvé, et pas plus exécuté ; mais
on compte en avoir par MM. de Langy et Wolff, qui
vont retourner successivement à la guerre.

Vous avez eu grande raison, Monsieur, de nier tout
ce que l'on vous a dit sur le siège de Lydius ; au contraire, M. le marquis de Vaudreuil me trouve très liant,
très facile, car je lui promets tout, je lui accorde tout,

et je ne m'engage à rien ; mais à profiter de toutes les circonstances favorables, si nous avons des vivres. En attendant, nous travaillons fort et ferme à mettre une nombreuse artillerie en état, avec quatorze mille sacs à terre, et quinze mille outils, deux cents petites voitures. Si, au moins, tout cela ne sert pas à un siège, cela servira à quelqu'un.

Je vous envoie, Monsieur, copie de la lettre que m'a écrite M. d'Hébécourt, M. l'intendant sera peut-être bien aise de la lire. Ne dites à personne l'article de la Belle-Rivière, que je ne crois pas ; ce n'est pas qu'ils ne disent tous dans la colonie bien des choses contre Des Ligneris, et que Dumas ne soit persuadé, ainsi que Chabert et Rocheblave, que lui et Vassan peuvent aliéner les nations, ce qui seroit un grand malheur. M. le marquis de Vaudreuil persiste à ne vouloir pas que Milord Loudon ait été en Angleterre. Très bien d'avoir renvoyé M. de Gofretau à son quartier, et d'en agir de même pour tous les MM. de Berry, à la moindre plainte. Il faudroit même que quand les temps deviendront difficiles pour la nourriture, et nous y sommes, il y eût un capitaine dans chaque quartier, hors dans celui de la Reine, qui est tout seul.

M. de Vaudreuil doit envoyer ses lettres pour la France, le 20 ou le 21 de ce mois. Je voudrois bien envoyer nos deux officiers détenus en prison par cette goélette, et au moins M. de Clairville pour lui abréger sa prison.

Je vous prie de dire ou d'écrire à vos quatre commandants de corps, et officiers majors en particuliers, que je les prie de tenir la main à ce que le décompte

soit fait exactement aux soldats, au premier mai; que
c'est bien le moins qu'on le leur fasse deux fois par an,
en entrant et en sortant de campagne, que je les prie
aussi de voir s'il ne se fait point de petites injustices
particulières dont le soldat n'oseroit se plaindre, parce
que l'officier l'intimideroit. Vous aurez la bonté de leur
dire que je ne veux pas m'expliquer davantage, mais que
j'ai des raisons pour leur recommander d'être très atten-
tifs à cet objet. Je vous prie de faire agréer mes compliments à M. l'intendant, comme vous lui communi-
querez les nouvelles que je vous envoie, et que je n'ai
rien de particulier à lui marquer. Je n'ai pas l'honneur
de lui écrire par cette occasion; traitez avec lui, je vous
prie, la nécessité qu'il y auroit de faire un peu plus de
petite monnaie, pour en faire donner dans le paiement
des troupes, afin de faciliter le décompte aux soldats.
Tout en dictant cette lettre, j'en lis une d'Arnoux qui
m'oblige d'écrire à l'intendant; ainsi je vais lui dire
moi-même ce que je vous écrivais. J'ai l'honneur de
vous adresser ma réponse à M. de Trivio : elle est à
cachet volant.

Au départ des bataillons, nul officier pour les malades
et recrues qui peuvent arriver, mais un sergent sur les
quatre bataillons et deux vieux caporaux ne suffisent-ils
pas; qu'en pensez-vous, de vous à moi ? Bougainville
se rengage dont il n'en a rien eu, tout au plus quelques
légères faveurs qui ne feroient que des péchés véniels.
La douzelle a été au-devant de l'explication sur *Maillon*,
il l'a écrit. Je crois qu'il se repaît quelquefois avec de
l'esprit de châteaux en Espagne. Pour moi, ma chambre
et mon général, peu de visites. Cet hôtel des Indes

m'ennuie. Je leur donnai cependant, l'autre jour, à dîner à tous, et à la même dame de Saint-Luc.

J'ai acheté une carriole pour m'aller promener avec M. de la Rochebeaucour, car pour Bougainville il recommence, comme l'année dernière, on n'y comprend rien ; il attend le courrier de France, et moi aussi.

Le chevalier de Lévis à l'ordinaire. Je ne sais ce que fait Péan. Arnoux veut partir à la première navigation, et c'est très bien.

———

Le 7. — Le chevalier de Lévis qui ne veut pas être cité, a en mains l'affaire des décomptes ; et d'après lui, ordonnez aux quatre bataillons. Je vais faire de même : que les quatre premiers y assistent en rendant compte ; nulle retenue, sous aucun prétexte ; que la paie soit délivrée également, sauf le service et les vivres que le Roi paye en argent aux soldats mariés ou non mariés, par congé ou non. Un compte qui tomberoit dans ce cas, je le ferois casser (sic). Parlez ferme, de ma part, aux commandants de bataillons ; le chevalier de Lévis, qui ne veut pas être cité, craint que son ami Roquemaure à qui il l'a dit, ne soit poule mouillée ; il croit M. Dumas dans ce cas, et il peut y en avoir d'autres.

———

A Montréal, le 8 avril 1758.

Voici la copie de la lettre que j'écris à nos quatre commandants de bataillons du gouvernement de Montréal. Vous savez, Monsieur, que j'ai ordonné qu'on fît dans chaque bataillon le décompte aux soldats de tout ce qui peut leur revenir, au moins deux fois l'an, c'est-à-dire au premier mai et au premier novembre. Je

vous recommande d'y tenir la main avec la plus grande
exactitude, et qu'on ne retienne rien à aucun soldat
marié ou non, par congé ou travaillant, à l'exception du
service, lorsque votre bataillon sera en garnison, et
encore que ce soit dans toutes les compagnies d'une
façon uniforme, que le service se paye ainsi que vous
l'aurez réglé. Voyez que le décompte des vivres que
le munitionnaire paye en argent soit également fait
aux soldats mariés ou par congé, n'attendez pas des
plaintes à cette occasion. L'esprit de despotisme et
d'injustice de quelques capitaines qui menacent de
coups de bâton et de prison, empêchent que les soldats
ne se plaignent de leurs vexations. Mettez en vigueur
l'article de l'ordonnance pour que les lieutenants fassent
le décompte, et vous en rendent compte. Il me seroit
fâcheux de punir avec sévérité des officiers qui m'y
obligeroient par leurs injustices vis-à-vis le soldat, et
par contre-coup cela ne pourroit que vous faire tort,
Monsieur. Je n'ai garde de penser qu'il y ait aucun abus
à cet égard dans votre bataillon, mais il me suffit de
croire qu'il y en ait dans quelques compagnies des huit
bataillons que j'ai l'honneur de commander, pour que je
doive vous ordonner d'y avoir attention.

Je vous recommande aussi de vous informer ce que
devient l'argent provenant de la succession des soldats
morts, et de tenir la main à ce qu'il soit, ou envoyé aux
familles, si c'est un objet, ou distribué, ainsi que le
soldat peut en avoir disposé verbalement, ou employé
à l'utilité du service ou en bonnes œuvres.

Vous savez, Monsieur, que j'ai des ordres du ministre
pour tenir la main à l'exactitude sur cet article, et

15

pour charger M. Doreil d'y veiller ; que même en décembre 1756, MM. Bigot et Varin croyoient pouvoir se mêler de cet article de notre police, et que je fis convenir M. l'intendant que cela me regardoit uniquement et M. Doreil, notre commissaire. J'ai en même temps toujours cru devoir m'en rapporter à la bonne foi et à la religion de MM. les capitaines, et aux attentions de leur commandant. La lettre que j'ai l'honneur de vous écrire est pour vous seul, et vous ne devez la communiquer à personne.

P. S. — Je ne vous parle pas, Monsieur, du mouvement pour votre personne, vous êtes plus utile à Québec jusqu'à ce que les troupes en partent ; d'ailleurs, je ne serois pas fâché que vous y reçussiez les premières nouvelles, que j'ai pensé arriver au 10 mai. Marquez-moi si vous comptez aller en droiture, ou si vous voulez venir ici ; quelque plaisir qu'on eût de vous voir, votre goût seul et encore plus le temps doivent vous déterminer.

Vous recevrez vos instructions à Saint-Jean ; en tout cas venez ici pour quelques jours, nous sommes trop variés (sic) pour que vous ayez besoin de maison. Je puis vous traiter comme M. Despinassy, à qui j'ai dit de ne chercher ni ordinaire ni pension. Vous connoissez mon inviolable attachement pour vous, Monsieur. Vous pouvez communiquer ma lettre à nos commandants.

A Montréal, le 9 avril 1758.

Le sieur Cadet, munitionnaire général, vient de nous arriver, Monsieur, et repart demain. C'est par lui que j'ai reçu la lettre de M. l'intendant que je vous envoie ;

vous verrez ce dont il s'agit. Je lui réponds pour le remercier, et je lui marque que je vous prie de voir un peu, avec M. Deschenaux, de quelle .façon il faudroit établir la communication entre les deux appartements, quoiqu'il ait habité cette maison. Je ne suis pas en état de décider encore, et je m'en rapporte bien à l'arrangement que vous croirez qu'il faudra prendre, Monsieur, de la peine que cela vous donnera, je vous en serai très obligé.

Au reste, quand une fois je serai maître en entier de cette maison, et que M. Deschenaux ne l'habitera plus, je ne sais qui est-ce qui la gardera en mon absence. Il faudroit que j'y eusse un concierge, ou y loger quelqu'un. Je vous prie d'en parler à Arnoux qui imaginera quelque moyen pour remédier à cet inconvénient. Nulle nouvelle depuis ma dernière lettre.

A Montréal, 10 avril 1758.

Nous venons, Monsieur, de recevoir des nouvelles de Niagara et de Frontenac. Rien de bien intéressant, il paroît seulement que l'Anglois se donne de grands mouvements pour détacher les Cinq-Nations et les Loups.

Le gouvernement de Philadelphie a tenu une grande assemblée des sauvages. Il leur a beaucoup parlé de faim et misère, à laquelle nous étions réduits, et a distribué quarante médailles ou hausse-cols d'argent ; quelques députés sont venus sur le champ en rendre compte au commandant de Niagara, et lui rapporter un de ces hausse-cols, sur lequel on voit le soleil, un sauvage et une sauvagesse, attisant le feu sacré, qui est entre eux deux ; le sauvage assis à l'ombre d'un arbre de paix et fumant un calumet de paix. Ces mêmes sauvages ont de suite pris la hache pour aller manger du bœuf frais, en enlevant un convoi de bœufs que les Anglois envoient aux Loups de Théoga. M. de Joncaire est en négociations chez les Cinq-Nations, qui demandent à corps et à cris leur fils Chabert, qui part ces jours-ci avec 80,000 livres de marchandises et une douzaine de forgerons ou armuriers, qui seront établis aux dépens du Roi, dans les divers villages des Cinq-Nations et des Loups.

Comme les abus m'obligent toujours à renouveler les règlements, je vous prie de recommander à vos commandants de bataillons : 1° d'être difficiles sur les permissions à accorder aux soldats, pour servir de domestiques ; 2° de ne pas le permettre aux beaux et bons soldats ; 3° d'exhorter les officiers à prendre de préférence des jeunes Canadiens, des soldats de la colonie, puisque cet abus est toléré chez eux, des François arrivant avec les vaisseaux ; 4° qu'il vous en soit rendu compte, et demandé permission en mon absence ; 5° que la permission soit motivée, qu'elle n'est accordée qu'attendu le cas urgent où se trouve l'officier, et jusqu'à ce qu'il ait pu le remplacer, et que le soldat soit toujours censé l'être ; 6° qu'il s'arrange pour son service dans sa compagnie. C'est à l'officier qui s'en sert à lui donner des gages. Tout ce détail que je vous fais, Monsieur, est conforme à ce que j'ai prescrit, il y a longtemps. C'est bien assez que j'aie osé prendre sur moi, contre la disposition formelle de l'ordre, d'accorder cette permission à MM. les officiers

dans le cas d'une nécessité absolue. J'entre dans tous
ces détails, à cause de ce qui arrive dans le régiment de
Bearn, où deux soldats vont être mis au conseil de
guerre et pendus pour avoir été arrêtés à l'île La Mothe,
passant à l'ennemi.

———

Le 29. — Vous recevrez, Monsieur, deux lettres de
moi. Réflexion faite, ne parlez pas à l'intendant de ce
bavardage me concernant, d'autant plus que les agréables
de la société en ont disconvenu, mais vous pouvez lui
dire que la fermentation a été des plus grandes ; qu'il
est nécessaire d'accorder quelque chose ; en tout cas
qu'on fasse payer la ration du domestique et du lieutenant, à prix modéré dix livres.

Vous pouvez lui dire que j'ai été celui contre lequel
on a le plus écrit, m'accusant de ne pas assez représenter, de ne pas agir ni écrire fortement, et se plaignant
toujours de ce qu'ils n'ont pas vu la lettre du ministre,
ordonnant à M. de Vaudreuil et à M. Bigot de sup-
primer le traitement de campagne, et de ne leur donner
que la ration du soldat, et deux pots d'eau de vie. Si
j'étois à la place de M. Bigot, j'écrirois à chaque commandant de bataillon, quoique le dépositaire de l'autorité du Roi ne soit comptable de sa conduite qu'au Roi
même. Je suis bien aise, Monsieur, de vous envoyer
copie de l'ordre reçu, et ils verront par là qu'on me doit
d'avoir... ce traitement, tout 1756. Ce n'est ni ma faute
ni celle des représentations de M. le marquis de Montcalm, si le Roi n'a pas voulu y revenir. Au reste, la
façon de penser, injuste à mon égard, de quelques particuliers, ne m'empêchera pas de bien traiter d'aussi

bonnes troupes ; vous leur ferez part de ma lettre. Je
réponds, au surplus, aux représentations de M. le marquis de Vaudreuil. Je lui donne un conseil de quelqu'un
qui est son serviteur. Je souhaite, Monsieur, meilleure
santé pour vous, et la paix pour tous.

A Montréal, le 3 mai 1758.

Sur les représentations de M. l'intendant, M. le
marquis de Vaudreuil ayant déterminé, Monsieur, le
départ du régiment de la Reine, il m'en a remis l'ordre
que j'ai l'honneur de vous adresser, et il en informe M.
de Ramezay. Vous voudrez bien convenir avec lui et
M. l'intendant du jour de leur départ, et de tout ce
qui peut avoir rapport à leur embarquement. Comme,
suivant la lettre de M. l'intendant, il y a aussi plusieurs
soldats de Berry et Languedoc qui ne peuvent plus
trouver de subsistance chez les habitants, vous verrez,
Monsieur, suivant les ordres que m'en a donné M. le
marquis de Vaudreuil, de les rassembler, en former des
piquets et les faire partir à fur et à mesure pour Saint-
Jean, où ils recevront de nouveaux ordres, soit que M.
le marquis de Vaudreuil veuille les y arrêter ou les
faire passer jusqu'à Carillon ; vous attacherez à ces
piquets des officiers en proportion de leur nombre.
MM. de Berry étant moins nombreux en capitaines qu'en
lieutenants, vous êtes maître de mettre moins de capitaines et plus de lieutenants pour conduire leurs
piquets.

S'il marche plusieurs piquets, tant de Languedoc que
de Berry, et que cela fasse un demi-bataillon, vous

donnerez l'ordre à M. de Trécesson de partir pour en prendre le commandement; il mènera avec lui un officier major pour faire le détail de ces piquets. Je n'ai pas besoin de vous prévenir, Monsieur, que ces piquets doivent partir armes et bagages, avec des tentes et marmites proportionnées à leur nombre.

M. le marquis de Vaudreuil désire aussi que M. Desandrouins parte en même temps que MM. de la Reine, pour se rendre à Saint-Jean, y reprendre la direction des travaux dont il l'a chargé. Vous voudrez bien lui en donner l'ordre, et je l'en préviens en réponse à une lettre qu'il m'a fait l'honneur de m'écrire.

Je me suis acquitté de tout ce dont vous m'avez chargé, pour M. et Mme la marquise de Vaudreuil. Je puis vous assurer des sentiments de l'un et de l'autre, et vous n'avez rien à désirer.

M. le marquis de Vaudreuil vous connoît trop utile au service pour ne pas souhaiter vous employer, mais l'inaction où le défaut des vivres nous réduit, fait que votre présence lui paroît plus utile à Québec dans le moment; car les troupes que l'on y envoie actuellement n'ont d'autre objet que celui de pouvoir subsister, ne le pouvant ailleurs.

A Montréal, le 4 mai 1758.

J'ai l'honneur, Monsieur, de répondre aux deux lettres que vous m'avez fait celui de m'écrire le 16 et le 28. La première, avec le plan de ma maison, la seconde, avec l'état de la situation des quatre bataillons. La lettre ci-jointe se passe sous les yeux de M. le marquis de Vaudreuil qui m'a dit de vous ajouter

1° qu'il suffisoit que pour le départ de la Reine, vous convinssiez avec M. l'intendant. M. de Ramezay inutile ; vous croyez bien qu'il n'est pas plus occupé à donner de la considération aux commandants de place canadiens qu'à nous ; 2° de ne pas écouter les jérémiades du soldat ni de l'habitant, et de ne les faire partir par piquets que lorsqu'on ne pourra plus les nourrir. Comment pourrez-vous être sûr qu'on ne vous trompe pas ? Il ne peut y avoir, ce me semble, d'autre moyen qu'une vérification faite par un officier major avec un homme de l'intendant qui dit : Nourrit jusqu'à un tel jour, ou ne peut nourrir. Si vous en savez d'autre, employez-le, quoique nous nous servions du mot piquet, terme générique. Vous ferez partir à fur et à mesure quinze hommes, s'il le faut, et toujours des officiers. Lorsque vous aurez acheminé cent cinquante hommes à M. de Trécesson, il faut qu'il aille ailleurs ; je lui enverrai à Saint-Jean instruction pour y commander. Si on l'y arrête, et s'il passe à Carillon, je lui donnerai le commandement de tout ce qui y sera, par piquets, des troupes de terre. Je vous ai dit qu'il amèneroit un officier major, quand même il amèneroit son aide-major. Il y a un M. Valentin qui peut le suppléer partout. Comme vous nous donnerez avis du départ des troupes par les courriers, nous aurons le temps de leur donner des ordres à Saint-Jean, qui dépendront des nouvelles et subsistances ; 3° comme dans les derniers jours de mai, les corps de Carillon s'augmenteront et deviendront considérables, on ne peut rien faire de mieux que de vous y faire passer alors, autre chose n'arrivant. Aussi est-ce projet de M. le marquis de Vaudreuil ; il espère, d'ici là, des nouvelles qui lui feront voir plus clair ainsi tenez-vous prêt à passer d'un moment à l'autre, du 25 mai au 5 juin, et mon avis est, vos gens, équipages, en droiture, votre personne reste ici. Vous retraverserez à Laprairie. S'il faut, pour vous aider, me détacher, en cas que vous partiez avant moi, d'une partie de mes cinquante moutons, je le ferai ; ils sont à Chambly, et j'aurai le temps de remplacer.

Il me paroît que M. de Vaudreuil a commencé à croire qu'il ne sera question d'aucune expédition cette année. L'arrivée des vivres en détail et à lèche-doigt, réserver pour le peuple, faire passer à Montréal de quoi : 1° Envoyer dans tous les postes d'en haut pour trois mois, à la Présentation du biscuit, pour trois semaines, puis Chambly, Saint-Jean, Carillon, pour rassembler l'armée en entier, pour agir, ou par petits camps, pour travailler : le seul objet qu'il croit possible et nécessaire, inévitablement une course vers Corlar ; il paroît que les Cinq-Nations le demandent, se déclareroient et lèveroient la hache.

Par des nouvelles arrivées, il y a trois jours, que j'ai lues (sic), donnera-t-il à cela la forme convenable pour en tirer bon parti ; je n'en sais rien, mais je lui en ai parlé, car je le vois tous les soirs, et suis bien aise avec lui, ce que j'attribue, entre nous, à ce que je vais peu chez Deschambault, et à la défense absolue que j'ai renouvelée à Bougainville de ne jamais parler de moi à ces derniers, que je crois tracassiers, rapporteurs, esprits dangereux, et de la preuve que je lui en ai donnée, malgré le flambeau, preuve géométrique. La même personne occupe Bougainville, Villars beaucoup, Raymond et Malartic.

Plus M. de Vaudreuil paroît croire l'inaction de la campagne, plus je mets de chaleur à vouloir agir, à ne demander que six semaines à promettre de faire de grandes choses, ou au moins à n'en pas faire de mauvaises, à offrir ma personne et celles de mes lieutenants généraux, pour aller *ubique* et ce noble courroux va bien.

J'ai déjà essayé de vivre avec de la farine grôlée, une poignée par vingt-quatre heures, et je me trouvois soutenu, en état de faire toutes nos fonctions, sans en excepter aucune; il est vrai, c'est le mois de mai. Demain et samedi, quoiqu'on dîne chez moi, quatre onces de farine grôlée dans mes vingt-quatre heures.

Nous avons eu des nouvelles de Carillon, Monsieur. M. Descombres, qui les porte, fait le grand tour avec deux officiers pris, dont je vous ai parlé dans mes précédentes. Ce sont les deux du régiment de Blackney. Il me paroît, s'il en faut croire M. de la Chevrotière, que Langy a fait quatre chevelures et aucun prisonnier; que l'on a trouvé des lettres qui n'apprennent rien, si ce n'est que Rogers n'a pas été tué, mais est malade. Langy, mécontent de n'avoir aucun prisonnier, reste pour retourner.

M. de Vaudreuil recommande bien à M. l'intendant de prolonger le séjour des soldats. Voilà ce qu'il vient encore de me dire chez le chevalier de Lévis, qui a enfin donné un repas, que diverses circonstances avoient fait différer.

Vous ferez partir les soldats de Languedoc, du point

que vous jugerez à propos, pour le mieux, et toujours pour éviter peine et consommation.

Au départ de Trécesson, M. de Villemontès doit aller habiter ses quartiers. Je crois avoir écrit sur la formation des compagnies de grenadiers de Berry.

Ces bataillons ne pourront tiercer, et s'égaliser qu'au camp, puisqu'ils partiront en détail.

Je trouve que je serai à Québec trop bien et trop grandement logé ; je souscris à votre arrangement pour ma maison, mieux que je ne l'aurois fait, car je n'y entends rien, et je joins à cette lettre, une pour M. Deschesnaux, toute ouverte.

Boissons au lieu de pâtisseries, puisque cela leur conviendra mieux. Si cependant les premiers bâtiments annonçaient la paix, nous suspendrions tout.

L'état que vous m'avez envoyé de la situation des quatre bataillons, avec les observations, est ce que je demandois ; ceux que quelques aides-majors m'ont adressés *recta*, sans leur avoir demandé, ne m'instruisent pas autant. Je vous enverrai, le prochain, une note des quatre bataillons d'ici, et vous verrez qu'il ne faut compter que sur trois mille six cents combattants. Il est certain que les vivres sont dus à l'officier et à son domestique, quand il en a ; il doit les prendre en nature pour le nourrir. Que pour éviter une consommation, il ne les prenne pas comme soldat, soit ; mais le décompte en doit revenir à la compagnie qui fait le service ; car cette compagnie doit l'avoir, si l'officier avoit pour domestique un autre qu'un soldat ; aura-t-il des vivres et le soldat aussi, voilà le moyen de tout concilier. Je sais que l'article des soldats domestiques est hérissé d'abus, et je ne l'eusse jamais permis si l'on en avoit pu trouver. Votre avis sur les domestiques renvoyés par leurs maîtres est juste, mais je craindrois des contrariétés dans ce que vous proposez, qui seroit sage et bien de la part de MM. de Vaudreuil et Bigot, plus occupés à disputer au général des troupes de terre son autorité qu'à l'étendre.

M. Damville m'a écrit et à M. de Vaudreuil. Je vous envoie ma réponse à cachet volant, pour que vous voyiez que je n'ai pas voulu croire qu'il eût besoin de ma permission : 1° ne pas me compromettre dans le doute vis-à-vis M. de Vaudreuil, aussi jaloux d'étendre ses prérogatives, que je le peux des miennes ; 2° au cas qu'il ait père et mère, cela m'évite de refuser une permission, ou de déroger à ma règle. Très bien à vous d'avoir grondé MM. de Basserode, Calan. M. de Vaudreuil, entre nous, est peu obéi des Canadiens qu'il gâte. Que j'ai eu de peine, l'autre jour, à lui en faire mettre un en prison ! mais, Dieu merci, il vient d'éprouver personnellement l'insolence d'un nommé Girouard, du faubourg, qu'il n'a pu se dispenser de mettre au cachot.

M. d'Hurtubise fera bien de faire le service, et M. de la Sorbière aussi. Ce dernier, pauvre enfant, grand sot de Montpellier, fils et frère d'ingénieur, ne peut être renvoyé d'un bataillon ; d'ailleurs, je ne dois pas le renvoyer, il faut qu'il vienne à la guerre ; heureux, s'il y remplissoit le fossé du retranchement de Lydius, et que nous l'exportassions. Il est mal venu de MM. de Berry, comme imbécile, soit ; l'est-il plus que X... de la Reine ?

J'ai reçu une lettre de M. de Crèvecœur ; je vous
prie de lui dire que je ne lui réponds pas, mais que
j'aurai attention à ce qu'il m'écrit ; que je lui conseille
de ne pas demeurer dans l'inaction, et, au moins, demander à Le Mercier à aller. Je vous envoie une carte ;
c'est celle de Pouchot envoyée par M. de Vaudreuil à
M. de Moras ; j'en voudrois deux copies qu'il pourroit
tirer à la vitre. Comme je ne voudrois pas que la carte
courût, pourriez-vous lui prêter territoire chez vous ?
J'ai envoyé à M. de Paulmy comme à M. de Vaudreuil
mon avis sur les limites, plus détaillé ; je lui ai parlé
de l'avis de M. de Vaudreuil, et de cette carte. Le
chevalier de Lévis lui a envoyé par duplicata la sienne,
et j'ai déjà, en même temps, envoyé l'analyse de cet
ouvrage, en peu de mots. J'ai annoncé celle de Pouchot,
par les derniers bâtîments pour servir de triplicata et
quadruplicata, à celle du chevalier de Lévis ; je veux
l'envoyer par cette raison, et à cause des deux lignes
marquées en jaune et en rouge. Elles indiquent le
projet de limites, suivant M. le marquis de Vaudreuil.
Le pays entre indivis.

M. Doreil m'écrit pour deux soldats de Berry à
laisser, l'un chez un orfèvre, l'autre chez Loyseux, et
dit que Mme de Beaubassin lui a dit de m'en écrire : je
ne lui ai répondu que vaguement, il ne faut laisser
aucun soldat... partir des derniers, si l'orfèvre faisoit
un travail pour le Roi. Il n'y a rien que je fisse pour
une recommandation de Mme de Beaubassin ; mais ce
seroit d'un mauvais exemple, et je ne voudrois pas que
l'on dit qu'elle m'en a prié, et que c'est pour elle ; mais
si Mme Péan vous en sollicitoit, car elle protège Loyseux,

et que cela soit égal au capitaine, il est de Surimeau (sic) ; mais voyez si vous voulez prendre cela sur vous, je ne pourrai pas vous désapprouver ; voilà ce que je n'ai pas voulu écrire à M. Doreil, et que je ne crains pas de vous écrire.

M. l'intendant m'a répondu : approuvé sur les deux points ; mais sur le premier, nécessité *bisogna di compatire.*

Il ne me reste, Monsieur, qu'à vous parler de deux hommes dont M. d'Hert m'écrit ; l'un appelé Jolicœur, compagnie de Pascalis, l'autre, Bellerose, qui demande les invalides : examinés, mais d'avis, ainsi que les deux, dont on m'a parlé, de les garder, mener, s'il se peut, en campagne, sauf à les laisser à Carillon. En tout cas, ils peuvent rester à Québec, et laisser avec ceux-là et d'autres, un sergent sur les quatre bataillons, aux ordres de Doreil, pour les hôpitaux, recrues, etc., et leur donner une chambre au quartier. Je n'ai pas besoin de vous prévenir que les compagnies nouvelles de la Reine auront besoin de quelques Canadiens de plus, et peut-être d'être mêlées dans les bateaux avec de vieux soldats, de même pour les piquets de Berry.

Je devrois m'excuser avec vous de la longueur de ma lettre. Je n'ai pas le temps de la faire plus courte ni mieux : d'ailleurs, comptant sur votre amitié et indulgence, je laisse aller ma plume et bavarde. Je devrois vous faire excuse d'écrire moi-même, car il doit vous en coûter pour me lire ; il faut aimer leurs amis avec leurs défauts.

P. S. — Je n'écris pas au cher petit Arnoux ; je le crois parti. En tout cas, dites-lui que j'ai reçu sa dernière lettre, mais qu'il n'équivoque pas, que ma pièce de vin qu'il doit me faire embarquer, est pour venir *recta* à Montréal, non pour passer à Carillon. Quoique M. de Vaudreuil demande le départ de M. Desandrouins, comme celui de la Reine, s'il veut passer par ici, pour deux fois vingt-quatre heures, y ayant ses affaires, arrangez-les lui ; ainsi il ne faut laisser à Carillon aucun officier, hors le cas de maladie, un sergent sur les quatre bataillons et mes vieux caporaux, c'est assez. Manneville vous communiquera ce que je lui écris sur le départ de Guyenne.

M. Péan se plaint beaucoup de son bras. Cela est-il vrai ? Il est décidé qu'il passe cet automne en France, et c'en est la raison.

Dumas, sur le côté, dans la cour, s'il n'étoit pas proposé pour la majorité (sic). Il ne le sera pas. Deschambault n'y paroît quasi pas, mais y est très bien : M. de Vaudreuil souffre de son frère qui, l'autre jour, devant trente personnes, traita Deschambault de plaisant C... et dans le cabinet, en disant à son aîné : je me... de lui et de vous aussi. M. Péan a parlé d'un voyage de M. l'intendant, cet été, avec Mme Péan.

A Montréal, le 7 mai 1758.

Il nous arrive, Monsieur, un courrier extraordinaire, et notre joie a été courte. Il vient uniquement pour porter de l'argent au trésorier. Puisque vous ne voulez pas nous donner des nouvelles d'Europe, voici celles que nous pouvons débiter, d'après la conversation d'un capitaine de Blackney, assez aimable. L'expédition con-

tre Rochefort, étoit commandée par l'amiral Hawke, et le
lieutenant-général Mordaunt ; et n'a abouti qu'à prendre
l'île, en détruire les fortifications, retourner à Londres,
où le peuple étoit furieux du mauvais succès. L'amiral
Holbourne y a été mal reçu. On parloit de lui faire
faire son procès pour n'avoir pas pris Louisbourg.
Milord Charles Hay, général major, très brave, dans le
goût de *Roquessine* ? mais fort aimé du peuple, opinoit
toujours à aller à Louisbourg, et de parole en parole,
ayant des démêlés vifs avec Milord Loudon, a été mis
aux arrêts par le général et a retourné à Londres. S'il
faut en croire ce capitaine, Milord Loudon parti avec
Daniel Webb. Abercromby commande. Quatre vaisseaux et une frégate ont hiverné à Halifax, avec Milord
Colville, et ordre de croiser... le projet sur Louisbourg,
et d'y arriver de meilleur heure que l'année dernière.
Un général y viendra d'Angleterre qui remplacera
Milord Loudon ; il ignore lequel ; il doute de Milord
Rothes, qui avoit refusé avant Loudon. Il croiroit
Mordaunt.

Cumberland, de retour en Angleterre, a été désap-
prouvé par le parlement, s'est démis de tous ses emplois.
Son régiment des gardes donné au prince Edouard, et
Ligonier déclaré généralissime à sa place. Le capitaine
écrit tout cela, faits à la main, et que peut-être Cumberland est rétabli à l'heure qu'il est.

Le roi de Prusse a gagné une bataille sur les Autri-
chiens, le 6 novembre, et doit en avoir gagné une
seconde, que le capitaine ne donne pas pour aussi
certaine.

Le maréchal de Richelieu, sur-le-champ, a laissé un corps dans l'électorat d'Hanovre, et a marché avec son armée au secours de la Reine. On voit, dans les gazettes, une lettre du Roi de Prusse à la Reine mère, pour chanter le *Te Deum ;* sa harangue à ses compagnons : *" J'ai partagé les mêmes fatigues,* etc ", et une lettre au Roi d'Angleterre, où il paroît craindre une paix particulière. S'il en faut croire le capitaine qui dit, à la vérité, les nouvelles des gazettes incertaines, trois de nos vaisseaux de guerre, pris aux attérages de France, une rencontre entre cinq vaisseaux de guerre, conduisant une flotte à Saint-Domingue, et trois Anglois, avec perte de quelques bâtiments marchands.

Les Hollandois, vainement sollicités par l'Angleterre, et refusant les six mille hommes. L'Espagne neutre, mais les tenant en crainte ; toutes ces nouvelles de la fin de décembre. Il a dit que huit jours avant sa prise, il étoit arrivé un paquebot à la New-York, mais qu'ils n'en savoient pas le contenu.

J'en conclurois quasi des nouvelles qui ne leur sont pas avantageuses, car comment savoir les nouvelles de l'arrivée du paquebot, et n'en savoir pas du reste ? Ils ont vingt-deux bataillons, y compris les Écossois, et j'en aurai la liste. L'année dernière, notre flotte étoit rassemblée le 28 juin, la leur le 12 juillet. Milord Loudon rembarqué le 17 août, arrivé le 2 septembre à New-York. M. Daniel Webb, bien retranché, avec sept mille hommes, nous attendoit, avec ferme intention de ne pas sortir, mais de nous laisser bouquer ; blâmé

16

par les colonistes de n'être pas venu chercher, suivant l'avis de Johnson, loué par les gens de bon sens.

La veille de Noël, le feu a pris à Lydius, a brûlé plusieurs habitations, une caserne ; le fort a couru de grands risques.

Beauséjour leur tient à cœur. Mon voyage à Québec en septembre, et d'avoir quitté l'armée, fit courir le bruit que j'avois été prendre Beauséjour, et c'est la nouvelle qu'on donne à Milord Loudon, à son arrivée au fort Edouard, qui en fut un peu inquiet ; ils n'ont pu avoir un Agnier pour leurs découvertes, de tout l'hiver ; ils ont mis en Pensylvanie, pour ne pas servir, toutes les troupes du fort Guillaume-Henry, même les compagnies de rôdeurs de bois ; ils en avoient dix. Le capitaine Rogers avoit parlé d'être major, commandant les deux compagnies. Le lieutenant-colonel Lawrence, gouverneur d'Halifax, vient d'être fait colonel d'un des quatre bataillons de Royal-Américain. Le lieutenant-colonel Munro est mort. Fesch doit avoir, à ce qu'il croit, repassé en Angleterre. Young n'est pas encore mais sera gouverneur de Virginie. Littlehales, les deux régiments de Pepperell, Shirley, cassés en entier et remerciés.

Vous allez croire, Monsieur, que j'ai beaucoup interrogé le capitaine ; pas un mot, mais j'ai recueilli ce qu'il disait, et Bougainville cause avec lui. Revenons à Carillon.

Langy n'a pu faire de prisonniers, mais quatre chevelures, dont un officier à l'uniforme, trop blessé pour être amené. Parmi les papiers, une lettre du 3 avril, écrite d'Orange, pour affaires domestiques, au capitaine

Rogers, au fort Edouard. M. le marquis de Vaudreuil ne regarde pas cela comme une preuve de son existence, au moins, c'est une présomption. Une lettre de Thomas Graham, commandant au fort George, au colonel Grant, commandant au fort Edouard ; elle nous apprend que le colonel Haviland et toute la garnison du fort Edouard a été relevée, et les signaux convenus pour avertir jusqu'à Orange, de fort en fort, de notre arrivée ; parce que Graham écrit à Haviland en passant,...m'a bien dit le nombre de coups de canon, mais j'ai oublié de lui demander le nombre de minutes pour la répétition. A cette occasion, le capitaine prisonnier nous a appris que Milord Loudon se trouvant à Saratoga, le jour de saint George, à ordonné que ce fort dorénavant s'appela le fort George. Voilà les chariots qui s'en retournent à Orange, avec la garnison qui venoit de relever. Le capitaine nous a encore dit que cela devoit être à cause du scorbut, et qu'on le leur avoit annoncé, dès l'automne. Lettres de Coleraine à des particuliers, où l'on parle des maisons brûlées, dans cette partie, par les sauvages.

(Extrait d'une lettre de M. d'Hébécourt, du 2 mai).

M. de Langy ne doit pas tarder de revenir de son détachement, étant parti le 22, avec seize sauvages, de différentes nations, et son parti auroit été plus fort, si dix Abénakis n'eussent point changé d'avis, le jour même de son départ. Les derniers sauvages, arrivés du Lac, au nombre de douze, partent aujourd'hui avec M. du Fay, volontaire au régiment de la Reine, qu'ils m'ont demandé ; il a été au second détachement de M. de Langy, à l'action du 13, où il s'est bien comporté ; il a, outre cela, été à presque toutes les découvertes que les sauvages ont faites autour de ce poste.

Les travaux les plus considérables de mon hiver sont l'excavation du fossé, qui devoit être finie dans peu, si si je n'étois contrarié par les pluies ; cet ouvrage a produit tant de pierres qu'il mettra . M. de Lotbinière à même, malgré lui, de finir ses demi-lunes, en pierre, au lieu de bois, comme il l'avoit projeté, ce qui sera meilleur, et plus tôt fait. Le solage du hangar à reconstruire est fait à l'endroit désigné par MM. de Bourlamaque et de Lotbinière ; la rampe s'y fait, et on le montera ensuite. Voilà, Monsieur, toutes les nouvelles. Comme on dit que le courrier partira demain matin, j'ai fait faux bond à M. le gouverneur général, ce soir, pour vous écrire tout ce détail ; si vous croyez qu'il puisse amuser M. l'intendant, vous pouvez lui communiquer ces nouvelles ; on les lui écrira cependant vraisemblablement. Il doit partir, jeudi, un parti de Népissings et Outaouais pour Carillon, avec demi-douzaine de cadets ou jeunes Canadiens.

Le 8 mai. — Une lettre de M. l'intendant, remise ce matin, m'apprend le sujet de son courrier ; il va faire expédier un second bâtiment pour porter ses duplicata, et (ceux) du munitionnaire, pour demander encore des vivres ; il ne l'a pas voulu dire à Québec, ce que m'a dit Péan, et que M. de Vaudreuil, qui n'a pas imaginé le départ de ce second bâtiment, dit inutile ; je ne veux pas écrire par là, je ne sais si c'est la raison ou antipathie qui est cause qu'il ne m'en a rien dit, ni à M. l'intendant, pour moi. J'écris par cette voie et j'envoie quadruplicata du 19 et du 23 février, triplicata du 10 avril, duplicata du 18.

Vous voyez que j'écris par toutes les voies.

Les lettres ci-jointes pour MM. de Privat, Trivio, sont conformes à celle de Roquemaure.

A Montréal, le 12 mai.

Je réponds par celle-ci, Monsieur, à la lettre que vous m'avez fait l'honneur de m'écrire le 9. J'avois prévu le silence timide de l'intendant vis-à-vis MM. de la Reine. L'agitation de trois belles dames, les propos, etc. M. le marquis de Vaudreuil est bien aise que vous ayez accepté le délai de deux jours ; autant d'épargné sur les vivres de Carillon. Votre arrangement pour Languedoc, très bien, ainsi que celui dont vous me parlez, des étourderies des jeunes gens de Berry ; mais je ne suis pas en peine que vous n'y ayez mis bon ordre. M. Doreil pleure sur ce qu'il n'a qu'un sergent, donnez-lui en un de Berry, il lui faut bien une espèce de troupes. J'ai déjà parlé des deux jours de séjour que le régiment de la Reine vouloit avoir à Saint-Jean. On donnera instruction à M. de Roquemaure pour le faire camper comme vous le marquez. Je suis certain de n'avoir pas accordé l'homme pour lequel Mme de Beaubassin s'étoit d'abord intéressée ; refus sur tout. Toujours à vos ordres pour vous faire part de mon troupeau. Nous savions par Péan le danger de la demoiselle ; il en frémissoit comme un père qui n'a qu'une fille (sic).

Voyez avec M. Doreil pour le mieux sur les six

hommes de la Reine ; c'est beaucoup à envoyer en
France ; le reste servira sous les ordres de Doreil,
donnez-lui à rendre compte de ce détail d'invalides. Je
lui en fis le cadeau, l'année dernière ; je me contenterai
d'en écrire un mot in *globo*. Faites partir le grenadier
de la Reine déjà invalide ; si cela ne se peut par ce
bâtiment, qui va être expédié, et qui devoit l'être à
l'arrivée de cette lettre, ils partiront tous ensemble.
Nous en aurons huit à envoyer sur les quatre bataillons
d'ici. Voilà, Monsieur, réponse aux divers articles de
votre lettre ; rien d'intéressant à vous marquer, toujours
même vie, même allure, la mienne est de n'en avoir
point. Le capitaine anglois de Blackney est assez
aimable. Le major Hopson, fait général major en partant pour l'Amérique, est l'ancien gouverneur de Louisbourg ; embarqué l'année dernière sur la flotte, il a
hiverné à Halifax en attendant d'aller prendre possession de son gouvernement. Le colonel Perry a été
si ennuyé de voir des brnmes, qu'il se tua sur son
vaisseau.

Les deux officiers anglois partent ce soir ou demain
en barques.

———————

Le 13, à midi. — Lotbinière est arrivé qui reste ici
sept ou huit jours. M. de Vaudreuil parle des jeunes
gens de Berry, prison ; vous êtes trop doux. Charmant
en prison. MM. de Penlan, Coitivel aux arrêts, ceux
qui ont battu un capitaine de la côte, en prison. Ces
premiers ont-besoin d'être morigénés. Je m'imagine
qu'on l'a écrit à M. de Vaudreuil ; il se plaint que les
officiers de ces deux bataillons ne se mettent pas aux
circonstances et exigent des vivres, etc.

Le 15 mai. — Nous n'avons pas eu de nouvelles de M. d'Hébécourt, et par conséquent incertains sur le succès et retour de son parti, et celui de dix Iroquois, partis après lui, avec M. du Fay, volontaire du régiment de la Reine ; mais par celles que nous avons eues de Saint-Frédéric, les ennemis ont plusieurs partis en campagne, puisqu'on a tué ou fait prisonnier un habitant de Saint-Frédéric et trois Allemands écartés, un canonnier et deux soldats de Carillon écartés, et ce qu'il y a de plus fâcheux, c'est que nous avons eu une batelée de dix-sept charpentiers, allant vers le cap au Diamant, tués ou défaits. Il nous vient d'arriver des lettres des Illinois, de la baie Saint-Joseph, la Louisiane, et point de la Belle-Rivière ; ce qu'il y a de fâcheux, c'est que les Iowas ont frappé sur nous, à la Baie, et tué vingt-deux François, le commandant a été manqué de peur (sic). Il y a eu aussi vers les Illinois quelques sauvages qui ont tué dex François et fait un officier prisonnier.

M. de Macarthy assure envoyer tout ce que l'on a donné pour la Belle-Rivière. M. de la Valinière, prêtre de Saint-Sulpice, prêcha hier contre ceux qui volent le Roi avec plus de vérité que d'éloquence ; je vous écris par Mme de Saint-Luc qui va embarquer avec les Anglois. Mme de Noyan est arrivée avant-hier. Les Anglois rétablissent des forts partout, à Théoga et au fort de Bull.

Le 18. — Le convoi est arrivé hier, Monsieur, avec beaucoup de peine, et quoiqu'il ne doive, à ce que m'a dit M. le général, repartir d'ici que dans trois ou quatre jours, je commence toujours à répondre à celle que vous m'avez fait l'honneur de m'écrire. M. l'intendant m'a répondu sur l'article de la petite monnaie, et envoie en conséquence à M. d'Hauterive. Je vous envoie une lettre, à cachet volant, pour MM. de Roquemaure et d'Hert, que vous leur remettrez après l'avoir cachetée ; vous verrez ce que j'écris à l'un, concernant M. de Clairville, et à l'autre, sur l'état qu'il m'a envoyé, et cela m'évitera de vous écrire les mêmes choses.

C'est un malheur que les trois hommes du régiment de Berry, noyés ; il peut y avoir eu de l'imprudence. Avis pour ces nouveaux venus.

Très bien d'avoir réduit les douze soldats de Berry que l'on proposoit de renvoyer, à deux. Vous verrez, par ma réponse à d'Hert, que je réduis la Reine à zéro, de même pour Béarn, Royal-Roussillon, la Sarre deux. Le défaut de communication m'empêche pour Guyenne.

Je connois ce petit M. d'Hurtubise, il n'a ni la figure ni la tournure à servir, je le connois bien ; qu'on le laisse à Québec, mais il doit, entre nous, ou demander à faire la campagne, ou à s'en aller à la fin ; mais vous pouvez le laisser sans inconvénient avec les deux caporaux de la Reine, et un sergent sur les quatre bataillons, et préférer un sergent qui ne pourroit faire campagne. Je croirais qu'il y en auroit un bon dans Languedoc, dans ce cas. Votre départ et celui des troupes est aussi incertain que peut-être éloigné. Le défaut de vivres fait, avec raison, pousser le temps avec l'épaule ; mais vous pouvez avertir vos Berry de se tenir prêts à partir au plus tard deux jours après en avoir reçu l'ordre. Je trouve que vous serez bien logé à la maison de Mme de Repentigny. Je crois que je finirai par avoir une trop grande cage, mais j'ai imaginé qu'il ne falloit pas refuser la faveur de M. l'intendant, occupé de récompenser son riche secrétaire en me logeant plus grandement.

Copie de deux mémoires que j'envoie à M. l'intendant nous mettront en état d'appuyer celui qui regarde la subsistance, s'il y a nécessité pour Québec, et celui de parler comme moi, sur l'article du portage, s'il vous en parloit, ce dont je doute.

Je vous remercie, Monsieur, de la peine que vous voulez bien vous donner pour faire arranger ma maison. Je pense que, quand même vous ne partiriez de Québec qu'au moment du départ des troupes, ce seroit toujours très bien de venir ici *recta*, de votre personne avec votre canot. Le cheval a cessé à la distribution d'hier : on a donné au soldat, en bœuf frais, pour quinze jours, et du sel ; ensuite, quinze jours de bœuf salé, pour vous seul, car vous connoissez l'esprit des troupes qui en concluroient que le cheval ne doit pas continuer à Québec ; ce qui a valu cette bonne fortune à Béarn, c'est à force de crier que cela valoit mieux que de jeter le trop de bœuf tué.

Depuis ma dernière, en date du 10, il y a eu plusieurs actes de justice, dont il faut que vous soyez informé, d'autant qu'à cette occasion j'ai annoncé ma jurisprudence constante à MM. nos officiers, à M. le marquis de Vaudreuil, qui l'a approuvée. Je vous prie, par forme de conversation, de la notifier aux troupes qui sont sous votre commandement, et de la faire observer. M. de Pons, lieutenant au régiment, ayant eu quelque chose à démêler vis-à-vis la Salle, tailleur, qui lui parla insolemment, M. de Pons, lui ayant donné un soufflet,

je l'ai mis aux arrêts pour plusieurs jours, et ai été
d'avis, vis-à-vis M. de Vaudreuil, de ne pas punir la
Salle, dont j'eus requis la punition, si M. de Pons ne
se fût pas fait justice. M. du Gros, commandant, par
l'absence de M. d'Aureilhan, le quartier de Verchères,
ayant porté à M. le marquis de Vaudreuil, aux ordres
duquel il n'est pas directement, des plaintes contre des
officiers de la côte, au lieu de s'adresser à ses supérieurs
naturels et directs, j'ai envoyé M. d'Aureilhan au
quartier, y mettre M. du Gros aux arrêts, et je suis
convenu avec M. de Vaudreuil d'en agir de même, pour
toute plainte qui lui sera portée directement, quand
même l'officier auroit raison, et que lui jugeroit à propos de punir l'habitant ; mais qu'aussi, quand je lui
porterois des plaintes, au nom de quelque officier, il
puniroit toujours sévèrement, d'autant que je ne les lui
porterois pas sur le simple dire de l'officier, mais avec
examen, et quand après l'examen je répondrai à l'officier
que je n'ai garde de parler de ses plaintes, parce que
je les crois mal fondées, c'est à lui à obéir et de rester
dans le silence. Ainsi, obligez MM. les officiers à s'adresser à leurs commandants, c'est le seul moyen d'être
soutenu, d'avoir justice, soit du gouverneur général,
soit de M. l'intendant, car autrement nous ne devons
les appuyer en aucune façon, et les punir dans le cas
où leurs commandants n'en auront pas la force.

M. le chevalier Guston, protégé de M. le chevalier de
Lévis, cadet dans la compagnie de Montanier, au régiment de Guyenne, ayant porté à M. le marquis de
Vaudreuil des plaintes contre son capitaine (qui, de
vous à moi, n'étoient pas dénuées de fondement), je l'ai

envoyé, avec quatre fusilliers, à M. de Fontbonne, pour le mettre en prison à Chambly, ce que M. le marquis de Vaudreuil et son protecteur, ont très approuvé. Sévérité, punition exacte, aisance dans le service. Politesse, recherche dans les réprimandes, affectuosité dans les éloges, procurer des grâces, mépriser les jérémiades, nulle rancune ni bouderie contre ceux qu'on a punis et qui en boudent, vivre avec ses inférieurs avec honnêteté, leur donner l'exemple du respect dû aux supérieurs, et qui n'en a pas ? M. le marquis de Vaudreuil n'est-il pas le mien, l'évêque dans sa partie, et peut-être M. l'intendant la sienne ? Voilà mes maximes que peut-être je ne pratique, mais au moins ai-je l'intention de les bien pratiquer.

Jusqu'à présent le bœuf n'a manqué à personne. La semaine prochaine, deux par semaine pour les généraux, le marquis de Vaudreuil, le marquis de Montcalm, le chevalier de Lévis, MM. Duplessis, Péan, Martel, d'Hauterive, Deschambault, le major général et Pénisseault. Tous taxés ; le général à cent quatre-vingts livres par semaine, votre serviteur à cent vingt, le chevalier de Lévis à cinquante. Il ne donne plus à manger depuis mon arrivée ; ce détail, pour vous seul. M. de Vaudreuil a un soupçon de goutte, mais c'est peu de chose. Si ma charge est de lui tenir compagnie tous les soirs, il doit être content, je ne fais que cela, ou parfois et rarement ma chambre, et il me semble que c'est bien pour le service, bien pour moi, car je n'ai rien de plus amusant à faire. Le chevalier a ses soirées en règle, ainsi que ses dîners. Vendredi et dimanche, chez le général ; pour moi jamais, ou une fois en trois semaines. Un ou deux jours chez Péan qui a état, et de même chez moi, le reste chez lui seul, depuis qu'il n'a ni Roquemaure ni d'Hert. N'est-ce pas une faute que de vous donner à lire tant de riens, et d'une si mauvaise écriture ? Heureusement vous avez du temps de reste.

On part pour les pays d'en haut, ces jours-ci. M. de Malartic se charge de vous envoyer le jugement de deux soldats de Béarn, exécutés pour désertion, communication aux quatre bataillons.

———

Le 19. — Nous avons eu, hier au soir, des lettres de Frontenac et de la Présentation : par les premières, les Agniers ont répondu, le 10 novembre, au collier que les Iroquois du saut Saint-Louis leur ont envoyé pour les détacher et ramener à Ononthio honnêtement, et inviter les Iroquois du Saut à envoyer ce printemps des députés tenir conseil général à la cabane des Onontagués. Conseil de Johnson pour donner marchandises, vivres, exagérer notre misère ; dire que le Roi d'Angleterre vouloit la paix, mais que les seigneurs anglois s'y sont opposés ; qu'on a trouvé la passe de nos vaisseaux, qu'on en a pris trois, portant des lettres du gouverneur général... qu'il est arrivé aux Palatins des coquins qui avaient voulu se livrer à Ononthio, qu'il est, à la vérité, très peiné du malheur qui leur est arrivé devant Louisbourg. Par les nouvelles de la Présentation, des deux partis dont je vous ai écrit, il y a longtemps qu'ils étoient en campagne vers Corlar; l'un est revenu avec trois chevelures, ayant fait abandonner quatre habitations et tuer des bestiaux; l'autre, qui avoit chaussé les mitasses, il y a six semaines, et que je croyois bien loin, ne fait que de partir, au nombre de quatre-vingts guerriers, avec MM. Sacepée et Lorimier.

Je vous prie, Monsieur, de demander à vos bataillons un état des hommes perdus, depuis ma dernière revue d'août, au camp, et de septembre pour Berry, en marquant à côté nos désertions, congédiés, etc., pour voir si cela fait le nombre total. Vous ne m'avez jamais répondu sur l'article de la poudre et balles, dont M. de Vaudreuil doit avoir envoyé l'ordre à M. Le Mercier, pour en délivrer quand vous en demanderiez, pour faire tirer les troupes. Je vous prie, Monsieur, de faire bien des compliments à M. le chevalier Le Mercier ; et lui accuser la réception de sa dernière lettre du 13, comme je n'ai pas l'honneur de lui répondre.

———

Le 18 mai. — J'ai l'honneur de répondre à la lettre que vous m'avez fait celui de m'écrire le 19. Je pense comme vous sur les dispositions des Anglois. Les nôtres, d'hier au soir, sont changées forcément, au grand regret de M. de Vaudreuil.

Languedoc, son piquet, passe à Carillon. La Reine, à Saint-Jean, où il épargnera demi-livre de pain par jour ; le détachement d'ouvriers, cadets de Jacquot, envoyés chez eux à Québec ; idem, pour la plus grande partie des ouvriers de M. de Lotbinière, qui part, ce matin, pour Carillon, effrayé de voir qu'il ne pourra travailler ; la milice revient, relevée par Roux, ancien cantinier. Je vous prie de dire à Pontleroy, à qui je n'écris pas, que Louvicourt reste à Saint-Jean ; mais qu'à l'arrivée de Jacquot, Bonafoux revient : ce changement de dispositions, que je vous ai écrit : 1° au premier piquet de Languedoc, de cinquante ou soixante hommes, deux lieutenants, qui seront Pradet et Castels, que j'enverrai d'ici ; s'il n'y avoit que vingt, trente ou quarante hommes, deux bons sergents ; Castels les iroit joindre à Chambly. J'ai reçu une lettre de M. Joannès, à qui je n'écris pas, mais vous lui ferez part de cet arrangement. M. de Trécesson restera à son bataillon ; dès que M. de Roquemaure ne passe pas à Carillon, je désire conserver le commandement à M. d'Hébécourt, qui s'en acquitte très bien. M. et Mme d'Ailleboust arrivés d'avant-hier ; la dame bien accueillie de Mme de Vaudreuil, sa marraine, et dès le jour de son arrivée, d'un petit dîner fin chez Péan, à porte fermée, où il n'y avoit que M. le marquis de Vaudreuil, M. Deschambault, M. le chevalier de Lévis et M. Péan.

Les nouvelles de Carillon du 13 mai : les dix-sept soldats tués, quasi tous charpentiers, dont sont : L'Espérance, excellent sergent de Guyenne, douze soldats des nôtres, deux de la marine, un François employé, et un habitant, appelé la Framboise. M. de Langy a ramené deux prisonniers qui n'apprennent rien. Le sieur de Fay, de la Reine, est revenu avec les Abénakis, a fait trois chevelures, dont une des Mississagués. Langy est reparti. Je vous envoie, Monsieur, les passeports nécessaires pour faire embarquer sur le premier bâtiment, M. de B... ; si vous partiez avant, vous les laisseriez à M. Doreil. Beaucoup d'agitation dans les Cinq-Nations, vrais Hollandois de l'Amérique.

L'abbé Piquet, sorti du fond de sa retraite, a puru, ce matin ; c'est un seigneur de la cour, mécontent, qui a passsé deux mois sur ses terres ; ainsi de Dumas aux Trois-Rivières.

———

Le 21. — J'ai l'honneur, Monsieur, de vous adresser deux lettres que vous lirez et cachèterez avant de les remettre, pour MM. de Roquemaure et d'Hert, des lettres à faire rendre à MM. de Manneville, Joannès et Arnoux. Je vous envoie aussi quatre lettres pour MM. de Paulmy, de la Ferre, de Gouy, et la quatrième, pour le premier commandant ou commissaires de guerres, de la première place en France. Comme elles ne regardent toutes quatre que la personne de M. de Clairville, il faut l'en rendre porteur au moment de son départ ; la lettre première, au commandant ou commissaire des guerres, est afin qu'on lui donne juste pour faire son voyage, et se rendre aux Invalides. Je vous adresse aussi les deux permissions pour se retirer en France ; à MM. de Clairville et de Godonèche, avec les deux passeports de M. le marquis de Vaudreuil, pour qu'ils soient embarqués. M. l'intendant règlera leur embarquement. M. de Vaudreuil lui en écrit, et vous aurez pour agréable de faire remplir par M. l'intendant, sur le passeport de M. le marquis de Vaudreuil, le nom des bâtiments qu'il a laissé en blanc.

J'ai l'honneur de vous prévenir que j'écris à M. Doreil pour l'embarquement d'un petit soldat de la Reine, qui est nécessaire aux manchots comme valet. M. de Roquemaure le désire, et pour que tout soit en forme, j'ai envoyé à M. Doreil une cartouche que l'on remplira, et où j'ai mis ma signature au vu. Les mauvais temps retardent les semences ; il est parti, ce matin, dix ou douze Iroquois du Lac, qui vont faire un prisonnier du côté de Lydius.

———

Le 22 mai. — M. le marquis de Vaudreuil saisit avec facilité incroyable tout ce que les bas valus lui disent, et vous savez, Monsieur, qu'il n'en manque pas. Cependant, vous êtes, je crois, de nous trois, celui pour lequel il réunit le plus d'estime, avec plus d'amitié. Il est vrai, —car je ne veux pas vous donner trop d'amour-propre, — c'est que vous le voyez moins et avez moins à démêler. J'aime mieux être vis-à-vis de lui comme je suis, que comme M. le chevalier de Lévis, pour qui il a plus d'amitié, sans lui rendre autant de justice qu'il devroit. La justification de MM. de Berry est faite, et principalement chez moi, ce qui, pour eux, est l'objet essentiel. La conduite que vous avez tenue pour punir ces jeunes gens, est déterminée avec justice et prudence ; il n'y rien à dire sur MM. de Pellan, Villouraux Coetdivel. Le premier auroit dû nous avertir. Je crois, au moins, que je ne me serois pas conduit différemment de vous, Monsieur, et, peut-être pas si bien. La plainte de M. de Boucherville, singulière ; mais chaque nation a ses préjugés en fait de bravoure ; je vois sur ce point le Canadien comme l'Espagnol, l'Anglois point duelliste, et j'y suis bien confirmé par une scène de Rosmorduc, avec un jeune homme des bancs de la colonie. D'Hert nous apprend que la Reine arrive aujourd'hui à Chambly. J'envoie le chevalier de Lévis l'établir à Saint-Jean. Cette continuation du nord-est me met au désespoir, si elle finit sans aucune nouvelle de vaisseaux. La paix et notre retour. Nous avons bien débuté, mais à tous égards mangé notre pain blanc le premier.

Qu'est-ce qu'un soldat de d'Asserat, jardinier chez Mme Péan, dont Roquemaure eût dû vous parler? Il en est convenu et a dit oubli; on le demande avec chaleur pour quinze jours s'il n'est pas parti. Accordez, je vous prie, ce délai et puis à la première occasion... Péan vient de passer six jours à Lachine, avec la sultane régnante et sa famille (MM. de Villebon, Solvignac, aide de camp); il est attaché à une sœur. Le chevalier de Lévis et la Pénisseault n'y ont pas été; votre départ se diffère, comme de raison, sans savoir quand: mon ennui augmente; je ne sais que faire, que dire, que lire, et où aller; je crois que je demanderai à la fin de la campagne brusquement, sottement, mon rappel, sans autre raison qu'ennui. L'affaire des vivres me tourmente plus, je crois, que ceux qui en sont chargés. Péan part lundi.

Le 22, après l'arrivée de M. Le Mercier, nulle lettre de nos bureaux de la guerre; sept de M. de Moras, une sur la Rochette, une sur vingt-deux jours de solde, pour huit lieutenants, une sur Chambly, une sur les religieuses, une sur MM. du corps royal, pour ne rien apprendre... et une à M. de Vaudreuil qui ne m'a pas communiqué sa lettre, et qui en est fâché d'examiner avec moi les avantages, le traitement à faire et le choix du sujet. Une lettre de bureau sur le succès du fort George. Beaucoup de relations imprimées, la vôtre à Bordeaux; en quatrième, mes lettres, en sommant la place, et à Milord Loudon, imprimées. La campagne

17

trouvée belle. M. de St... ministre de la guerre, reparle encore de moi aux états assemblés en novembre 1757, comme il avoit fait pour ceux de Chouaguen, en 1756 : Celle de Bougainville, par lambeaux dans la gazette de Hollande, avec un préambule et des changemeuts de Saint-Sauveur.

Les particuliers de la colonie, mal, par la prise des pelleteries. Le chevalier de Lévis, très touché de la mort du maréchal de Mirepoix, Roquemaure de celle de son frère, et moi, d'une sœur que j'aimois bien fort. L'abbé de Bermis, qui m'écrit la lettre d'un homme d'esprit : on vous rend justice ici. J'admire pour moi celle que vous prenez plaisir à rendre aux officiers, qui vous ont secondé dans vos opérations.

Le comte de Montcalm grandit, se fortifie, mange beaucoup. Ma mère s'endette pour le soutenir et moi aussi ; l'armée battue, mais il étoit de la réserve de Saint-Germain, qui a fait la retraite sans être suivie.

———

Le 22 mai. — J'ai l'honneur, Monsieur, de vous adresser les ordres pour le départ successif des bataillons de Berry et Languedoc. Vous arrangerez avec M. l'intendant pour les faire partir, les jours, et dans l'ordre que vous voudrez ; vous aurez seulement attention de nous prévenir du jour de leur départ et de la quantité de vivres qu'on leur aura donnée. Il me paroît que pour ménager les vivres, l'intention est qu'ils n'aient qu'une livre de pain à leur départ, mais vous pouvez leur annoncer la livre et demie, à leur arrivée à Carillon. Pour ce qui vous regarde, Monsieur, votre destination étant pour prendre le commandement des premières troupes à Carillon vous pouvez faire marcher vos équipages avec tel bataillon que vous jugerez à propos, et venir de votre personne, en droiture à Montréal, dès que tous les arrangements seront pris pour le départ de ces trois bataillons, et que vous aurez donné les ordres à celui qui doit partir le dernier.

MM. de Guyenne s'arrangeront pour partir avec les soldats de leur bataillon, qui sont, par congé, à Québec, en même temps que le dernier des trois que vous faites partir; ils arriveront encore assez tôt à leur bataillon. Vous en donnerez l'ordre à Manneville.

Le 28 mai. — M. le marquis de Vaudreuil ne peut qu'approuver, Monsieur, que vous ayez toujours fait passer les soldats de Berry, qui ne pouvoient plus subsister chez l'habitant. Ils seront toujours rendus, et vous aurez vu par mes dernières lettres et par les ordres que je vous ai adressés, que tout va se mettre en mouvement; je n'ai rien à ajouter que de vous recommander, de la part de M. le marquis de Vaudreuil, d'y apporter toute la célérité possible. Vous voyez la nécessité de se mettre de bonne heure en campagne; nous comptons aussi que tout mis en mouvement, vous ne tarderez pas à nous arriver de votre personne. Je compte aussi vous suivre de fort près sur la frontière, si je ne pars en même temps que vous, Monsieur.

P. S. — Voici une lettre de style que je viens de lire à M. le marquis de Vaudreuil, qui vient de dire *amen*.

Notre affaire du fort Guillaume a fait grand bruit.

Voici, pour vous seul, un extrait d'une lettre du lieutenant de Baschy (sic) 20 février.

Ne doutez pas de la part que je prends à vos succès, moins en François que parce qu'ils sont de vous, à l'égard de ce qu'ils devroient opérer pour vous, indépendamment de la gloire sur laquelle vous devez assurément être content (sic). J'ai cru ne pouvoir mieux faire que de faire lire vos lettres à la belle dame ; elle ne m'a pas paru surprise à vos demandes, mais elle ne m'a rien répondu, ce qui ne veut rien dire, parce que c'est son ordinaire. Je ne sais s'il vous est très avantageux d'avoir affaire à deux ministres ; celui de la marine peut être plus aisé à manier, mais c'est celui dont vous avez le moins besoin, parce qu'il n'a que droit de représentation pour vous. Je ne crois pas, au reste, qu'on songe à faire de promotions.

Si je savois qu'il fût question de faire quelque lieutenant, je parlerois de vous encore à la belle dame, et je tâcherois d'engager l'abbé à pousser à la roue ; il prend beaucoup auprès du maître, il me fit grand peur après la malheureuse affaire de Rosbach, pour votre fils ; nous reçûmes, deux jours après, la liste des morts, perdus et blessés à Choisy, et il fut un des premiers, dont le roi chercha le nom qui ne se trouva point.

On fait grand cas de vous ici ; on en parle en très bons termes, à commencer par le Roi, mais il faut que les ministres prennent des volontés officieuses, sans cela rien ne se fait.

LETTRE DE L'ABBÉ (DE BERNIS)

22 novembre.

Tout est dû à la sagesse de votre conduite, à l'habileté de vos combinaisons; on vous rend justice; j'admire pour moi celle que vous prenez plaisir à rendre aux officiers, qui vous ont secondé dans vos opérations, etc.

M. Doreil vous informera des ordres pour distribution. Le courrier presse, adieu. M. le chevalier de Lévis n'a pas le temps de vous répondre.

———

Le 30 mai. — J'avois prévenu, Monsieur, votre très judicieuse remarque, et je craignois la marche solitaire de M. de Beaupré; aussi, M. de Fontbonne a des ordres pour l'arrêter à Chambly, où il attendra son régiment.

Il est indifférent que ce soit Languedoc ou Berry qui partent les premiers. Le portage de Chambly très lent, j'en ai parlé souvent, et jusqu'à présent *Vox clamantis in deserto*. Au reste, est-on pressé, que veut-on ? Faciliter une expédition à la Canadienne, *inter nos*, sans doute pour frère Rigaud, peut-être pour Saint-Luc, roi des sauvages. Le public veut M. le chevalier de Lévis, et moi, je crois qu'il n'y aura pas de François, ou peu. Sans doute vous nous porterez le supplément aux rêveries, et tout ce que vous aurez de nouveau : nulle nouvelle des berges ; une par les sauvages de Missiscoui ne s'est pas, ce me semble, confirmée. Kisensik, qui est à la guerre, a dû visiter ces parages ; il a perdu son père et refuse de prendre le hausse-col de Louis XIV.

Il veut le mériter, cette campagne. Les nouvelles arrivées hier de la Belle-Rivière, sont bonnes. Je vous renvoie à Doreil pour le détail.

———

Le 13 juin. — Le jeune volontaire du régiment de la Sarre est le sieur Granet, donné à M. de Langy, pour aller en guerre avec lui ; et vous êtes prié, Monsieur, de le faire aller à tous les partis, découvertes, s'il se conduit bien, afin qu'il puisse mériter. Il campera, mangera avec le piquet de la Sarre, comme y étant soldat, et sera à la discipline de M. le chevalier Mauran.

Depuis votre départ, rien de nouveau, car la pluie n'est pas une nouveauté.

———

Le 17 juin. — Nouvelles de Louisbourg du 5 décembre, qui nous auroient fait grand plaisir, si elles étoient arrivées en mars. Gardez-moi la lettre de M. l'Intendant que je vous envoie. Nulle lettre des bureaux de la guerre, que deux ; l'une pour envoyer des imprimés de sentences ; et l'autre pour envoyer le nouveau règlement et modèle, pour l'uniforme des chirurgiens. M. de Belle-Isle à toute la guerre. M. de Crémille, adjoint, demande la protection de Doreil qui, entre nous, m'écrit de façon à me faire apercevoir que je ne dois pas le négliger. M. de Saint-Priest toujours en Languedoc. Le public regrette le maréchal d'Estrées.

La réputation de d'Armantières croule, celle de Chevert se soutient ; il a boudé contre la cour. Contades et lui trouvent la charge de percepteur difficile. L'électorat de Hanovre reperdu entièrement et évacué ; Chevert,

après la bataille d'Hamstenbeck a été... avec le comte
de Lorges, son inférieur, qu'il avoit malmené en paroles,
comme ayant mal mené sa division. Le maréchal
d'Estrées informé, a fouté aux arrêts le comte de Lorges
(comme dit le marquis de Vaudreuil). Ces détails sont
sûrs, mais pour vous seul, ainsi que la promotion de la
colonie, à cause des notes.

On a dit avoir vu quelques pistes d'Agniers vers les
Cèdres; il y a quatre-vingts sauvages en campagne,
avec Langy, Longueuil et Bleury.

Le 27 juin. — J'ai trouvé ici, Monsieur, l'intendant;
il est parti ce matin. Les Anglois, tous rachetés, partent demain avec M. Fesch, et de là à Halifax en paquebot. Autre paquebot pour Londres. J'ai fait une
belle lettre pour M. de Vaudreuil, à être imprimée; il
en a été enchanté, et moi aussi, qui ne suis pas toujours
content de mes ouvrages. C'est la description simple
des faits, concernant la capitulation, à M. de Moras, et
à imprimer.

Les vaisseaux de guerre partent le 13 de Québec;
les huit compagnies y sont arrivées sur cinq bâtiments.
Le *Robuste* est arrivé; il y avoit le capitaine Rosier,
lieutenant de frégate, une épée d'or. Le *Superbe* pris.
Il y a des bâtiments qui arrivent tous les jours; on crie
toujours misère; on varie sur la récolte. Marcel fait le
tour avec les bateaux... Plaignez-moi. On vous refuse
tous Canadiens, hors cinquante pour l'hiver; gardez ceux
que vous avez. Des sauvages, dans treize jours. Songez
à l'arrangement pour l'hiver; un commandant françois

je le cherche, Senezergues ou d'Hébécourt; pour vous seul, six piquets, cinquante hommes de la colonie avec cinquante Canadiens: Wolff. Soyez à l'instruction, au logement; il faut que l'on voie que le poste roule sur des François. Je veux aller à Québec, Doreil m'en presse.

Quartiers d'hiver: — La Reine à Québec; la Sarre à l'île Jésus, Lachenaie, etc.; Royal-Roussillon à Laprairie: Languedoc à la Pointe-aux-Trembles de Québec; Guyenne à Chambly; Berry 1er aux anciens quartiers de la Reine; Berry 2me à l'île d'Orléans; Béarn à Montréal, Lachine, la Pointe-Claire. Niagara relevé, les piquets rentrent. M. de Bourlamaque à Québec; le chevalier de Lévis à Montréal; le major général, idem; le marquis de Montcalm, partout.

Conseil de guerre, cet automne, pour Beauséjour et Gaspareau; n'en dites mot. Je serai le conseil pour sauver ceux de Beauséjour, perdre le commandant de Gaspareau. C'est mon avis, ne devant pas être juge. C'est bien assez écrire sans scribe. Je dis tant de bien de M. Pénisseault, qu'on croit quasi que je songe à madame.

Dites à vos deux bataillons que c'est à eux à écrire en France, pour envoyer des blancs... pour retirer ordonnances et se faire payer des pensions et gratifications. Béarn a-t-il des tailleurs? Se chargeront-ils de l'entreprise de son habillement pendant l'hiver, qu'on lui donneroit à faire? il est en pièces.

A Carillon, le 8 octobre 1758.

L'occasion de l'officier écossois, envoyé au sujet de la capitulation de Frontenac, nous a procuré, Monsieur, les nouvelles ci-jointes ; je les voudrois meilleures pour le bien de l'Etat. Nous ne savons rien, nous trouvons que la saison s'avance et que l'ennemi s'y prendra tard, s'il a envie de venir dans cette partie. Je crois, en mon particulier, qu'ils feront hiverner un corps au lac George. Je compte avoir encore à rester ici, de trente à quarante jours. Je m'estimerai heureux et content d'être à Montréal le 15 décembre. Ceci pourra passer pour une campagne. Je vous serai obligé de communiquer mes nouvelles à l'intendant et à M. Doreil, quoique j'aie prié M. le général d'en faire part à M. l'évêque. Mes compliments aux belles dames.

P. S. — La cavalerie a bien fait ; a dû souffrir, et le régiment de Montcalm devoit y être.

———

Le 8. — J'ai l'honneur, Monsieur, de vous adresser une lettre à cachet volant pour M. l'intendant ; et tout malade que vous êtes, traitez la matière avec lui ; je dois vous dire, et vous pouvez, si vous le jugez à propos, en toucher un mot à l'intendant, qu'un bavardage, que j'ai regardé comme tel, et que je n'ai pas cherché à approfondir, paroît avoir sa source dans le cercle de la Reine et de Berry. Il n'auroit tenu qu'à moi qu'ils eussent leur bien vivre, et on a fait entendre tenir cela de M. l'intendant même, chez Mme Péan. Je prie M. l'intendant de m'écrire une lettre que je puisse montrer aux troupes. Pour moi, je pense qu'il faut, dans la crise, les aider, et que cela est nécessaire.

Le 13. — Je serois en mesure, mon cher Monsieur, de gagner une bataille, car j'ai dans ce moment, je ne dis pas bouches, mais bien bons combattants : six mille huit cents ici ou à la Pointe, et deux cents sauvages ; mais je crois et j'ai cru qu'ils ne viendront pas. Langy est en parti. Une découverte part aujourd'hui, une vers le sud, l'autre vers le nord. Nos colonies s'ennuient.

Je voudrois que les nouvelles de votre santé eussent été meilleures. Vous n'êtes pas surpris que je sois de l'avis de Doreil surtout, car je suis assez en général de l'avis de tout le monde. Je compte avoir encore trente jours à rester ici de ma personne, car je fermerai la porte ; c'est une campagne, au moins, par l'ennemi (sic).

Le 19. — J'ai eu l'honneur, Monsieur, de vous écrire, hier, des bonnes nouvelles de Carillon du 6, par M. de Joannès. Je les ai encore meilleures du 15, avec le détail de l'action du 13 ; mais c'est M. de Villeray, qui en est le porteur. Celle-ci vous ajoutera que plusieurs de mes officiers et soldats voulaient y marcher ; mais l'ordre de M. de Vaudreuil étoit que cela roulât sur la Durantaye ; cependant d'Hébécourt a fermé les yeux sur ce que M. de Forsay, lieutenant au régiment de la Sarre, et d'Arennes, cadet nommé à une lieutenance en second de grenadiers, dans Languedoc, y ont été, et les sauvages disent que ce sont deux bons hommes. Langy, qui a marché, a eu la plus grande part à l'affaire, en cernant les Anglois. La Durantaye et la colonie ont entouré avec une valeur de leur âge et moins d'expérience. On auroit fait trente-cinq à quarante prisonniers, mais on a tué. Il pouvoit y avoir sur deux cent trente hommes, quarante Canadiens. Saint-Jean, interprète outaouais, s'est très distingué.

Mme de Vaudreuil disoit ce matin : M. le général, les Anglois disent bien que vous êtes un grand général. Le P. Floquet : tout est dû à votre prudence et à votre bonheur. Rigaud pleuroit de joie et de chagrin de la perte des sauvages. Saint-Sauveur disoit sa phrase favorite : Rogers est tué, c'est complet, *habit, veste et culotte.*

Les commissions du 14 janvier sont datées de New-York, signées Loudon ; voici les qualités : Son Excellence le comte de Loudon, lord de Mackline, et un autre dont j'ai oublié le nom ; l'un des seize pairs d'Ecosse, gouverneur de la Virginie, vice-amiral d'icelle, colonel du 13me régiment, colonel de Royal-Américain, major général de toutes les forces de Sa Majesté britannique, levées et à lever dans l'Amérique septentrionale. Brûlez mes lettres.

Le 21. — Je souhaite que M. de Joannès vous trouve, mon cher Monsieur, en très bonne santé : tout est fort tranquille, ici ; les Anglois toujours à leur camp. J'en ai eu des nouvelles d'avant-hier. Marin est encore en parti, de même Hotchig. Langy Montegron est rentré dans la carrière, le bras en écharpe, un pistolet à la main ; l'émulation venoit pour ce genre de guerre. M. Dumas l'avoit éteint : intrigue, jalousie, misère. Les capitaines de la colonie sont partis, partent ou briguent de partir. Je resterai jusqu'au dernier moment, avec la jeunesse. Raymond, La Roche, Vermot et Degaus, capitaines, tous trois nés en France. Vous aurez la

Reine et Berry, fort aisé tous deux et Languedoc autant de se rapprocher de Montréal.

Mes compliments à M. Doreil, de vous à moi, exhortez le à ne pas tout gâter par le ton d'importance. Je compte n'être à Montréal que du 15 au 20.

Tout le monde trouve qu'il fait froid ; j'ai encore mon habit d'été. J'ai écrit ce que vous voulez : éloge des talents, blessure énorme, mauvaise santé, crainte qu'elle ne vous permette pas la campagne prochaine, etc : D'Hébécourt a été à la tête des travaux poussés avec vigueur, à la toise ou à prix fait. Si vous voyez les dames, mes compliments ; et à Mme Marin, que j suis fort son ami, son serviteur ; que son mari partira au retour de cette course qu'il a voulu faire *proprio motu*, car il m'a persécuté.

———

Le 25. — Je fais passer sous vos yeux, mon cher Bourlamaque, la lettre que j'écris à M. l'intendant, à l'égard des souliers qu'il veut nous donner en payant.

Il faut attendre à l'extrémité, et lorsqu'on se déterminera à en donner, que ce soit également pour chacun des huit bataillons. A l'égard des bonnets dont M. l'intendant n'a plus que quatre cents à donner, ma foi, il vaut mieux n'en donner à aucun bataillon, et les payer en argent. Voilà mon avis.

Je voudrois bien que la très jolie et brillante action de la Belle-Rivière fût suivie d'une plus considérable. Je vous souhaite une meilleure santé. Je ne compte pas sur les ennemis, cet automne, quoi qu'on en dise à Montréal. Je n'ai point renoncé à aller à Québec ; je compte même y passer une partie de l'hiver ; vous pouvez le dire à Doreil, à la rue du Parloir, et laisser croire à tous les autres ce qu'ils voudront.

P. S. — Dites à Joannès qu'il s'arrange pour que son bataillon occupe les quartiers du gouvernement des Trois-Rivières ; la Reine devant aller dans les leurs. Je n'ai pas le temps de répondre ni à Bernier ni à M. de Pontleroy.

Le 27. — MM. de Surimeau et d'Hert, mon cher Bourlamaque, prendront vos ordres pour leurs quartiers qui seront ceux que Berry occupoit jadis, et ceux de Languedoc, à la Reine. Je les charge l'un et l'autre de vous rendre compte et vous communiquer un règlement de M. de Vaudreuil, rendu de concert, mais dont la condition pourroit être mieux. D'ailleurs, à l'ordinaire, comme l'année dernière, je vous souhaite force santé.

Il paroît que les ennemis s'en voît et hiverneront au lac Saint-Sacrement ; pas en ce cas, la colonie Québecquoise... les deux de Berry. La Reine (partira) le 1ᵉʳ et le 2. La colonie des Trois-Rivières. Languedoc, le 3 ; celle de Montréal, le 4 ; La Sarre et Béarn, le 6 ou le 7 ; Royal-Roussillon, Guyenne, le 7 ou le 8. Garnisons : quatre cents hommes dont trois cents troupes de terre, cent colonie ; et Saint-Frédéric, colonie, cent quatre-vingts. Manneville n'ira à Québec qu'avec moi. Que votre santé soit meilleure, voilà tous mes souhaits.

P. S. — Le chevalier de Lévis se médicamente pour des hémorroïdes dont il souffre.

Le 31. — M. lé marquis de Vaudreuil m'a écrit pour me confirmer, Monsieur, le traitement accordé par M. l'intendant. Je pars le 4, et tout le monde sera parti le 6. J'ai chargé les premiers colonels de Berry de prendre vos ordres; ceux de la Reine et Languedoc de vous rendre compte. Si Privat vous écrivoit pour pouvoir être établi de sa personne aux Trois-Rivières, faites-le : il seroit également à portée de ses quartiers, et prévenez-en l'intendant.

Le 5 novembre. — Vous vous intéressez, Monsieur, ainsi que moi, à M. d'Arseval, qui est un vrai panier percé ; grondez-le bien, accoutumez-le à vivre de peu.

MM. de Berry ont promis de l'établir dans quelque quartier, qu'il y passe son hiver sans faire aucune dépense. Voyez de convenir avec Surimeau de ce qu'on lui donnera, par mois, pour appointements, dont la retenue sera faite à l'arrivée de ses lettres. Il s'est avisé de prêter, à ce qu'il m'a dit, cent soixante livres au petit la Naudière. Je l'en ai bien grondé, comme M. Gaillard qui s'avise de lui vendre une montre à crédit, à qui il doit trois cent dix livres. Voyez que le petit la Naudière ne remette point l'argent à M. d'Arseval, mais faites-le remettre à M. Gaillard, à-compte ; parlez-en à la mère.

Au reste, le moindre mécontentement que vous puissiez avoir de M. d'Arseval, mettez-le-moi en prison ; c'est un vrai service que vous lui rendrez, et dont il vous aura obligation, un jour, et à moi.

A Montréal, le 9 novembre 1758.

J'apprends, Monsieur, qu'un commis du munitionnaire part pour Québec, et j'en profite pour vous écrire et répondre à la lettre du 23. Je vois que vous avez obtenu de l'intendant l'eau-de-vie pour les officiers nommés et non pourvus de lettres ; question à vous faire, pour que les cinq bataillons, dont j'ai les aides-majors, ici, soient uniformes, avec les trois autres ; cela ne doit, ce me semble, s'entendre que pour les officiers, nommés le 4 novembre, et à qui j'ai fait faire la campagne comme officiers ; à l'égard de ceux nommés cet été et qui n'ont pas fait ce service, je douterois ; en tout cas, ils ne peuvent prétendre que du jour de leur nomination, 25 juillet. Au reste, dans le doute, j'ai dit aux cinq aides-majors d'ici, de ne prendre que pour les premiers, sauf à y revenir. A l'égard des corps de garde, la demande indiscrète et jalouse de ceux qui sont dans le gouvernement de Québec fera perdre peut-être pour cette année, au moins pour la prochaine, cet avantage à ceux de Montréal ; cependant cette différence est commune, car souvent, en Italie, les troupes du L... sont mieux pour des petits avantages que celles du Milanois ; mais nous n'avons pris dans nos huit bataillons de l'esprit d'union qui doit y avoir dans une famille, que celui de jalousie, qui empêche un père de rien donner, crainte de ne pas contenter ceux à qui il donnera, et mécontenter ceux à qui il ne donnera pas. Si l'intendant veut savoir l'origine de cette faveur ou abus, que je n'ai su qu'en avril 1758, sur un démêlé entre Tourville, capitaine de Bearn, et son hôte, l'hiver de 1755 à 1756, avant mon arrivée, dans ces

temps heureux, où le modeste n'avoit rien et le deman-
deur avoit tout, Varin accueillit une demande par écrit
du petit Malartic.   Lapause se fit adjuger idem. Languedoc n'en fut pas instruit et n'eut rien.   La Reine
étant en garnison de 1756 à 1757, cela fut accordé sans
que je n'en aie jamais rien su, comme chose de règle
et d'usage, et continua à la Sarre, Royal-Roussillon,
Béarn. Languedoc étoit en garnison, l'hiver de 1757 à
1758, idem, par l'avis de Martel, inspecteur, qui, élevé
dans de bons principes, dit à son frère timide : c'est de
règle.   Au reste, moins d'inconvénients ici, parce qu'il
n'y a pas un quartier par compagnie.

Voilà le fait et l'origine, car à tous les abus, qu'on
examine bien, la source ce sera toujours dans le peu de
règle et d'ordre des chargés de la manutention, en 1755
et 1756.

A l'égard de ma lettre à Bernier pour les propos
nécessaires, par les plaintes du marquis de Vaudreuil,
il a été content de la réponse; on lui avoit écrit de
Québec, peut-être Dumas, esprit porté à la petite
intrigue ; de plus, je surpris Deschambault, soit bavardage, délation ou méchanceté ou basse flatterie, accusant
nos officiers de propos indiscrets, sur les malheurs de
l'arrière-saison, sans en nommer aucun.   Oh ! certes,
comme je le surpris, comme on dit, volant dans la
poche, il fut obligé, ainsi que le marquis de Vaudreuil
acceptant, d'essuyer une leçon sur ce point, forte,
respectueuse, longue, les faisant souffrir tous deux, car
vis-à-vis de Deschambault qu'elle regardoit seul, cela
ressembloit à des coups de pied dans le ventre, qu'on
a demandé la permission de donner à quelqu'un qui ne

peut s'éviter de les recevoir. Je souhaiterois que cela corrigeât les rapporteurs et ceux qui les écoutent.

Au reste, c'étoit bien le moment convenable, nous n'étions que nous trois, et il achevoit son rapport dont il ne pouvoit disconvenir; j'avois ouvert brusquement la porte, j'arrivois à la fin des phrases, et le gouverneur général échauffé me demandoit justice, en général contre tout le monde, et j'avois adressé ma lettre à Bernier, pour que tout le monde la vît, leçon bonne pour le passé ou l'avenir, si elle n'étoit pas nécessaire pour le présent. M. de Richelieu a arrêté les chansons à Montpellier. J'arrêterai les mauvais propos tendant à l'insubordination, au moins en public. Dans le très particulier, cela m'est égal, portassent-ils sur le Roi, l'image de la divinité; alors ils ne troublent pas la société.

La vie est aussi plate qu'ennuyeuse, et c'est bien du temps perdu. Notre brigadier passe la sienne où vous vous doutez, dîne deux fois la semaine chez M. de Vaudreuil, autant à mon petit ordinaire; pour moi je sors peu; jamais reclus n'a mieux gardé la retraite.

Je ne vais nulle part, ou du moins si peu que c'est de même; j'ai même en général retranché ma petite visite du matin, mais les jours impairs, je vais faire un ou deux partis de tri avec mon général, et les jours pairs, je lis au coin de mon feu; aussi ai-je entrepris la lecture de suite du Dictionnaire Encyclopédique, en sautant les articles que je ne veux pas savoir, ceux que je ne puis comprendre. Je m'observe fort sur le manger, je digère mal, et Massé dispute vis-à-vis de

18

moi une médecine. Il faut croire que Québec m'égayera
plus, et cela ne sera pas difficile, car je m'ennuie.bien.
J'aurai dans quelque temps quarante-sept ans. La
dignité de maréchal de France me flatteroit autant qu'un
autre ; il seroit beau de l'avoir dans six ans, mais
l'acheter par cette vie seroit trop cher.

Avez-vous vu à Québec, la sotte lettre du brigadier
Jean Wolfe au sergent de P... ; c'est le commandant
anglois des troupes descendues à Gaspé. Tout est enfin
arrivé à Carillon, où la garnison prenoit son mal et la
privation d'équipement en patience : Trois Berry ont
déserté. Du Fay, Outlas à la guerre vers Lydius, un
parti de la Présentation vers Corlar, sans aucun officier.
L'Anglois fait reconnoître la rivière des Chéroquis ;
avoit envoyé des déserteurs émissaires pour soulever les
nègres et la garnison des Illinois ; mais M. de Macarty
a fait casser la tête à un, que le conseil de guerre a
jugé ; trois déserteurs arrivés du fort Duquesne apprennent ce que l'on savoit déjà.

Le 11 novembre. — Celle-ci, Monsieur, est pour vous
informer de mon arrivée, ce n'est pas sans peine. Coup
de vent où le chevalier de Lévis a couru plus de risques
que moi ; il a embarré, et je suis arrivé à Saint-Jean
quarante-huit heures avant lui. J'oserois dire cependant que mon bateau portoit César et sa fortune. Je
souhaite que votre santé se rétablisse, et j'en ai bien de
l'impatience. La mienne est fatiguée, et j'espère la rétablir par un peu de repos. J'ai trouvé jusqu'à présent
que tout est ici *ut semper et in sæcula sæculorum,*
amen.

Nulle nouvelle de la Belle-Rivière ; on est inquiet du retour des bateaux de Niagara, vu la saison.

La seule chose raisonnable que j'aie ouï-dire est une ferme résolution de ne faire aucun parti d'hiver. D'ailleurs, je laisse parler guerre au premier ministre et à tous les ignorants, tant qu'ils voudront. Beaucoup de politesse et d'honnêteté aux dames, et n'oubliez pas Mme Marin et son époux, qui est un très brave et bon officier, comme je ne cesse de le dire. La seule nouvelle de la ville, c'est le départ de Dumas avec son congé absolu de la belle veuve.

Le 15 novembre. — Je dois réponse, Monsieur, aux deux lettres que vous m'avez fait l'honneur de m'écrire le 9 et le 12. Tout se fait tard et trop tard, on le dira toutes les années, sans y remédier. Il faut, à la vérité, convenir que le froid a été prématuré, ce qui a occasionné une mal-aisance à nos bataillons, incroyable, aux envois pour Niagara, à leur retour aux deux cents hommes qui vont à la Présentation, et du retard dans l'expédition des équipements pour Carillon, etc. M. le chevalier de Lévis, qui me charge toujours de mille choses pour vous, a couru quelque danger, ayant (amené) Languedoc, dont j'ai encore ici le débris, la Sarre, Royal-Roussillon, Guyenne et Béarn. Les ouvriers, laissés avec M. Desandrouins, les canonniers avec Jacquot, tout cela a eu de la misère, mais arrivés sains, sans autre perte que des fusils brisés, des baïonnettes, des tentes pourries, et un soldat de Royal-Roussillon blessé, dont la main a cassé en ramant, accident du mois de juin. Berry et la Reine achèteront peut-être plus cher

d'être près de la capitale ; cependant, j'évalue leur perte
à six hommes. J'ai même peu de malades.

... La perte des équipages, au moins pour mes huit
bataillons, médiocre ; j'ai eu le temps d'y pourvoir, il
n'y a que du retard. Fontbonne et Lapause m'ont bien
secondé. Si le sud-ouest peut durer deux ou trois jours,
Carillon recevra encore tout. J'ai resté vingt-quatre
heures à Saint-Jean pour le désordre, et bien envoyer
des ordres au nom de M. de Vaudreuil, qui n'en donnoit
point. Les bateaux, si on exécute les ordres, seront en
général conservés dans cette partie ; n'importe, c'est
toujours un malheur, et quoique je n'aie rien à me
reprocher et à m'applaudir de ma diligence, j'eusse
décampé huit jours plus tôt ; et j'ai bien résolu, ordre
ou non, ennemis ou non, de décamper....

J'ai pensé comme vous, Monsieur, sur la nécessité de
retourner chacun dans son quartier, et j'en ai donné
l'ordre pour Berry, la Sarre, Guyenne, Royal-Roussillon.
Vous me parlez toujours de votre santé en mauvais
termes, tant pis ; mais dites-moi s'il est vrai, comme
Joannès l'assure, que nos huit chirurgiens, Arnoux à la
tête, se soient trompés lourdement, et que vous n'ayez
jamais eu la clavicule cassée ; je le voudrois, parce qu'il
me semble qu'il y auroit à gagner pour vous. A l'égard
du chevalier de..., j'ai demandé sa retraite, nommé à sa
compagnie, fait son arrangement ; je l'embarquerai d'autorité, l'an qui vient.... Sa famille distinguée dans une
province quasi la mienne, y feroit honneur, le corps en
tout pour l'honneur de la noblesse, et de son ordre,
auquel je suis très dévoué. Je me ferois un devoir et
un plaisir d'y satisfaire ; car j'ai regretté et regrette,

dans mes accès d'imagination folle et romanesque, sans être comme le chevalier de..., de ne m'être pas fait chevalier de Malte, pour mourir grand-maître. C'est le sang des Gozon qui coule dans mes veines.

Je suis bien aise que l'intendant ait été content de ma dernière lettre, qu'il se console ; car j'ai été bien mécontent de mes officiers, du ton des propos. J'y ai mis de mon côté, bien de l'humeur, de la dureté, de la remontrance, de la réprimande, et tout en tremble, et l'avenir sera plus raisonnable par la crainte et l'annonce que je leur ai faite, d'une sévérité grande ; tous ne le méritent pas, mais j'ai grondé tout le monde ; d'ailleurs, peu m'importe qu'ils soient contents ou non, je saurai toujours faire patte de velours quand je voudrai, et puis le premier ne doit jamais avoir le tort, considérant ni ménageant. J'ai été le plus mécontent du premier au dernier de la Reine, le plus de la Sarre et Languedoc, assez de Guyenne, médiocrement des médiocres de Berry. Je vous envoie une lettre de du Vernys ostensible, une apostille pour vous seul, que vous brûlerez avec cette lettre-ci. La Belle-Rivière sauvée pour cet automne et cet hiver, perdue pour le printemps par manque de vivres ; et les ennemis établis à la rivière Attigué, la tournent, rompent la communication. Il ne me reste qu'à vous parler de mon départ d'ici, en carriole, au 30, pour être à Sorel le 1er de l'an, chez la Naudière ; mais si je m'ennuie bien fort, je suis homme à partir vers le 20. Je l'écris comme cela à la Rochette ; le papier me manque, mais on ne peut vous être plus dévoué assurément, plus votre serviteur et votre ami.

Bougainville m'a écrit que vous approuviez mes idées.

J'ai raisonné défensive avec M. le marquis de Vaudreuil ; il sera obligé d'en venir à renoncer à la Belle-Rivière, dût-il en perdre les pays d'en haut. Marine sur le Lac, forte garnison à Niagara, bonne tête pour y commander avant le 1er juin, en force à Carillon, et un corps à rassembler pour Québec, où j'espère que l'ennemi ne viendra pas ; c'est le point qui m'embarrasse le plus.

On dit qu'il reste un petit bâtiment à partir. J'hasarde trois lettres, dont une pour le maréchal de Belle-Isle dans mon paquet à la Rochette.

C'est avec peine que j'ai accordé la permission à la Mothe d'aller à Québec, d'autant que j'ai été mécontent de lui au camp. Je lui ai bien dit qu'il eût à se conduire avec circonspection, ou que je le ferois repartir.

———

Le 27 novembre. — Voici réponse, mon cher Bourlamaque, à la lettre que vous m'avez fait l'honneur de m'écrire le 22. On m'écrit vaguement la perte de Berry à sept ou huit hommes, s'entend des étrangers qui n'en savent, et je m'en rapporte, comme de raison, à ce que vous m'écrivez.

Il est certain que dans le bon ordre, il y a trop de capitaines de Berry et de la Reine à Québec ; mais je me lasse du bon ordre, d'être le pédagogue et le loup gris des bataillons qui, d'un autre côté, vous disent quand cela ne seroit pas vrai : — Je vis meilleur marché. Aussi me suis-je réduit à un officier par quartier, et j'ai eu de la peine à le trouver dans Béarn. Pour Guyenne,

Royal-Roussillon idem, tous à la côte, hors Cornier, Manneville, Bellot, d'Aureillan pour Québec, et départ pour ici. La Sarre idem, hors Beaudoin. Vous avez bien jugé de M. Dayman, mauvais sujet du côté du cœur et de l'esprit, et à perdre, sans scrupule, s'il se mettoit dans le cas. Je suis cependant persuadé qu'on sera plus circonspect à l'avenir, et que la Mothe le sera sur tous points ; en tout cas, je le ferois repartir. Il est vrai que de toutes parts il n'est question que de la beauté d'une dame du Parloir ; je l'ai toujours trouvée aimable, et plus d'esprit qu'on ne croit. Je lui ferai, volontiers, ma cour, sans autre vue, et je suis très attaché, sans réserve, à toute la rue, et Marin a dû s'en apercevoir ; car il a dû être content de moi : son zèle le mène quelquefois plus loin que je ne voudrois. Je n'en dirois pas autant de tous. J'étois bien sûr, malheureusement, que vous aviez eu la clavicule cassée, mais on gobe tous les sots propos. Le chevalier de Lévis ira à Québec, parce qu'il l'a écrit, mais je doute qu'il y soit plus de huit jours, et je ne sais quand. Il me charge de ses compliments pour vous.

Les nouvelles de la Belle-Rivière sont du 31 par l'arrivée de Rocheblave. Le hasard l'a sauvé, surpris à l'action du 13 *. Mutinerie, sédition dans les Canadiens pour revenir à Montréal. La seconde action due à M. Aubry, homme désintéressé, les officiers occupés de gain, et volent comme des mandarins ; le chef donne l'exemple, reviendra avec trois ou quatre cents mille livres, le plus petit enseigne qui ne joue

---

* Défaite du major Grant devant le fort Duquesne.

pas avec dix, douze, quinze mille livres. Les sauvages bien disposés par une circonstance heureuse,
n'aimant pas Des Ligneris, qui s'enivre journellement.
Les magasins volés, des certificats qui vont arriver
pour des sommes. Des conseils de guerre à tous
moments, où, le dernier enseigne opine toujours aban-
don, retour à Montréal. Rocheblave y a ouvert un avis
militaire, suivi de du Vernys et Corbière, trois fous de
françois. Rocheblave enfin, dauphinois n'en dira rien,
ni à M. de Vaudreuil, ni à M. Bigot, crainte d'être perdu,
et fera bien. Personne ne veut aller en découverte, on
a accoutumé les sauvages à se faire payer, ainsi que les
Canadiens, pour y aller. C'est de quoi pleurer, je n'en
ai pas dormi, et je crois que si la guerre dure, il y a à
gagner de la perdre. Au reste, Bougainville m'a écrit
que vous avez goûté toutes mes vues, et notamment *in
extremis* ma retraite à la Louisiane, pourvu que le
ministre l'ordonne à Vaudreuil, et que celui-ci y travaille d'avance. Canots nécessaires pour seize cents
hommes d'élite, huit cents Canadiens avec les vivres
en biscuits, lard, farine, quelques marchandises, porcelaine, colliers, quelques caisses de fusils, etc. Je me
charge, Belle-Rivière occupée ou non, de vous mener aux
Illinois, quand même l'ennemi seroit maître de Québec
et Saint-Jean. Quatre jours d'avance me suffisent, et
des certificats payables à la Louisiane.

Je laisserois ici le reste pour suivre le sort général.
J'ai tout le détail sur ce. Péan, de la Reine, hors de
danger. Vassal épouse jeudi Mlle de la Perrière, et
mardi, grande cérémonie et festin, où M. et Mme de
Vaudreuil. Le chevalier de Lévis et moi, pour la pro-

fession de la sœur de Mme Le Mercier, c'est une fille à la Bruère.

Rien n'est mieux que vos sages précautions pour éviter les désordres de la part des soldats venant en ville. Je crois que les Anglois ne renoncent en aucune façon à leur dessein sur la Belle-Rivière. Rocheblave qui a été en découverte depuis le coup de M. Aubry, a vu marcher de l'artillerie de Raystown; au moins, est-ce pour hiverner. A leur premier abord, Des Ligneris abandonne et se retire au fort Machault; il me paroît même que tout le monde le fait à son camp, à son fort, jusqu'aux sauvages, simples soldats.

Bellestre ayant dit que le Détroit pouvoit nourrir onze cents hommes, Rocheblave vouloit qu'on y envoyât ceux qu'on a renvoyés à Montréal, pour les avoir plus tôt au printemps; d'ailleurs Des Ligneris a dit n'avoir de vivres que pour dix-huit jours; cela n'est pas exact, il y avoit dans les entrepôts de quoi marcher à l'ennemi, huit cents sacs à avoir dans trois ou quatre jours. Benoist, à la Pointe-au-Baril, se conduit en galant homme, et homme de guerre. Se plaint à moi amèrement et inutilement des lettres dures qu'il suppose que M. de Vaudreuil signe sans lire, et qu'il croit dictées par Le Mercier. Passez-moi le désordre de ma lettre, il ressemble à celui de mon imagination, car je n'ai pas dormi, toute la nuit, des voleries de la Belle-Rivière et de l'ineptie. Pauvre Roi! Pauvre France! *cara patria.* Brûlez ma lettre, car ces horreurs ne seront jamais crues, et si vous vous en affectez, comme moi, la maladie augmentera. Adieu, mon cher Bourlamaque, guérissez et retournons sous un autre climat.

Le 29 novembre. — Nulle lettre, mon cher Bourlamaque, qu'un paquet de gazettes jusqu'au 30 juin, lettre
au chevalier de Lévis par Mme de Rotembourg (sic),
qui lui dit des tendresses au lieu de nouvelles. En vous
remerciant des vôtres, la suite à vous écrire : d'après M.
Prévost, brigadier commandant au fort Lydius, c'est le
rappel du général Abercromby pour n'être pas venu
nous attaquer, et son remplacement par le général qui
commandoit les troupes de terre de Louisbourg. Je
crois cependant que vous conviendrez que nous pouvons assurer, avec vérité et sans avantage, que les
Anglois devroient lui savoir grand gré de ne l'avoir pas
fait.

Nos ministres changent si souvent que j'aime mieux
la protection de Cadet pour avoir du vin à cent écus,
la campagne prochaine, que celle d'aucun de ces messieurs. M. de Vaudreuil a reçu deux lettres de M. de
Massias, dont il nous a lu une d'un bout à l'autre, digne
de Saint-Sauveur ou de quelque commis de bureau. Il
a cependant ajouté que son ministre écrivoit joliment.

Le 9 décembre. — Ne voulant, Monsieur, laisser
échapper aucune occasion, sans avoir l'honneur de vous
écrire, je profite de celle de M. de Rocheblave. De ne
pas voir arriver de courrier de Québec nous fait croire
que la goélette, arrivée de France, ne sera peut-être pas
arrivée jusqu'à Québec, et n'aura pu repartir ; léger
inconvénient. C'est du départ pour la France que je
parle.

Les Canadiens du dernier convoi, parti pour Niagara,

dans l'arrière-saison, sont arrivés, hier, ayant laissé leurs bateaux à la Pointe-Claire et à Lachine.

Les derniers bateaux envoyés à Carillon pour porter des pois n'ont pu arriver qu'à Saint-Frédéric, et sont revenus, à quatre heures, de Saint-Jean.

La seconde barque, expédiée tard pour Carillon, est dans l'embarras pour revenir, et je ne puis bien concilier le texte que m'écrit d'Hébécourt, avec ce que m'a dit, hier, M. le marquis de Vaudreuil, sur l'endroit où elle est en station. La première barque est depuis long-temps de retour à Saint-Jean.

Le parti d'Outlas n'a pas pu faire, étant découvert, toutes les belles choses qu'il se promettoit.

Ils ont pris deux soldats de la compagnie de Rogers, qui disent seulement qu'on travaille à palissader l'île où logent les compagnies de Rogers; qu'il n'a que deux cent vingt hommes avec lui, qu'il attend deux autres compagnies qui sont à Orange, et qu'ils croient qu'il y a environ six cents hommes au fort Lydius, et un poste de cent soixante hommes retranchés au fort Miller (sic); d'ailleurs, ces deux prisonniers ne savent aucune nouvelle.

Il vient de nous arriver par Carillon, quatre Cana-diens prisonniers, dont un officier prisonnier, pris le jour de l'investissement du fort George. Je vous joins sa déposition.

P. S. — On a eu des nouvelles de M. Bonneau, se portant bien, et les autres officiers ayant grand soin également des Canadiens et soldats, et leur donnant leurs besoins.

Le 9 décembre. — L'arrivée du courrier engage M. de
Rocheblave à attendre; et j'ai l'honneur, Monsieur, de
vous répondre à la lettre que vous m'avez écrite le 4.

Je ne connois pas même de figure M. de Brenilli, du
moins, je n'appliquerois son nom sur sa physionomie;
tenez-moi cet officier longtemps en prison, et faites
passer à ce quartier quelqu'autre lieutenant, si vous le
croyez nécessaire, et entre le temps que vous l'aviez
tenu, huit jours de plus pour l'impertinence de m'aller
citer et compromettre dans une lettre à M. l'intendant.

Quant à Badelard, j'écris à M. Bernier une lettre
pour qu'il soit rayé, et que l'on attache à ce bataillon
ou Emery ou Hameau. Je réponds à sa protectrice, la
mère Saint-Claude, que c'est un homme incorrigible, et
mon avis à la Rochette, qui intercède pour lui, idem.
Cependant vous êtes le maître et dites-le à Bernier,
gardez-le dans le dernier cas (car toute la famille, ou
pour mieux dire celle de sa femme, sollicitera), que ce
soit à la satisfaction d'Arnoux, et trouvez moyen de
vous faire solliciter par M. l'intendant : inspirez cela,
autrement refus à tout le monde. A l'égard du quinze
au Palais, peu m'importe, mais non ailleurs. L'ordre des
jeux de hasard est plus adressé à l'intendant qu'à moi, et
je ne donnerai jamais d'ordre relatif à sa maison, qu'autant qu'il m'en requerroit. L'intendant se plaint de
quelques abus sur la distribution des équipements (ce
qui est, et peut être ; je fais passer sous vos yeux, ma
réponse,) pour que vous soyez instruit, et puissiez y
faire conformer Berry et la Reine ; car, ayant ici
Joannès, j'instruis Languedoc.

Comme on écrit beaucoup de Montréal à Québec, j'aime mieux vous dire que, hier matin, à l'occasion de l'officier de milice qui disoit que l'on étoit consterné, lorsque je faisais le siège du fort Guillaume-Henry, et que Webb avoit grand peur, qu'il n'y avoit personne à Orange et New-York, et que l'on auroit pris avec facilité Lydius, M. le marquis de Vaudreuil rabâcha beaucoup sur cela, moi présent à la fin, avec beaucoup de modération, (car les assistants et le chevalier de Montreuil assurent) je lui dis mes raisons pour n'y avoir pas marché, qu'il ne falloit pas se repaître de chimères.

J'interpellai M. Le Mercier qui fut de mon avis et défila, et n'osa pas rester davantage, et je conclus par lui dire modestement que je faisois de mon mieux à la guerre, suivant mes foibles lumières ; que, quand on n'étoit pas content de ses seconds, il falloit faire campagne en personne pour exécuter ses propres idées. Les larmes lui en vinrent aux yeux, et il mâcha entre ses dents que cela pourroit être. La conversation finit de ma part : — j'en serai comblé, et je servirai volontiers. Mme de Vaudreuil voulut s'y mêler :—Madame, permettez que, sans sortir du respect qui vous est dû, j'aie l'honneur de vous dire que les dames ne doivent pas parler guerre. Elle voulut continuer :—Madame, sans sortir du respect qui vous est dû, permettez que j'aie l'honneur de vous dire que si Mme de Montcalm étoit ici et qu'elle nous entendît parler guerre avec M. le marquis de Vaudreuil, elle garderoit silence. Cette scène, devant huit officiers, dont trois de la colonie, sera brodée, rebrodée ; la voilà telle. Je lui parlai des vivres, et je lui dis : M. l'intendant, qui est l'homme du Roi comme vous, Monsieur, et qui, sur cette partie, doit être instruit, m'a écrit dans le temps, qu'il étoit de mon avis, et qu'il n'avoit pas de quoi nourrir l'armée, passé le dernier août. Nous étions au 9. Quoique sûrement Le Mercier le lui écrira, car il a dû entendre cette phrase avant d'avoir défilé, vous pouvez lui dire comme de vous même, avec confidence, si vous le jugez à propos, si non mot. Le chevalier de Lévis qui entra ne se serait pas douté de la conversation, vu mon air tranquille, et j'y fus le soir, à mon ordinaire ; et ce matin, je porte un bel œillet, qu'on m'envoie dans le moment, à Mme de Vaudreuil ; mais c'est odieux.

A Montréal, le 7 mars 1759, au soir.

Vous voyez, Monsieur, que me voilà arrivé en deux jours, et comme le courrier part demain, je me hâte de vous écrire pour commencer notre commerce de lettres. J'ai trouvé le chevalier de Lévis en bonne santé. Le détachement de cent cinquante hommes, commandé par M. de Céloron, est parti. Les Oneyouts, émissaires de Johnson, sont toujours retenus ici par des festins.

Réaume travaille à une nouvelle recherche de grains ; les recensements vont être finis. On compte (et c'est pour vous seul), sur sept mille hommes du gouvernement de Montréal ; et mille de celui des Trois-Rivières, en faisant tout marcher. Je ne vois pas que, sauf le détachement de Niagara, nous fassions mouvement avant le 20 mai. Je n'ai pas encore vu M. de Vaudreuil.

A Montréal, le 8 mars 1759.

(Ce qui suit est une amère moquerie à l'adresse de Vaudreuil. Montcalm lui met dans la bouche toute une suite d'inepties).

On vous emploiera quand il sera temps, Monsieur. Refus de Marin, j'en écris à la dame. Montigny ne va pas à la Belle-Rivière, mais destiné à tenir le poste... de Frontenac, avec cinquante hommes. Pouchot à Niagara, avec cent cinquante des nôtres et trois cents Canadiens. La Belle-Rivière; on s'y maintiendra. Secours des Illinois, du Détroit, affection des sauvages, difficultés aux Anglois. L'Acadie, on la replie; on ne la replie pas, on la tient. Témiscouata pour attendre de savoir si on viendra à Québec. Carillon, ce ne sera qu'une feinte; la côte de Québec, la paix, ou une escadre, ou de puissants secours. Niagara, j'y envoie Pouchot; d'ailleurs, Monsieur, ils n'y iront pas, qu'ils n'aient rétabli Chouaguen. J'ai craint pour la Pointe-au-Baril, ma foi, j'y ai six cents bons hommes. Que feront-ils, Monsieur, avec quarante-cinq mille hommes? Ils rétabliront Chouaguen, et encore, s'il n'arrive des vivres et des secours de bonne heure, je pourrois bien y envoyer, et, quand? Mais en juillet travaillera-t-on à Québec? Je n'ai pas de vivres; entrera-t-on de bonne heure en campagne? Mais au 20 mai je n'ai pas de vivres.

Si, à la navigation, on alloit reconnoître des positions à Saint-Jean, voyez-vous, Monsieur, j'attends des nouvelles de France; mais si l'ennemi vient à Carillon, nous marcherons où les vivres. Oh! mais nous avons à Carillon pour un coup de main, pour trois mille hommes, pour un mois, à commencer du 1ᵉʳ mai ; mais à Carillon j'en voudrois à la navigation, moitié à Saint-Frédéric. A Carillon, on les trouvera toujours. Avons-nous du biscuit à Saint-Jean ? Mais non, mais on en peut faire. Espérez-vous de votre recherche de grains ? Les dîmes des curés, les moutures produiront quelque chose.

M. l'intendant croit qu'il y a du blé, qu'on le cache ; ma foi, il a tort. Mais, voyez-vous, Monsieur, je crois la paix, ou de puissants secours et de bonne heure ; la Hollande, voyez-vous. J'ai parié dix louis pour des nouvelles au 10 mai. Au 10 mai, je le crois bien. Ah ! mais en aurons-nous ?

Voilà ma conversation.

Les chapeaux étant rares, le chevalier de Lévis a un bonnet fourré à la polonaise ; plusieurs des nôtres ont imité. M. de Vaudreuil le désapprouve aux colons ; ma foi, je ne sais autre chose. Je vais commencer le troisième volume de l'Encyclopédie, et je vois tout couleur de rose. Bonsoir, Monsieur. La guerre de la Belle-Rivière va être pour M. le marquis de Vaudreuil l'armée de Flandres, et celle de Carillon, l'armée d'Italie : On dit : — l'Anglois trouvera à qui parler. Le convoi des Illinois viendra par les Oyatanons et Apalaches. Le Mercier dit non, et tout le monde a peur ; mais devant le Roi on se rassure. Adieu, Monsieur, on ne peut vous être plus dévoué.

P. S.—L'histoire de mon empoisonnement s'est renou-velée dans le gouvernement de Montréal, il y a quinze jours, et a été à M. et à Mᵐᵉ de Vaudreuil. Elle en a bien rebâché, et le peuple disoit : on veut donc vendre le pays. Au reste, je n'aime pas ces bruits. Ne parlez jamais de crime aux hommes.

———

Le 11 mars.—M. Porlier part demain, et je profite de toute occasion, Monsieur, pour avoir l'honneur de vous écrire. Voilà les dernières nouvelles de Carillon : Il pleut ; il dégèle ; ce qui est pis, c'est qu'il pleut de l'ennemi, heureusement il ne tue pas, et je ne crois pas qu'une autre année, s'il faut passer encore un hiver en Canada, je quitte Québec d'aussi bonne heure.

Le recensement est fini ; plus d'hommes qu'à celui fait il y a trois ans, non que la population ait augmenté, mais parce qu'il avoit été mal fait.

Beaucoup trop de guérets à faire ; beaucoup d'habitants manqueront de semence ; rareté dans l'espèce des bœufs, et encore plus dans celle des moutons.

Les sauvages de la Présentation disent en plein conseil :—Nous t'avons averti trois semaines à l'avance de Frontenac, c'est ta faute, nous t'avertissons et tu ne veux pas nous croire ; nous nous retirerons. C'est ce qui fit partir le détachement.

Le Mercier ne désempare pas le cabinet, et il me semble que Saint-Sauveur domine encore plus qu'autrefois ; pour moi, je me tiens et tiendrai clos et couvert, et lorsqu'on m'emploiera, avec quelles troupes et quel nombre que ce soit, si je ne sauve pas ce malheureux pays, je saurai du moins ne rien faire qui puisse altérer ma réputation et celle des troupes. Je ne puis faire ni le miracle de la multiplication des pains ni de la multiplication des hommes.

19

Le 12 au soir. — Nos nouvelles du Détroit, du 13, parlent de la rareté des vivres ; et des lettres particulières disent que les Hurons veulent rester sur leurs nattes tranquilles.

Celles de Michilimakinac parlent de la rareté des vivres ; difficulté de faire descendre les sauvages.

Celles du fort Machault, du 19, que les Anglois se fortifient, s'établissent sérieusement à Loyalhannon et à la Malengueulée. Ils ont tué deux chevaux, pris un charretier près le fort Machault, un petit parti de quatre hommes. Nous en avons plusieurs dehors.

De Niagara, les Cinq-Nations disent cinq mille hommes à Chouaguen, pour le rebâtir ; et au fort, à la baie des Goyogouins, cinq mille hommes pour le siège de Niagara, autant pour brûler les barques.

De la Pointe-au-Baril, du 10, la deuxième barque a dû être lancée aujourd'hui à l'eau ; tout le détachement, les agrès arrivés. On pourra mettre à la voile du 18 au 20. Je n'en sais pas davantage, mon cher Monsieur ; nulle nouvelle de Carillon.

———

Le 14. — Nous n'aurons ni Lambert, ni Molière ; c'est-à-dire ni Dumas ni Le Mercier. Le chevalier de Lévis vient de m'écrire pour me prouver les inconvénients de sa besogne. Je ne les vois pas si grands que lui les pense ; cela vient sans doute de ce que je n'en suis pas chargé. Attendez d'apprendre par M. Le Mercier ou M. de Vaudreuil que M. Le Mercier n'est qu'un passant à Carillon ; car on m'a demandé le secret, parce que si Jacques Abercromby venoit à l'apprendre par quelque déserteur, il sauroit bien vite à quoi s'en

tenir. Royal-Roussillon, vous mène, vingt-quatre Canadiens ; renvoyez-les avec des bateaux. La Sarre,
vingt-quatre idem ; affaire d'état pour M. de Vaudreuil,
et que chaque aide-major lui renvoie pour les faire
payer, un rôle signé par lui, visé par vous. Qu'il y
ait le nom de l'homme, celui de la compagnie et de la
paroisse. On dit que M. Castels a pris pour domestiqne
un prisonnier anglois. Vérifiez le fait et renvoyez-le.

Le 15. — M. Poirier, parti hier, vous portera, Monsieur, une de mes lettres : on dit que M. Dufils part à
midi.

Nouvelles de la Louisiane du mois d'août ; on y
manque de tout, et on y manqueroit totalement sans
les Espagnols et les Anglois eux-mêmes, qui font la
contrebande ; d'ailleurs tout y est tranquille, sauf les
Capucins qui méconnoissent toute autorité ; beaucoup
de colons passent en France.

M. de Kerlerec, gouverneur général, demande son
rappel et sa retraite du service. Nouvelles des Illinois,
où l'on sait la prise du fort Duquesne ; ce qui revenoit
du fort, arrêté par les glaces à dix-huit lieues. Les
Chéroquis ont tué deux hommes, blessé trois.

On prépare le convoi, on convient qu'il viendra tard,
et on doute d'arriver.

Suivant M. le marquis de Vaudreuil, bonnes nouvelles de Michilimakinac, la baie Saint-Joseph, les
Oyatonons, grande affection des sauvages.

Suivant le même, bonnes nouvelles du Détroit,
grande affection des sauvages. Cependant les Hurons,

invités par collier, à une assemblée, y vont, quoique
Bellestre ait dit que cela les rendroit suspects. Suivant
le même, bonnes nouvelles de la Belle-Rivière ; tous
les sauvages prêts à frapper, c'est comme des conjurés,
ils ne demandent qu'un chef (le chevalier de Repentigny), et les marchandises de Saint-Sauveur qui, d'ici
à un an, passera un million.

Les préparatifs du siège de Lydius ont valu trente
mille écus à Le Mercier. L'entreprise des transports à
Carillon est donnée à une pistole le quintal ; ne revient
pas à trente. Le Mercier a la moitié pour lui, et La
Bruère, Boileau et consorts, le reste.

Nous savons, malgré les bonnes nouvelles de la
Belle-Rivière, que les Anglois sont en force au fort
Duquesne, et y font des bateaux. M. le général n'a pas
encore reçu son courrier sauvage de la Présentation,
mais je vous envoie copie de ce que ce courrier lui
apprendra ; tout ira bien, car ou la paix ou la prise du
Canada, nous en tirera. Adieu, Monsieur, brûlez ma
lettre. Ne doutez pas de mon amitié. Mon corres-
pondant de la Présentation a profité du courrier de la
Louisiane, dans le temps que l'abbé Piquet et Benoist
composaient leurs épîtres ; pardon pour l'écriture, pour
le style et le désordre d'une lettre écrite en parlant.

Mme de Beaucourt morte, veuve d'un ancien gouverneur. La sœur M..., bonne hospitalière.

Le 15 mars.—Celle-ci, Monsieur, est pour l'exactitude, et vous accuser la réception de la lettre dont vous
m'avez honoré le 12.

Je ne dis ni ne statue rien sur les nouvelles que
vous avez eu la bonté de m'écrire.

Je n'ai rien à ajouter à celles que je vous ai écrites
par M. Dufils, si ce n'est que M. le général les a enfin
reçues. Si j'avois des vivres, je ne serois pas embarrassé, m'a-t-il dit. Il compte faire partir d'ici la garnison
de Niagara à la fin de mars, le 29 ou 30 ; pour notre
part M. Pouchot.

Cadet qui avoit paru goûter ma proposition, s'est
refroidi. J'en avois écrit à l'intendant. Vous verrez
ma réponse et ma réplique ; pour moi, je ne vous en
écris que pour au cas où vous imagineriez quelque
moyen, et pour que vous préveniez vos quatre bataillons, qu'il n'y a rien à espérer.

M. de Ramezay a raison ; il est encore plus singulier
que ce ne soit pas M. de Vaudreuil qui lui adresse
d'ici l'ordre et l'instruction. Bien fait d'avoir puni le
grenadier de Berry, et le faire prendre.

J'ai reçu une épitre de Mme Marin. Quel plaisir
il y a d'entretenir commerce avec une dame qui
écrit aussi bien ! Comme c'est une réponse, je n'ai pas
l'honneur de lui écrire, mais des compliments.

Le 18 mars.—Je réponds par celle-ci, Monsieur, à la
lettre que vous m'avez fait l'honneur de m'écrire le 14.
L'affaire de Badelard doit être finie avant mon arrivée.

M. et Mme de Saint-Luc trouvent extraordinaire que
la famille n'ait pas fait ce qu'elle devoit vis-à-vis de
vous, Monsieur, en vous demandant ; en tout cas, je
les mettrai en règle à mon arrivée. J'écris à Bernier
que Berry a besoin de recrues, et d'ailleurs tout parti

pour recevoir, et ce sera encore le plus foible. La Barthe s'est trompé ; il a confondu complet avec celui des effectifs au sujet de Béarn. Berry avoit tort, bien fait de leur retenir. Je doute y avoir donné hier aucun ordre, par écrit, ni verbal. On suivra, pour l'eau-de-vie aux officiers ici, comme vous l'avez obtenu, même pour ceux nommés du 25 juillet, observant de ne la prendre que d'alors. M. de Brénilli quand l'intendant demandera, sauf à lui dire (sic). M. de Monte demandoit huit jours de plus pour son compte particulier ; mais cependant, et vous avez plus lu la lettre de la dame Badelard que moi, car je vous l'avois renvoyée sans la lire, et vous comprenez bien que le point est la bienséance de la part des colons glorieux et rendant peu. Je ne suis pas surpris que votre éloquence ait échoué vis-à-vis Bernier ; je crois que c'est de la petite bière ; cependant je suis persuadé qu'il ne se troqueroit pas contre un autre ; il faut l'user tel que nous l'avons. L'ennui m'excède ici, je pars au premier jour. Je doute m'amuser plus à Québec ; d'ailleurs, je pense que les yeux d'un argus rendront tout difficile, à qui ne veut ne faire parler de lui, ni rendre personne dans l'embarras, ni en faire un métier. Ceci, entre nous, et brûlez ma lettre ; ainsi à la première conversation, je verrai en disant :—Voyez, décidez vous-même, il m'en coûtera, mais je ferai un effort ; et je ferai comme vous, Monsieur, une ronde inutile, et je m'arrêterai le soir sans me particulariser autant que l'année dernière. Je ne soupe plus absolument. Voilà au moins mon projet, un état médiocre ; cependant, tous les jours à dîner, mais à très petit couvert. Voilà mon plan de vie, au moins est-ce mon projet de vie fait ici.

La Rochette vient d'arriver avec d'Hert. Benoist, capitaine commandant à la Présentation, las des voleries, a fait battre un ban et de suite arrêter trois Canadiens, passer par les verges militairement et envoyer à M. de Vaudreuil qui en garde un profond silence. Le fait est sûr. C'est très bien, il en a le droit; si je l'eusse fait, on eût écrit contre moi, et demandé mon rappel.

Je me fais un grand plaisir de vous voir, car je vous aime fort, Monsieur, et je ne vous estime pas moins.

Tout le monde m'assure que vous vous portez bien, tant mieux. Je vous passe le ton plaignant, pourvu que le fond de la santé soit bon. Ah! quand quitterons-nous ce pays-ci. Que j'estime heureux le chevalier de Lévis; je crois qu'il s'ennuie moins que nous, la paix cet hiver.

Je donnerois, je crois, la moitié de mon bien, pour m'en aller dans ma patrie, jouir de mes travaux et aspirer à ce à quoi le Canada ne peut jamais mener. Il est bon de s'être fait imprimer, mais il faut aller à Paris.

Vous me promettez donc que je m'ennuierai moins à Québec; je le crois, mais ce moins n'est que par comparaison. Passez cette digression à un mélancolique, ce n'est pas que je n'aie encore des restes de gaîté; mais ce qui paroîtroit en être pour un autre est mélancolie pour un Languedocien qui ne l'engendroit pas. Brûlez ma lettre.

P. S. — Celui-là, avec de l'esprit, ne l'a pas arrêté.

Bougainville m'a écrit du 13, et à la belle-mère une lettre qui ne nous est arrivée que ce matin.

Il est bon qu'on retienne et qu'on fasse rendre à Berry le trop pris. En vous remerciant de l'avis concernant M. d'April.

————

Le 18 mars. — Je réponds par celle-ci, Monsieur, à la lettre que vous m'avez fait l'honneur de m'écrire le 15, et qui m'a été remise par M. Magest, autrement, Martel, fils.

Bien fait, à vous, de mettre en règle l'absence des soldats de Guyenne, et de les tenir au cachot.

Il n'a tenu ni à mes remontrances par écrit ni verbales, que M. Despinassy ne tînt l'école d'artillerie, mais M. Le Mercier ne l'avoit pas imaginé. Au reste, très aise qu'il aille à Niagara. Il y a de quoi s'occuper pour le service du Roi utilement comme ingénieur, et prétexte pour lui faire avoir des gratifications dont il a besoin.

M. de Rocheblave est très bon, malgré l'antipathie de quelques personnes. M. de Vaudreuil même lui rend justice ; il retourne à la Belle-Rivière.

Je l'eusse souhaité avec nous, mais je crois que c'est bien fait de l'envoyer dans cette partie. Il s'est fort loué de votre réception.

Comme on est bien, et médiocrement avec notre ami Doreil à peu de frais, assurément, s'il a boudé contre moi à Québec pour Badelard, il est parti bien content de moi, me le disputant avec M. de Vaudreuil ; point d'autre maison, ma voiture à ses ordres. Aussi m'a-t-il dit souvent :— Vous me gâtez, mon général, des visites de MM. de Béarn ; aussi, entre nous, et pour vous seul, il a bien traité nos bataillons, pour peu qu'on leur passe d'hommes, c'est un objet. Chaque homme veut quatre cents livres par bataillon, deux mille quatre cents répandus sur treize. C'est un objet, et comme je m'attends que le ministre de la marine n'aura aucun égard à mes représentations, petite douceur que je leur procurerai.

Il est certain que Doreil a été expéditif ; un quart d'heure avec chaque aide-major des quatre bataillons, une heure avec chaque chirurgien major ont fait son travail.

M. de Beauclair pouvant aller à son quartier. Votre avis conforme à celui de M. de Senezergues sera suivi.

L'homme de M. de Selles, très bien ; jugé par Briot, ne mourra pas, et tout sera accommodé ; il a fallu voir M. de Selles, lui demander pardon, convenir de ses torts, le remercier de ses soins.

Vous me parlez de carrioles d'un goût nouveau, sans doute comme celles d'Arnoux ; moi je m'en tiens à mon édition, ou, pour mieux, à celle du chevalier de Lévis, à moins que le goût nouveau ne prenne plus de faveur.

La scène de philosophe, anglo-canadien, et son enthousiasme est bien rendu. Eh bien ! quelques scènes pareilles valent mieux que tout ce que nous voyons ici ; un peu de travail, d'occupation, l'obligation de tenir cercle le matin m'empêchent, avec de l'ennui, de m'ennuyer autant que je devrois.

M. de Vaudreuil recevra demain mon troisième mémoire depuis huit jours, sur divers objets intéres-

sants ; le dernier pour la subsistance, etc : les précé-
dents, projets de campagne, prévoyance des difficultés
sur les objets rendus trop faciles par M. Le Mercier,
détail sur l'équipage d'artillerie à tout événement.

Je n'aurai pas de la peine à faire mon salut à Montréal, mes devoirs seuls m'y occupent, et je suis d'autant
mieux avec Saint-Sulpice que je les comble de polites-
ses, et qu'entre nous, je les crois peu contents du général
suprême.

Je vous envoie un plan de Lydius que je crois exact.
Ces trois maisons ou redoutes, je crois, sont liées avec
le retranchement, quand il existe. Communiquez-le à
vos ingénieurs. Crèvecœur en fera une copie, mais
priez-le en particulier. Vous me renverrez ensuite cet
original. Si d'en donner une vue à l'intendant lui fait
plaisir, faites-le.

Bougainville passe sa vie chez la voisine, et chez les
Deschambault ; il s'y ennuie cependant, dit-il, il commence à les croire faux, espions, tracassiers, cherchant
à le faire parler, menteurs ; il me disputoit tout cela,
l'année dernière, il paroît s'ennuyer plus ici qu'à Québec.
Il bagnenode, travaille peu ; Cornier et lui sont devenus
Oreste et Pylade ; il y a de la part de Cornier une bonne
foi, un sérieux romanesque, et de l'admiration pour la
supériorité de génie. Le chevalier, à l'ordinaire ; pour
moi, des visites partout, de loin en loin, un soir chez
moi, l'autre chez le marquis de Vaudreuil. Hier avec
Montgay et mes aides de camp, je bavardai jusqu'à
minuit, parce que je mâchois de la gomme pour pituiter
mauvaise digestion. Si nous étions l'un et l'autre plus

occupés, je n'aurais garde de vous écrire d'une mauvaise écriture tant de minuties. Brûlez ma lettre.

P. S. — M. de Repentigny arrive ce matin. MM. Cadet, Péan arrivés de jeudi, à trois heures après-midi ; ils ont fait une entrée d'ambassadeurs, avec douze carrioles, six étoient allées au-devant jusqu'à Repentigny ; heureusement le chevalier de Lévis n'en étoit pas. Les relais attendoient sur la glace ; Mgr Cadet qui, pendant qu'on changeoit de relais, donnoit ses audiences aux habitants, de dedans sa carriole, et les relais alloient toujours au galop *.

————

Le 19 mars. — Je n'ai pu envoyer, par le dernier courrier, les nouvelles ci-jointes de M. le marquis de Vaudreuil adressées à M. l'intendant.

Vous voyez quelle feinte les Anglois se proposent de faire vers Carillon ; ils n'en feront nulle part ; mais bien attaque vraie et sérieuse, et l'on restera... aisément même sur les choses possibles à faire ; je crois qu'on sent son ignorance, qu'on compte le pays pris, que les uns en sont bien aises, et qu'ici l'on est content de pouvoir dire : — Si j'avois eu des vivres. Dans les circonstances, prenez Manneville et tout ce qui est de Guyenne, Béarn, la Sarre, Royal-Roussillon à la première navigation, par le premier canot qui pourra partir, voilà le plus long terme. Si Manneville, qui se chargera du petit la Naudière, veut venir ici attendre son mouvement,

————

* La dernière partie des *Lettres de Montcalm* n'a pas été aussi bien comprise que la première par le copiste anglais. Un bon nombre de phrases sont incomplètes : il en est peu cependant dont on ne saisisse le sens.

je lui offre chambre à portée de l'hôtel des beaux yeux ;
je ne lui écris pas.

Je ne vous parle pas d'un mal aux yeux pour la première fois de ma vie, qui me fait garder la chambre
depuis hier ; mais ce ne sera rien.

Je joins à cette lettre, Monsieur, une à cachet volant
pour M. l'intendant, que vous voudrez bien lui envoyer
après l'avoir cachetée ; s'il vous en parloit, paroissez
n'en avoir aucune connoissance.

M. le chevalier de Lévis étoit d'avis de ne rien dire,
ni de vive voix, ni par écrit, à M. le marquis de Vaudreuil ; il est cependant convenu que cela auroit l'air
d'humeur, d'indifférence ou de découragement, et que
l'on pourroit, à ma place, me reprocher, un jour, de
n'avoir pas fait part de ce que je croyois utile au service
du Roi.

Je crois que vous approuvez le préambule où j'in-
sinue que je ne suis instruit de rien, et la conclusion
où j'offre mes services sur tous moyens.

Le ministre d'Etat déplaît d'autant plus au chevalier
de Lévis que déplaît à la dame Pénisseault, qui croit
que le triste M. Castels a des prétentions, et peut
peut-être réussir à le faire couler. Lotbinière a l'air
d'un conseiller d'Etat, dont la faveur est traversée
par celle de Le Mercier. Je crois que pour l'apaiser, on
ne lui rendra pas les fortifications de Carillon, mais bien
la *cantine*.

Deschambault, d'après l'avis de Cavalier, avoit fait
un mémoire pour abandonner la Belle-Rivière, mais on
l'a *rebroué*. L'*Outarde* portoit nos pelleteries ; et la
Victoire, le *Héros* que j'attends, c'est trop à la fois.

L'homme le plus heureux, suivant moi, du Canada,
et qui mène la vie la plus douce, c'est M. de la Rochebeaucour. Brûlez mes lettres et tout mon bavardage,
que je n'écrirois pas à un autre.

Le 22 mars. — M. de la Milletière parti hier vous
porte Monsieur, une de mes dépêches. Depuis dimanche,
je ne suis quasiment pas sorti, à cause de mon mal aux
yeux, ils vont bien actuellement. Je doute qu'on change
d'avis sur la Belle-Rivière, à moins que l'ennemi ne
nous y force ; malgré la sécurité apparente, on aperçoit
quelquefois un air rêveur, surtout l'après-midi ; c'est
peut-être la digestion qui fatigue. J'ai donné mon
mémoire, l'on ne m'en a pas encore parlé. La nouvelle
de Sermet peut inquiéter, cependant on se rassure bien
ici ; le chevalier de Lévis voit bien, croit cependant,
qu'avec bonne conduite, on sauveroit le corps de la
colonie en 59.

L'intendant, par sa lettre du 19, me paroît doux et
ayant peur. J'avois eu envie de faire une course à
Québec ; je l'aurois encore, mais, de vous à moi, dans
les circonstances, je ne veux pas que l'on ait aucun
reproche à me faire, et être tout à tout, il faut finir en
règle. Je veux être lieutenant général comme Amherst,
qui en a plus de moyens que moi. Je prépare déjà
mes lettres ; le marquis de Vaudreuil se prépare à les
envoyer à Québec, vers le 10 avril ; faites entrevoir
dans les vôtres : 1° l'immensité de forces et de moyens ;
2° le peu des nôtres ; 3° la conservation miraculeuse
depuis trois ans, surtout 58, avec adresse ; que de meilleurs avis, suivis de longue main, sans sauver le pays,

eussent pu retarder ; mettez-y la tournure, ce sera le canevas du chevalier. Pour moi, je chiffre de longs récits au ministre de la guerre et à M. le Normand sous le pli du comte de Baschy. Brûlez mes lettres, comme je fais des vôtres.

———

Le 23 mars. — Cadet est arrivé le 21, à neuf heures du soir, avec une diligence incroyable. M. de Repentigny est arrivé ce soir ; son détachement qui arrive de demain, ira après-demain à Lachine ; mais lui reste quelques jours pour ses affaires commerçantes. Pouchot part avec son détachement pour aller sur les glaces ; il est envoyé à la Pointe-au-Baril avec un ordre pour y commander comme un dieu tutélaire ; jamais la France n'a eu plus de confiance dans le maréchal de Saxe que le marquis de Vaudreuil en Pouchot, devenu Canadien disant *amen*, voyant tout couleur de rose, et ne doutant de rien. S'il gagne de ce côté, il perd de son crédit chez nous.

Le chevalier de Lévis à qui M. le marquis de Vaudreuil a dit tantôt, moi présent : —Je charge Pouchot de reconnoître les positions à prendre dans les Rapides ; n'est-ce pas bien ? Il a répondu :—Je dis qu'il faut les faire reconnoître par ceux qui les défendront et non par un commandant de Niagara qui s'en occupera peu, et qui vous écrira que tout est facile à défendre : et moi je n'ai dit mot. Le Mercier dit :—Il peut se faire que si les Anglois viennent à Niagara, nous y ayons deux mille cinq cents hommes ; car enfin, on viendra des Illinois, du Détroit, et on se repliera de la Belle-Rivière.

Les habitants de l'île Perrot ... disent qu'on ne garde pas assez bien les agrès, les effets qui doivent aller à Niagara, et qui sont aux Cèdres; que les Anglois malintentionnés y mettront le feu. Benoist écrit du 14 que dans les premiers jours d'avril, elles (les barques) seront lancées à l'eau, et on les remorquera à la Présentation. M. le général :—Que j'aie mes deux barques et je ne crains rien :— Ah ! Monsieur, dit Mme la marquise, Dieu nous exaucera. Deschambault dit :— Je voudrois un ordre de bataille, que l'on vit ce recensement avec les troupes, nous devons avoir vingt-quatre mille hommes. J'en mets dix mille, et cinq cents sauvages à Carillon ; quatre mille et cinq cents sauvages aux Rapides, et pour des vivres. Je connois les Canadiens : qu'on les flatte, qu'on paye bien, point de quatre deniers pour livre, et ils partiront ; je réponds des deux tiers pour deux mois de vivres. Mais tant que je ne verrai point d'ordre de bataille, je ne serai pas tranquille. Le Mercier vient, qui dit :—Beau-père, fasse que nos deux barques soient à l'eau, et M. Pouchot à Niagara, tout ira bien. Je le souhaite. M. Le Mercier replique à Deschambault. Lotbinière dit :—Si on vouloit me croire, cela iroit mieux. Son barbier, soldat au régiment de la Sarre, dit que Lotbinière lui a confié que pourvu que l'on sauve la colonie en 1759, il travaille nuit et jour à un projet pour 1760. Le chevalier de Lévis dit :—Voyez-vous ce : devant Dieu et devant les hommes nous n'avons nul reproche à nous faire ; si ceci se conduisoit bien, je répondrois pour 1759. Mais ne disons mot ; voyons venir, on ne nous imputera rien, et nous nous battrons bien ; ce sont de grands fripons.

Le marquis de Montcalm, dont les yeux commencent à mieux aller, sort peu, et peu au château, lit le troisième volume de l'Encyclopédie, les beaux articles du Christianisme, citation, comédie, comique, collège, comète, concile, colonie, commerce, etc. Les habitants de la campagne ne sont pas trop effrayés ; ils comptent sur un combat et le succès ; ils portent de l'argent à leurs curés pour faire dire des messes pour le marquis de Montcalm. Les sulpiciens et les religieuses (se fient) sur lui, édifiés de sa dévotion à la Vierge ; les religieuses lui ont donné une (relique). Mme de Vaudreuil qui avoit ordinairement la première couronne de fleurs mise devant le saint sacrement, ne l'a pas eue, c'est M. Jolivet qui en a donné la préférence au général françois.

La Rochebeaucour mène une vie douce ; Marcel joue au trictrac et gagne. Je vais parfois chez la dame de la Valtrie, la dame Baraute, qui est une femme très aimable, qui aime infiniment à être connue ; et avec tout cela, je m'ennuie que c'est prodigieux, et je vous plains, si l'ennui vous gagne autant que moi. Je dirai toujours heureux qui, libre du joug superbe où je suis attaché, vit dans l'état obscur où les dieux l'ont placé. Bonsoir, Monsieur ; brûlez ma lettre, le courrier ne part que demain. Despinassy se sépare, et s'arrache, malgré lui, des bras de sa tendre et nouvelle épouse, pour aller servir le canon de la Pointe-au-Baril et de la Présentation. Y en a-t-il ? je n'en sais rien.

J'entends dire que l'on en a envoyé chercher aux ruines de Frontenac, il n'y aura peut-être ensuite ni affûts ni

boulets. On demande aussi des bombes qui sont aux
Cèdres. Le constructeur est d'un avis, M. Benoit de
l'autre. M. Le Vasseur, qui est consulté, donnera son
avis, et conciliera ces difficultés pour que nos barques
soient plus tôt à flot. *Pax vobiscum*. Quand est-ce que
je serai au château de Candiac avec mes plantations,
mon bois de chêne, mon moulin à l'huile, mes mûriers ?
Oh ! bon Dieu.

———

Le 31 mars. — Je réponds, Monsieur, à la lettre que
vous m'avez fait l'honneur de m'écrire, le 27, en me renvoyant le mémoire de M. Desandrouins, augmenté de
bonnes notes. Voici l'errata de ma phrase : prenez
Manneville et prévenez, car pour votre destination, je
l'ignore, ami. La mienne et celle du chevalier de Lévis
comptant nous être offertes, j'attends et je vous écrirai
quand je serai instruit, dans un mois ou six semaines,
je pense.

M. Bigot m'écrit comme à M. de Vaudreuil sur les
travaux, et je ne lui réponds pas sur cet article. Je
suis charmé que vous ayez approuvé mon mémoire ; on
ne m'en a rien dit encore, on en a entretenu Villars, de
la Sarre : nous pensons, ce me semble, tous trois de
même sur la colonie. Le côté de Québec, qui me
rassure à certains égards, me fait le plus trembler ; la
manœuvre que vous indiquez aux ennemis, pour le
côté de la Présentation, me paroîtroit sûre de leur part.

Quant à la question sur M. Gaillard, voici mon avis
pour son bien, et envoyez-le chercher de ma part, pour
lui en parler en particulier : qu'il suive son service de

20

cadet jusqu'à l'arrivée de ses lettres, il y gagnera, et je crois qu'il a besoin de calculer.

Ce que vous marquez d'ordres à donner à MM. d'Hébécourt et de Lusignan pour renvoi d'excédent : si en cas, etc., fait l'objet de mes représentations, et est indiqué dans mes treize articles, etc. ; mais on écoute tout, et on ne fait rien, et on ne le fera peut-être pas, non plus que les reconnoissances, etc.

Pouchot est parti mardi avec de longues instructions, d'un style boursoufflé, qui ne m'ont pas été communiquées, qu'il n'a eues qu'à onze heures du soir, et qu'il m'a apportées à minuit, devant partir à quatre heures, parce que je lui avois donné un ordre pour être détaché de son bataillon, et avoir à me rendre compte de tout ce qui concernoit sa mission. La voici d'après ses instructions : 1° Commander à la Pointe-au-Baril et à la Présentation, jusqu'à ce que les barques soient en état ; suivant le calcul de M. le général, il doit y trouver trois cents sauvages, sept cents soldats ou Canadiens, et cent cinquante qu'il mène ; 2° Il part, hier 30, aujourd'hui 31, demain 1er, cent cinquante Canadiens avec Marin, cent cinquante hommes de nos troupes, pour être tous le trois aux Cèdres, et de là partir sitôt possible, avec cent bateaux. Le Mercier s'y rend mardi à cet effet. Les barques en état, Pouchot part avec les barques, les bateaux et quatre cent cinquante hommes du nombre ci-dessus, et va relever Vassan. Il doit trouver à Niagara six à sept cents hommes. Suivant ce qu'il craindra, sur les nouvelles de l'ennemi, pour sa place, il peut tout garder, même replier les garnisons du fort Machault, la Rivière-aux-Bœufs, la Presqu'île, le petit Portage.

Toronto, quatre cents hommes des Illinois, du Détroit, mille ou huit cents sauvages, qui ont rendez-vous à la Presqu'île, et former une armée de trois mille hommes, avec laquelle il empêchera la descente, combat, etc. Si, malgré cela, il est obligé d'essuyer un siège, il ne prend que le monde nécessaire, sans doute pour rafraîchir la place ; si, au contraire, il apprend que l'ennemi ne veut pas s'occuper de lui, alors il garde le moins possible, fait tout passer à Des Ligneris, qui, devenu général de l'armée, remarche au fort Duquesne pour en chasser l'Anglois. Si Pouchot apprend que les vues ambitieuses de l'Anglois se portent sur la Présentation, ou à s'établir à la baie de Niaouré ou dans quelques îles, avec les barques, il intercepte leurs canots, communications, les harcèle et les inquiète.

D'ailleurs, il lui est recommandé de faire déclarer les Cinq-Nations, au moins la neutralité, et les faire frapper, et d'avoir pour l'abbé Piquet les égards dus à son caractère, et au crédit qu'il a dans les nations.

Savez-vous, Monsieur, que pour être sorti trop tôt, mon œil alloit mal, et il a fallu avoir recours à la saignée et garder la chambre ; je crois que cela va bien actuellement. Marin part demain, il m'a promis de suivre sans humeur mes avis, dut-on donner des détachements, de préférence à M. Bellestre, Montigny, Repentigny, ses anciens et même Douville, comme lui a insinué le ministre. Le Mercier, Repentigny, Saint-Sauveur n'ont pas été loin pour faire une bonne affaire ; le Roi a repris leurs ballots, avec cent cinquante de bénéfice.

P. S. — M. de Vaudreuil, par hasard, m'a lu les nouvelles instructions envoyées à M. Pouchot, explicatives de celles qu'il croit que je n'ai pas vues. Celles-ci, style de Le Mercier, mieux et plus claires. Toujours de même, le camp volant de Frontenac qui devoit avoir soixante hommes, confié à Corbière, Normanville, deux cadets. Montigny commande le corps d'observation ; il ne va que trente bateaux à Niagara, le surplus renvoyé, la construction continuera à rester à la Présentation, pour une troisième goélette ; le surplus des cent bateaux reviendra de la Présentation, les goélettes, armées de quatre-vingt-un hommes, équipage, soldats, Canadiens. Pouchot parti, Benoist reste avec trois cent six soldats, cinquante-six Canadiens, des ouvriers constructeurs, commis, etc. ; environ un cent. Voilà l'extrait d'une lecture.

Plan de campagne que j'entrevois, si Amherst ne le dérange pas au moyen de ce qui est annoncé ci-dessus. Voilà les Rapides ; pays d'en haut en santé ; à Québec on a peur, disait-on à M. le chevalier de Lévis ; je ne crains rien, j'en ferai partir les bataillons du plus tôt ; *ergo*, j'en conclus, tous les trois et tout à Carillon. Ainsi soit.

M. Gaillard m'ayant écrit, voici ma réponse tout ouverte à lui remettre.

———

Le 16 avril. — M. le marquis de Vaudreuil, désirant, Monsieur, assembler, le plus tôt qu'il sera possible, un corps à Carillon, pour y primer les ennemis, son intention est que, nos bataillons de la Reine et de Berry

partent successivement, dès que la navigation le permettra, et le plus tôt possible.

Je ne vous envoie aucun ordre ; vous aurez pour
agréable de leur en donner et de déterminer le jour de
leur départ, dans l'ordre que vous croirez le plus convenable au bien du service, après en avoir conféré avec
M. l'intendant et M. de Ramezay, à qui M. de Vaudreuil
adresse aussi des ordres pour faire des commandements
de miliciens, afin que la marche de nos bataillons ne
s'embarrasse pas avec celle des troupes de la colonie, et
que, suivant l'intention de M. le marquis de Vaudreuil,
M. de Ramezay nous donne la quantité suffisante que
vous lui demanderez de Canadiens, pour aider nos
bataillons à monter et prévenir les accidents arrivés
l'année dernière à Berry.

M. le marquis de Vaudreuil vous destinant, Monsieur, à marcher avec ce premier corps de nos troupes,
lorsque votre présence ne sera plus nécessaire à Québec,
que tous les ordres seront donnés, que le départ de nos
bataillons sera déterminé pour le jour fixé, et que vous
m'en aurez instruit, vous pourrez, Monsieur, partir de
Québec soit pour vous rendre directement à Carillon,
soit pour passer ici. Je ne doute pas que ce ne soit
votre projet ; vous rejoindrez toujours vos bataillons à
Saint-Jean. Je serai fort aise que cela me procure l'honneur de vous voir beaucoup plus tôt.

P. S. — J'ai reçu votre lettre du 8, avec l'état. Celle-ci
jointe a été lue à M. de Vaudreuil, il lui paroissoit
indifférent que vous passassiez par ici, mais il ne l'est
ni pour vous, ni pour nous. Votre critique du projet de

campagne est bonne, le camp n'est là que pour nous apprendre la prise de Niagara.

Le Mercier part ce soir pour sept ou huit jours. J'ai vu l'heure que je partais avec lui, ma bile s'étoit allumée, pour la réduction de la (ration) du soldat en campagne, mais le premier ministre a dit que j'avois raison.

Ne laissez personne à Québec. D'Arennes, à qui j'enverrai un ordre *ad hoc* un sergent et un vieux caporal. Le sergent, voyez la Rochette; le commissariat voudroit Bernard, si cela se peut, pour hôpitaux, et attendre recrues.

D'Aubrespy épouse Mᴵˡᵉ Douville; propose le départ de nos bataillons pour raison; ils ont bavardé, et on a écrit qu'ils ne se soucient pas de partir. Vous pouvez même le dire à l'intendant dans le tuyau de l'oreille.

————

Le 12 mai. — M. de Vassan arrivé hier, Monsieur, nous a apporté des nouvelles de Niagara, en date du 4 mai; des nouvelles du fort Machault, en date du 18, 19 et 20 avril; du Détroit, je ne sais quelle date, et Saint-Joseph, en date du 19 mars, en voici le précis:

Nos barques sont bonnes voilières; la troisième qui se construit à la Pointe-au-Baril pourra être prête dans un mois; suivant les nouvelles des Tsonnontouans, d'après une conversation avec le colonel Johnson, les grandes opérations seroient pour la partie de Carillon, et peut-être pour celle de Québec. Le retour d'un parti envoyé par M. Pouchot, vers le fort Bull, autrement Stanwix, l'instruira mieux et le déterminera, s'il n'y a rien à

craindre pour Niagara, à renforcer M. Des Ligneris.
Suivant le dernier, les dispositions des sauvages sont
toujours bonnes, ils viennent en effet d'en donner des
preuves. Des Outaouais et des Hurons du Détroit ont
défait un parti anglois de quatre-vingt-dix hommes ;
Les Loups et Chaouanons ont défait une berge angloise
qui faisoit l'avant-garde d'un corps de quatre à cinq
cents Anglois, qui venoient au fort Machault, et qui
s'en est retourné. Si les diverses dépositions de ces prisonniers sont exactes, il y a eu après la prise du fort
Duquesne beaucoup de maladies dans leurs armées ;
même suivant quelques-uns, le général Forbes seroit
mort. Les Anglois auroient trois cents hommes au fort
Duquesne, environ deux cents à Loyalhannon ; ils reti-
roient leurs troupes réglées, n'auroient que des milices.
Suivant tous les prisonniers, l'objet principal de l'ennemi doit être cette campagne, Carillon et Québec, et se
tenir sur la défensive du côté de la Belle-Rivière.

Ils annoncent aussi un détachement de trois cents
familles allemandes, pour l'année prochaine, mais les
Anglois sont trop sages pour songer à cet établissement
avant la paix. Au reste, cette nouvelle répandue parmi
les sauvages, et divulguée par nous dans nos conseils,
les indispose contre l'Anglois, leur prouvant qu'ils
ont envie d'usurper leurs terres.

M. Hertel a envoyé des paroles de Têtes-Plates,
faisant pour eux et pour les Chats qui se plaignent de
trahison de l'Anglois ; ils paroissent vouloir prendre la
hache de leur père le françois ; ils se plaignent qu'ils
n'ont pas entendu parler de nous depuis un collier, il y
deux ans, envoyé par M. Dumuy, commandant du

Détroit ; au reste, comme ces paroles ne sont portées que par deux Têtes-Plates, que le hasard peut avoir conduit chez M. Hertel, qui habite chez les Chaouanons, il faut attendre, si c'est le vœu général de leurs nations, mais cela donne toujours occasion d'y envoyer un collier.

M. de Bellestre écrit du Détroit, qu'on ne doit pas en attendre grand secours ; il ne paroît pas encore en mouvement. On n'a aucune nouvelle du convoi des Illinois. Par la déposition d'un des prisonniers faits à la Belle-Rivière, les Anglois voudroient tenter quelque chose, par la rivière des Chéroquis, sur un fort que nous avons dans cette partie ; ils ont aussi de la peine à lever du monde en Virginie ; à la vérité, cette déposition est la seule qui parle ainsi, les autres n'en disent mot.

On dit M. de Langlade en marche avec beaucoup de sauvages du côté de Michilimakinac, pour se rendre, dit-on, de nos côtés.

M. le Verrier attendoit avec impatience le retour des sauvages qui avoient été en chasse, pour les envoyer conformément aux ordres de M. le marquis de Vaudreuil.

Je n'ai plus rien à vous écrire, sinon que vous voudrez bien dire à M. de Roquemaure que M. le chevalier de Lévis, mieux instruit par M. Le Mercier, que par M. de Vaudreuil, est convenu, qu'il auroit perdu son pari, s'il n'avoit fait la grâce la veille.

———

Le 15 mai. — Je me hâte, Monsieur, de vous apprendre que j'ai gagné mes deux paris. Bougainville étant arrivé le 10 au soir, avec quatre cents livres de pension, une commission de colonel, la croix de Saint-

Louis et le portrait du Roi, en bague. On m'a fait lieutenant-général, tout seul, 20 octobre, et le chevalier de Lévis, maréchal de camp, du même jour, et vous avez eu sept cents livres d'augmentation de pension pour fiche de consolation ; ce qui m'auroit déplu très fort, si sur mes dernières lettres et les sollicitations de mon ambassadeur Bougainville (car Doreil n'est arrivé d'Espagne que six semaines après), vous n'aviez été fait brigadier avec Senezergues, le 10 février ; et vous devez à l'ambassadeur de l'être le 10 ; ce qui vous met avant une promotion du 19, dont vous auriez pris la queue. M. le maréchal de Belle-Isle entre dans tous ces détails, par écrit, avec moi. Je puis n'avoir pas l'air de l'homme du jour en Canada, mais j'en ai l'air à Paris, et je vous confie, à vous seul, et non au public, que l'on a quasi donné des paroles à M. Molé, pour le cordon bleu, si je sauvois le Canada, cette année.

Bougainville n'a pas été si heureux pour Roquemaure ; la lettre, ci-jointe est pour consolation.

Je vous envoie l'état des grâces des troupes que vous commandez ; craignant que cette commodité-ci ne soit pas sûre, je ne confierai pas votre brevet de brigadier, vos lettres de services, mille détails que je n'ai pas le temps de vous écrire à M. de Surimeau. Vous voudrez bien prier MM. les commandants de bataillons, de vouloir bien, en leur nom, et celui de leurs corps, (féliciter) M. le marquis de Vaudreuil sur la grand' croix, et à son frère, sur le poste de la baie Verte.

Entre nous, le chevalier de Montreuil n'est pas content, quoiqu'il ait cent pistoles de pension, des éloges et des assurances qui annoncent la brigade, pour l'année prochaine, ou le retour.

J'ai pourvu de nommer sur le champ aux emplois, faire passer en revue, et payer, défense de donner des passeports à moins de cas graves et de ne recevoir aucune démisssion.

Le supplément de l'année dernière confirmé aux troupes comme paie, et mille livres par bataillon de lettres au premier terme ; il faut toujours prendre, j'en ferai la répartition. Lettre aux archevêques et évêques, où il est parlé des braves soldats qui ont passé en Canada sous les ordres du marquis de Montcalm ; le gouverneur général n'y est pas nommé ; *Te Deum* et feu à la place de grève ; figurant dans cette lettre, avec le duc d'Aiguillon, qui a battu quatre mille hommes ; mais tenant la première place, c'est de moi dont je parle.

Courrier qui arrive dans l'instant ; la flotte marchande du capitaine Canon à la Prairie (de l'Ile-aux-Coudres). Dites cela aux soldats et sauvages, et faites dire à l'ordre que le Roi est très satisfait des bataillons du Canada, et que Sa Majesté les appelle, dans les lettres qu'il écrit : Ses braves soldats ; et qu'ainsi, il faut soutenir, avec vigueur, une épithète aussi honorable. Dites aux troupes que j'ai une grande reconnaissance de mon avancement que je leur dois, à la façon distinguée dont elles ont servi sous mes ordres. En voilà assez pour vous donner l'impatience d'en savoir davantage.

Le 18 mai. — Voilà l'arrangement du génie et l'artillerie : Pontleroy, lieutenant colonel et brigadier d'ingénieurs, commandant sa brigade, qui sera complète, si quatre que l'on envoie, arrivent ; en cette qualité, il m'appartient avec son corps. Il appartient à M. de Vaudreuil comme exerçant la place vacante d'ingénieur en chef de la Nouvelle-France.

Louvicourt est capitaine, et sera payé comme tel du jour. Tous les archevêques et évêques ont imité le Roi, en ne nommant que moi, dans le mandement. Les évêques de Languedoc et celui de Blois se sont surpassés. Lettres communes de la marine, avec la souscription à M. V... ; il a fallu me les communiquer, et je dresse les réponses.

Plusieurs lettres particulières du ministre de la marine, d'un style laudatif, poli et inconnu jusqu'à présent. On me parle dans ces réponses de ceux que j'avois recommandés, particulièrement Raymond, la Naudière, Langy ; la veuve Lassaussaye payée de sa pension, avec effet rétroactif.

J'ai reçu vos lettres de la Pointe et de Carillon ; vous allez avoir chevaux et avoine. Je suis, je crois, au moment de partir pour Québec avec le gouverneur général, c'est pourquoi ne m'écrivez plus à tout hasard, mais bien au maréchal de camp, qui restera ici, avec des instructions, pour vous joindre de suite, avec toutes les troupes, et nous envoyer des courriers.

Pardon si je finis ; j'en aurois bien à dire, Doreil, chef de bureau et chevalier de Saint-Louis ; Monteviel, Logette, retirés, Despères, mort, Séjean, hors de combat. Saint-Laurent, Dubuisson vont quitter.

Notre ami le Tourneur, marié ; Dubois, Feumeron, plus de crédit, plus de détails que jamais. Le détail des milices, garde côtes, ôté à la marine et donné à la guerre ; celui des milices bourgeoises ôté à M. de Saint-Florentin, et donné à la guerre.

Joignez-y celui des milices de provinces, et voilà jusqu'à présent l'apanage de Doreil. Battons les ennemis quelque part, et vous n'avez qu'à me dire, Monsieur, ce que vous voulez que je demande ; ne crois pas, cependant, que je ne mette beaucoup de restriction à cela, mais les ambassadeurs ont bien fait. Vous ai-je écrit le portrait en grand, tel qu'on le donne aux ambassadeurs, que Mme de Pompadour a remis pour moi et pour les troupes ? bon pour la salle de Candiac. On ne peut vous être plus dévoué, mon cher brigadier.

Lettre de M. l'intendant pour dire qu'il y a assez de vin d'arrivé pour fournir du vin aux bataillons sur le pied de quatre barriques par bataillon, et une de huit en huit officiers de la colonie, par mois.

J'ai parole que la gratification de Pascalis et de tous nos premiers fonctionnaires, sera pension l'année prochaine.

———

Le 19 mai. — Vous aurez une instruction relativement à votre partie. Je vous envoie, Monsieur, la croix des officiers qui sont avec vous, avec permission de la porter à MM. Bernard, Chassignoles, Desandrouins, Meilhan, D'Hert, d'Hébécourt, Dumas, Basserode.

Nous n'avons aucuns vivres, il en est arrivé peu. On est fâché maintenant de n'avoir pas suivi l'avis. Je pars demain au soir pour Québec, où M. le marquis de Vaudreuil nous suit.

Le 20 mai. —Voilà, Monsieur, trois expéditions pour le régiment de Berry, vous les remettrez à M. de Trivio qui pourra faire recevoir ces messieurs, et vous observerez qu'ils remplissent ce que j'ai laissé en blanc. Je pars demain, à cinq heures, pour Québec. M. le général me suit dans quelques jours. M. le chevalier de Lévis va faire retrancher l'Ile-aux-Noix par le régiment de Guyenne. On envoie des courriers dans les pays d'en haut. Vous recevrez, vingt heures après celle-ci, une instruction très détaillée de M. le marquis de Vaudreuil. Je joindrai une lettre que je verrai ce soir, et que je laisserai au chevalier de Lévis. Tout ceci est une suite de très longue dépêche de la cour. D'après les nouvelles que vous nous avez envoyées hier, il a fallu (faire) plusieurs conférences, caser un plan bon ou mauvais, et prendre un parti. Bonsoir, Monsieur.

———

Le 20 mai. — L'instruction de M. le marquis de Vaudreuil me paroît ne vous laisser rien à désirer sur l'objet de votre mission, mon cher Bourlamaque, et vous met, ce me semble, à l'aise sur tous les points ; c'est à vous à choisir le commandant. Je crois que vous n'en pouvez pas laisser de meilleur que d'Hébécourt, à qui cela ne peut qu'être avantageux, parce que sûrement il se conduira bien. On y laissera MM. de Louvicourt, Aubert à qui vous pouvez dire qu'il est enseigne en premier, par l'échangement de la compagnie des canonniers, ainsi il a de l'avancement. Louvicourt fera les deux services d'ingénieur et d'artillerie, car vous amènerez Desandrouins avec vous ; voilà Louvicourt capitaine ; ainsi quoi qu'il lui arrive, il a la grâce

qu'il désiroit. Du Vernys, qui est à Saint-Jean, sera
employé avec M. de Lapause, à retrancher l'Ile-aux-
Noix, et comme il est de votre armée, vous pourrez lui
donner les ordres que vous voudrez.

Dès mon arrivée à Québec, je ferai passer à Saint-
Jean de bons équipages et de vrais capitaines arma-
teurs pour les chébecs pris sur la flotte que nous avons
à Québec.

Vous avez des piquets de la Sarre, Royal-Roussillon,
Languedoc, Guyenne et Béarn, qui ne doivent point faire
partie de votre armée ; cependant vous pourvoirez à la
formation de votre garnison, que vous devrez d'avance
faire fournir une partie par ces piquets, et nous renvoyer le surplus, pour joindre leurs bataillons, lorsque
vous commencerez votre....

Comme les bataillons de la Sarre, Royal-Roussillon,
Guyenne et Béarn ont fourni cent cinquante hommes
pour Niagara, et que Languedoc, la Reine et Berry
fournissent en soldats et en officiers les deux tiers
du détachement des troupes de terre, que les piquets
des cinq autres bataillons fournissent un tiers, et que
dans ce tiers Languedoc fournit le double ; au reste,
voilà le canevas, et puis vous arrangerez cela comme
vous voudrez.

Si j'étois chargé de la défense d'un mauvais fort comme
celui-là, ou je voudrois l'évacuer quand le canon seroit
en batterie, ou me défendre avec opiniâtreté ; je voudrois avoir peu d'artillerie, quelques affûts de rechange,
et changer souvent mes pièces, ménager mes hommes,
en les tenant à couvert, faire usage du chemin couvert
pour les retarder dans leurs travaux, et attendre que la

brèche soit très praticable. Pour évacuer, il faut que
les officiers que vous laisserez ne gardent que leurs
habits et quatre chemises, une marmite, casserole, et
un matelas, qu'ils sauront perdre sans regret. S'ils ont
plus de commodités, ils n'évacueront pas. Voici un
article intéressant, sur lequel il est bon que vous soyez
instruit.

Nous avons reçu un traité d'échange pour les malades,
blessés et prisonniers de guerre à (être conclu), le 6
février 1759, entre M. du Barrail, maréchal de camp,
et le général major Henry Seymour Convay, pour avoir
lieu par l'article premier dans quelque partie du monde
que ce soit ; nous avons même l'ordre du maréchal de
Belle-Isle pour l'exécuter.

M. le marquis de Vaudreuil est dans l'intention de
l'exécuter, et diffère par des raisons particulières. On
doit, suivant le cartel, se renvoyer les prisonniers,
quinze jours après ; les échanges se font par grade ou
par rançon, suivant l'évaluation. Je ne vous fais ce
détail que parce que si Amherst ou autre commandant
vous envoyoit réclamer l'exécution du cartel, vous
répondriez que vous allez informer M. le marquis de
Vaudreuil, bien sûr qu'on n'apportera aucune difficulté
à l'exécution, et vous profiterez de cette occasion pour
réclamer un soldat de Guyenne laissé par Wolff à
Lydius, et vous enverrez alors les lettres ci-jointes,
après avoir vu s'il n'y a rien de contraire ; car je
n'entends pas l'anglois. Je joins à ma lettre copie de
l'article 37, parce que, dans le cas où vous laisseriez
des malades, que vous ne pourriez évacuer, laissez avec
eux un chirurgien et un tambour avec une lettre pour

les réclamer, suivant l'article 37 du cartel, que nous sommes dans l'intention d'exécuter, et dont nous demandons l'exécution.

ARTICLE 37. — Que les malades, de part et d'autre, ne seront point faits prisonniers, qu'ils pourront rester en sûreté dans les hôpitaux, où il sera libre à chacune des parties belligérantes et auxiliaires de leur laisser une garde, laquelle, ainsi que les malades, seront renvoyés sous des passeports respectifs des généraux par le plus court chemin, sans pouvoir être troublés ni arrêtés.

Il en sera de même des commissaires de guerre, aumôniers, médecins, chirurgiens, apothicaires, garçons infirmiers, servants ou autres personnes propres au service des malades, lesquels ne pourront être faits prisonniers, et seront pareillement renvoyés.

Il est bon aussi que vous sachiez l'article 33.

ARTICLE 33. — Les valets faits prisonniers seront renvoyés de part et d'autre, sans aucune difficulté ; ceux qui déserteront sans avoir pris ni volé dans l'armée qu'ils quitteront, pourront jouir du passeport qu'on voudra bien accorder par rapport aux voleurs. Le vol doit toujours être restitué sans les renvoyer ; mais les généraux respectifs seront toujours les maîtres de le faire, en cas de meurtre ou d'assassinat.

Quant aux vols faits par les soldats déserteurs, ils seront restitués sans qu'on puisse exiger le renvoi des déserteurs, sous quelque prétexte que ce soit, s'en remettant de part et d'autre à la volonté respective des généraux pour les déserteurs qui auront commis des meurtres ou autres crimes.

Tous déserteurs domestiques ou autres qui passeront d'un parti à l'autre, seront arrêtés au premier poste, où le commandant aura grande attention de les faire fouetter, et de faire mettre par écrit les effets dont ils seront munis, sans permettre qu'ils puissent rien vendre ni donner, après quoi, il les fera conduire à son général, où les dits déserteurs, domestiques ou autres, seront détenus pendant trois jours, afin que s'ils se trouvent à être voleurs, on puisse avoir le temps de les réclamer.

———

A Québec, le 23 mai 1759.

M. le marquis de Montcalm n'ayant pas le temps de vous écrire, me charge de le faire pour vous dire que M. le marquis de Vaudreuil est arrivé, hier au soir, fort surpris de toutes les dispositions et ordres que j'ai donnés depuis trente-six heures.

Nous avons eu, hier, des nouvelles des positions des Anglois. Il y a quinze vaisseaux à Saint-Bernabé, du nombre desquels il n'y a que trois vaisseaux de guerre. Je joins à cette lettre plusieurs pour vous et pour les officiers des bataillons que vous avez sous vos ordres.

———

Le 24 mai. — Je vous envoie ci-joint, mon cher Bourlamaque, une lettre pour le général Amherst, parce que je crois qu'il est avantageux de requérir l'exécution du cartel. Je laisse à votre prudence de choisir le moment que vous croirez opportun pour l'envoyer.

Comme il y a à parier que le général vous gardera, s'il fait un mouvement, le porteur de parole, contentez-

vous d'envoyer un tambour sage et sûr, avec un officier
de milice et cinq soldats ou Canadiens dans un canot
d'écorce. Je suis venu en trente-six heures de Montréal ; je suis arrivé avant-hier au soir, et appris, hier à
midi, d'une façon incertaine, que l'avant-garde de la
flotte angloise est au Bic, et hier à minuit d'une façon
sûre. Je viens de passer la nuit à donner des ordres
et expédier des conseils.

Je fais de mon mieux, Dieu fera le reste ; croyez
bien que je ne suis pas sans occupation.

Le 29 mai. — Le chevalier de Lévis vient d'arriver
avec M. le chevalier de Montreuil. Le chaos des Canadiens arrive ce soir ou demain. Nous travaillons à
toute force. Les Anglois sont à la Prairie, (de l'Ile-aux-
Coudres), mais, Dieu merci, ils ne sont encore que
quatorze voiles.

Le 2 juin. — Il est d'une grande conséquence pour
ici que nous ayons encore quinze jours, car tout va,
mais ne commence à aller vite, faute de bras, que d'aujourd'hui, et un peu mieux demain, et je suis accablé
par tous travaux et de tous genres qui me fatiguent
encore plus par la nécessité d'en parler au généralissime.

Nos voiliers n'ont encore augmenté, que nous
sachions, que d'une frégate ; prêt à établir en avant, en
arrière, cajeux, huit navires en brûlots, batterie flottante,
bateaux portant du canon, bâtiments échoués, redoute
à l'entrée de la rivière Saint-Charles, tenailles, batterie,
chaloupes carcassières, clôture de la basse ville, de la
ville haute, formation des milices, etc. A l'égard de

nos piquets, vous pouvez, quoique je vous les aie rede-
mandés, les garder jusqu'à ce que vous soyez acculé ; si,
alors, vous croyez pouvoir vous défendre avec moins,
grand plaisir vous nous ferez.

Nous serons bien courts ici, et vous aussi, il faut se
prêter à tout. Cent cinquante hommes qui nous
reviendront, ne décideront pas du sort de notre bataille,
et peuvent vous servir.

M. de Vaudreuil ne change rien à ses instructions ;
je trouve le premier article de sa lettre amphibologique,
mais en voici le commentaire : Comme à la première
instruction, laisser une foible garnison, leur donner le
temps d'assiéger en forme, et tâcher de se retirer et
évacuer, faire sauter ; en un mot la première instruction,
car la lettre est un commentaire pour n'y rien changer.
Je crois toujours avantageux d'envoyer, pour requérir
l'exécution du cartel, c'est l'avis du marquis de Vaudreuil et le mien ; pour la forme du convoi, à votre
prudence. Vous avez un soldat à réclamer de Guyenne
laissé malade.

Je vous renvoie, mon cher Monsieur, une lettre de
M. de Toussuc (?). Voyez qu'il soit content, vu son
âge, la figure n'y fait rien ; et, chargé de la nomination
des emplois, je dois me déterminer par justice et non
fantaisie des corps. Je voudrois que Layguirier, sergent de la Sarre descendît ; envoyez-le en poste-cour-
rier porter de vos nouvelles ; c'est lui rendre service.
Il est lieutenant en second des grenadiers.

Le 4 juin. — J'ai l'honneur de vous adresser mon cher Bourlamaque, deux lettres à cachet volant, que j'écris à M. de Roquemaure et M. de Trivio; il est inutile de vous en répéter le contenu.

Vous avez une commission aussi honorable que brillante. Entre nous soit dit, c'auroit dû être le poste de M. le chevalier de Lévis; mais ce n'auroit pu être en meilleures mains. Assurez bien les troupes et les officiers qui servent sous vos ordres que je serai tout aussi occupé de leur procurer des grâces, que ceux qui pourroient combattre sous mes yeux. Je pense comme un père de famille qui aime tous ses enfants; ma conduite, jusqu'à présent, leur en doit être un sûr garant. Vous voyez qu'en vous laissant les piquets de nos cinq bataillons, qui peuvent faire cent cinquante hommes au plus, je m'occupe de votre besogne, cependant si vous pouvez vous en passer, principalement quand vous serez acculé dans un poste à vous défendre avec peu, renvoyez-les à leurs corps. Votre besogne, comme vous dites très bien, différente de la mienne, n'est pas de battre, mais de n'être pas battu; ajoutez-y que votre grande besogne, qui vous couvrira de gloire, sera de retarder par des démonstrations le plus que vous pourrez, l'ennemi, et l'obliger toujours à faire de grandes démonstrations pour vous attaquer; ainsi, ne négligez pas les travaux inutiles qui souvent en imposent, et ne vous retirez que pied à pied, et le plus tard que vous pourrez, à votre Ile-aux-Noix, puisque ce sera là le dernier point de défense pour votre frontière, et où il faudra vaincre ou périr, et où il faut, par conséquent, arriver le plus tard qu'il sera possible; ainsi, c'est à vous, Monsieur, à faire mettre d'avance, dans le meilleur état, ce poste, en le hérissant d'artillerie ; mais arrêtez-vous successivement à tous les points, où vous croirez pouvoir en imposer à l'ennemi, en vous faisant soutenir par votre marine. La Presqu'île Hocquart est un poste qui a paru successivement bon et mauvais, mais je ne connois point de poste dangereux, lorsque les troupes sont à la légère, quasi sans équipage, fort alertes, et un nombre de bateaux suffisant pour s'embarquer tous d'un moment à l'autre.

Votre marine peut vous rendre de grands services, et je ne doute pas du zèle de M. de Laubaras et des officiers qu'il a amenés avec lui. Assurez-le et ces messieurs que je serai très empressé à faire valoir leurs services et à en rendre bon compte.

P. S. — Vous voudrez bien, Monsieur, me renvoyer le plus tôt possible M. Dorseval, pour remplir la lieutenance au régiment de Béarn, à laquelle il a été pourvu, ainsi que M. Krinil, volontaire dans le détachement de Bernard, nommé à une enseigne dans le bataillon ; et y joindre le nommé la Rose, soldat de la compagnie de Jourdéau, destiné à remplir la place de sergent.

Je vous prie d'assurer M. de Langy-Montegron, que je ne le perdrai pas de vue de toute la campagne, et que je lui tiendrai autant de compte des services qu'il rendra auprès de vous, comme s'il les rendoit auprès de moi.

———

Le 5 juin. — Comme votre marine, Monsieur, doit beaucoup contribuer au salut de la frontière où vous commandez, vous m'en voyez fort occupé. Aussi, outre vos trois chébecs vous avez une goélette percée de douze canons ; il faut voir de la faire mettre en état ; j'en écris à MM. Sacépée, du Vernys et de Laubaras. Les bâtiments des Anglois ont augmenté, soit par l'arrivée de quelques bâtiments de transport ou quelques prises. Nos travaux ne vont pas aussi vite que je le voudrois. Cependant, d'ici à dix jours, nous aurons trois ponts sur la rivière Saint-Charles, avec un grand ouvrage pour les défendre ; toute la basse ville et la haute hérissées de canons, toute la haute et la basse ville fermées de maçonnerie ou palissades, des maisons crénelées, deux bâtiments dunkerquois coulés à l'entrée de la rivière Saint-Charles, des batteries, trois chaloupes canonnières, douze bateaux jacobites, une batterie flottante portant dix-huit pièces de canon de 24, huit bâtiments armés en brûlots, cent-vingt cajeux qu'il a fallu faire, le Roi en avoit payé pour quarante mille livres, et il n'y en avoit plus ; deux frégates embossées à l'anse des Mères, la rivière Saint-Charles retranchée ; redoute à la hauteur des Parents, redoute à la Canardière, le champ de bataille entre Beauport et la rivière Saint-Charles préparé ; des ponts sur la rivière de cap Rouge, au cap Santé, des attelages pour l'artillerie de campagne, trente chevaux de selle pour les officiers généraux et officiers majors, deux escadres armées et équipées, cent huit Canadiens choisis, tous tireurs incorporés dans les bataillons ; encore de dix à quinze jours, et tous ces objets seront dans le point de perfection. M. le marquis de Vaudreuil qui commande l'armée, donne le mot, et aura beaucoup d'honneur dans son fait, s'il bat les ennemis.

Le 6 juin. — J'ai reçu, mon cher Bourlamaque, une lettre de M. de Laubaras, qui se plaint que les chébecs ne sont pas des mieux construits. Il faut s'en servir tels qu'ils sont. S'il n'étoit question que de faire sauter la chambre pour y placer deux canons de redoute, vous en êtes le maître.

Vous avez des charpentiers et un constructeur en état d'y travailler. M. l'intendant a envoyé tout ce qu'il faut pour gréer le troisième chébec, et vous le faire passer. M. le marquis de Vaudreuil a donné ses ordres pour que celle des deux barques qui peut porter du canon fut armée, si déjà elle ne l'est. Je vous ai écrit fort en détail sur ce que nous faisons, par M. de la Sablonnière.

P. S. — Permettez-vous, Monsieur, que le secrétaire vous souhaite toute prospérité, c'est de bon cœur, et ce n'est pas seulement comme citoyen.

———

Le 11 juin. — Quoique les ennemis, mon cher Bourlamaque, aient huit bâtiments auprès de la Traverse, je me flatte que nous aurons encore quinze jours bien nécessaires, après quoi nous les attendrons avec grand courage, bonne espérance, malgré l'infériorité de nos forces et de nos moyens.

M. Aubert écrit encore par un courrier, arrivé ce soir, qu'il n'y a pas augmentation à leurs forces; ainsi du Bic à la Traverse, ils sont vingt-cinq bâtiments, y compris quatre bateaux ou goélettes qu'ils nous ont pris, sous les ordres du chef d'escadre Durell, qui avoit hiverné à Halifax; les amiraux Holmes, Saunders, Hardy, commandant le reste de la flotte.

Nous avons actuellement trois ponts sur la rivière Saint-Charles ; mercredi, nous aurons trois grandes redoutes et beaucoup de petits ouvrages faits de Beauport à la Canardière, des ouvrages à la tête de nos ponts, et des retranchements le long de la rivière Saint-Charles.

Je crois que nos brûlots brûleront très bien ; il y en a un qui s'est déjà brûlé, et qui a pensé brûler la rade et la basse ville.

P. S. — Le colonel Bougainville commande le camp d'au delà de la rivière Saint-Charles, pour les travaux ; il a à ses ordres cinq compagnies de grenadiers et cinq cents Canadiens, fait meilleure chair que moi, et habite dans la maison de son cousin de Vienne ; j'ai cependant plus de couverts que le modeste intendant, depuis les lettres de M. de Berryer. Quand Cadet demande quelque chose de juste, l'intendant répugne, et Cadet donne un placet à Mgr le marquis de Vaudreuil, à Mgr le marquis de Montcalm et au sieur Bigot, ce qui me fait rire.

Nous avons fait prisonniers trois gardes-marine, dont le petit-fils du chef d'escadre Durell ; il polissonnoit sur l'Ile-aux-Coudres. Mille compliments à Roquemaure. J'ai prévenu ses désirs sur M. de Mellis.

Le 14 juin. — Je crois, mon cher Bourlamaque, que les Anglois m'empêchent de digérer, et c'est assez simple ; aussi, ai-je mon estomac dérangé depuis deux jours, et me suis-je purgé aujourd'hui ; je me flatte cependant que cela ne m'empêchera pas de sortir demain, et d'agir à mon ordinaire.

Nous n'avons aucune nouvelle du Bic, depuis le 10 au soir. Ces bâtiments anglois, suivant M. Aubert, n'y avoient pas augmenté, mais un furieux vent de nord-est règne depuis quatre jours et dure encore, ce qui, joint à la manœuvre des dix navires qui étoient au pied de la Traverse, dont huit l'ont fait aujourd'hui, me fait croire que d'ici à deux ou trois jours, leur escadre pourroit bien être au Bic ; plus nous allons, plus nous voyons qu'il nous reste bien des choses à faire, mais Dieu et la bonne fortune, ainsi soit de vous. Mes compliments à tous vos messieurs.

Le 15 juin. — En réponse à la lettre que vous m'avez fait l'honneur de m'écrire, je n'ai rien à ajouter aux nouvelles que j'ai eu l'honneur de vous écrire hier au soir, si ce n'est que nous comptons renvoyer une partie de nos équipages, dimanche, et faire le même jour un mouvement par notre gauche, qui quittera le camp de la Petite-Rivière pour aller appuyer sa droite à l'église de Beauport ; le surplus des troupes restera encore au camp de la Petite-Rivière.

M. de Courtemanche est en observation à l'île d'Orléans, et M. de Repentigny à Saint-Joachim. J'envoie à M. de Trivio les nominations que vous m'avez envoyées, toutes signées, et j'en ai donné une note à M. le commissaire pour qu'il les emploie.

Le 18 juin. — Je dois réponse, Monsieur, à vos lettres du 10 et du 11 ; c'est un accident fâcheux que celui qui vous fait perdre quasi cinq canonniers ; ce qui est difficile à remplacer, si l'on veut servir ici toutes ces batteries, que l'on a établies à propos ou mal à propos.

Il faut neuf cents hommes, et M. Le Mercier a été, sans que j'en aie rien su, faire une petite espièglerie aux bâtiments anglois, qui sont mouillés par le travers de l'île d'Orléans, et il en fait revenir son canon demain, sans leur avoir fait niche, ainsi que je l'avois prévu ; il y a des gens qui ne savent jamais s'occuper que des petites choses, et point des objets décisifs. Le dernier nord-est n'ayant pas amené le reste de la flotte au Bic, je suis convaincu qu'il ne se passera rien d'important dans cette partie avant trois semaines, quoique nous ayons trente-six bâtiments depuis le Bic jusqu'à l'île d'Orléans, où ils en ont onze de mouillés. Nous nous portons tous bien ; mille choses à MM. de Roquemaure, de Trivio et de Trécesson, et à tous vos messieurs.

P. S. — Nous avons fait, hier, huit prisonnniers aux Anglois.

Le 21 juin. — Votre homme de Lotbinière, Monsieur, est arrivé avec votre lettre du 14. Il est mis en besogne, et tous les quatre jours il aura une machine de prête, reste à savoir l'usage que l'on en fera, et que l'on en pourra faire, car je crains que nous n'ayons dépensé un million en brûlots et cajeux, et j'y compte aussi peu que sur les boulets rouges de M. Le Mercier. On doutoit déjà de l'arrivée de la flotte. On parloit de renvoyer le gouvernement des Trois-Rivières et bientôt les Mont-réalistes, mais un courrier dépêché par M. Aubert, de Saint-Barnabé, nous apprend cent trente-deux voiles, mouillées du 18. Nous avons encore bien des choses à faire ; je souhaiterois du sud-ouest pendant quinze jours. J'ai parlé, et je presse pour ce que vous demandez.

Le 25 juin. — J'ai l'honneur, Monsieur, de vous envoyer un extrait de la lettre très polie que j'ai reçue du général Amherst ; je vous envoie ma réponse à lui faire parvenir à cachet volant ; je vous vois fort occupé et nous aussi, Dieu surtout. Vous voudriez avoir quinze jours, et nous aussi. Vous serez embarrassé, et nous aussi ; il faut dans les affaires de ce monde épineuses et délicates, faire de son mieux et ne pas s'embarrasser de ce qu'on pourra dire.

Je vois, Monsieur, par la dernière lettre que vous m'avez fait l'honneur de m'écrire, en date du 19, que vous étiez encore tranquille ; pour ici *jam proximus ardet....*

Hier, douze bâtiments mouillés par le travers de l'île d'Orléans, douze au pied de la Traverse, qui l'auront peut-être faite cette nuit par la marée ; car ces Anglois, différents de nos François, profitent de tous les airs de vent et des grandes marées pour cheminer insensiblement et, pour me servir des termes de M. Aubert, capitaine de navire, ils n'ont pas l'air emprunté dans notre rivière, dont nous aurons, Dieu merci, une bonne carte, l'année prochaine. Nos meilleurs marins ou pilotes me paroissent ou des menteurs ou des ignorants. Le reste des bâtiments anglois, sauf les gros vaisseaux de guerre, qui étoient encore plus loin, étoient répandus le long de notre rivière, depuis la Rivière-Ouelle jusqu'à la Prairie. Les troupes et le gouvernement des Trois-Rivières iront camper, mercredi et jeudi, à leurs postes, vers Beauport, où le gouvernement de Montréal est établi depuis quelques jours ; à peine songe-t-on à assembler celui de Québec.

Mme de Vaudreuil doit partir cette semaine pour Montréal ; mais M. le marquis nous reste ; il m'a dit qu'il vous faisoit rejoindre vos deux hommes, et qu'il vous écrivoit une lettre ostensible, telle que vous le désirez.

Des compliments, je vous prie, à M. de Roquemaure, MM. de Trivio et de Trécesson.

P. S. — Pour vous seul, sauf à dire au public ce que vous voudrez.

Si nous pouvons sauver le Canada en 1759, on peut prétendre à tout. On s'occupe pour le chevalier de Lévis en renonçant à la brigade, d'en faire un menin ; et de moi, un chevalier de l'ordre ; et le premier président croit avoir des paroles.

L'Anglois compte nous envahir Carillon et Québec ; Amherst à Carillon, Wolfe à Québec. Nous sommes livrés à nous-mêmes, sauf vivres et recrues. Ordre du Roi de n'écouter aucune capitulation, se défendre pied à pied, ne pas imiter la honteuse conduite de Louisbourg. Ordre de Vaudreuil de ne rien faire sans mon avis. L'intendant gronde, un cartel pour l'Amérique, les Indes et la France. Lettre commune. Lettre de la main du maréchal de Belle-Isle, remerciements de sacrifier au service du Roi les griefs particuliers, de grands éloges.

Les Anglois ont mis dans leurs papiers : L'invincible Montcalm succombera. Crémille a dit à Landrière : S'il y avoit un exemple dans la monarchie, on eût dû lui donner le bâton. Le maréchal a pleuré.

La marquise a fait remettre à Bougainville le portrait du Roi, en grand, pour le général. Le vicomte de

Carubes (sic) attend ses soldats pour en faire des
sergents ; ils auront appris à vaincre. On parie à
Paris dix contre un pour la paix après cette campagne.
La maîtresse absolue. L'abbé de Bernis exilé, disgracié
par elle, et Bougainville a trouvé le duc de Choiseul,
ci-devant Stainville, ministre des Affaires Etrangères.
Le Normand, qui s'étoit démis pour ne pas travailler
sous l'abbé de Bernis ; Massias renvoyé comme imbécile, ne signant rien. Berryer, dont le Roi s'ennuie, à
la place. M. de Soubise, ayant quitté les armées, entre
au conseil. Le maréchal d'Estrées au conseil, où il a
admiré le projet de retraite des dix mille. Vous m'entendez ; Bougainville a donné trente-quatre mémoires
en mon nom, dont nombre pour le conseil, où ils ont
été lus. L'argent a arrêté sur le projet de la Caroline
accepté. Le comte de Montcalm me ruinera, mais sort
bien. Le comte de Noailles le veut pour son aide de
camp. Le ministre de Coriolis président à mortier, à
Aix, trente mille livres de rente, épouse Mlle de Monte,
avec dix mille écus. Mais il faut pour soutenir tout
cela, sauver le Canada. Ordre du Roi pour nommer
aux emplois ; treize sujets envoyés, quatre ingénieurs ;
promesse de tout accorder ce que je demanderai après
cette campagne. Le public dit qu'il faut faire venir
les huit bataillons du Canada en Allemagne.

Cinquante mille livres, appointements pour moi et
mes trois aides de camp ; vingt-quatre mille au chevalier
de Lévis ; dix-huit mille à vous ; dix mille à Senezergues ; huit mille aux deux chefs d'état-major et Bernier. Supplément pour l'hiver confirmé, et dix mille

livres, en lettres du premier terme, par bataillon ;
politesse du Roi, regrets de ne pouvoir faire mieux.

Le duc de Choiseul blâme l'alliance avec... et voudroit faire la paix avec le Prussien ; on a délibéré au
conseil, et il y a eu des voix au rappel de M. de
Vaudreuil, entre autres le duc de Choiseul. Sa grande
croix donnée par la marine sur un mémoire donné en
mon nom, sollicitée par le maréchal de Belle-Isle, affaire
convenue là-bas. Ma brouillerie et réconciliation a fait
bruit, et le chevalier de Vaudreuil qui s'est marié, a
blâmé son frère ; M. de Rigaud seul a obtenu sa baie.
Le maréchal de Richelieu, à Bordeaux, disgracié. Le
comte de Maillebois perdu. Le maréchal de Contades,
cordon bleu, général de l'armée. Le duc de Broglie, de
la réserve. Chevert, chevalier de l'Aigle Blanc, boude la
cour, a le public pour lui, et dit trop qu'il a fait gagner la
bataille à Soubise, appelée la bataille de Lutzemberg, le
10 octobre, sur les Hessois et Hanovriens. Le Roi de
Prusse lève le siège ; Dolmutry (sic) perd des batailles
contre les Suédois, les rassure par ses lieutenants généraux, et bat, à la fin de la campagne, Daun ; il n'a pas
bougé de l'hiver, ni personne. Tout le Sénégal perdu.
L'Anglois battu, repoussé à la Martinique ; on ignoroit
à la Guadeloupe, où il marchoit de la Martinique. Le
Roi d'Espagne mourant, l'Espagne armée, point déclarée.
Le Roi de Portugal assassiné par les jésuites, dit-on,
mais ne meurt pas. Le Roi de France, toujours garde
des sceaux. La duchesse d'Orléans morte. Le comte de
la Marche marié avec une Modène. La Stathouderesse
morte. La Hollande armée, mais point déclarée. Quelques
légers avantages aux Indes. Vingt-huit vaisseaux de

ligne armés à Brest et à Rochefort, quatorze à Toulon.
Voilà tout ce que je me rappelle. Nous sommes sur le
trône ou dans la boue, cela dépendra de cette campagne.
J'ai cinq lieutenants généraux après moi. On crie contre
Monteynard, qui m'a écrit qu'il me voyait avec plaisir
répandre mon rang sur lui. Voici la promotion qui a
aidé à vous faire, et où vous n'êtes pas, grâce à l'antidote,
car vous êtes du même travail, c'est-à-dire du 16 (sic).

Au camp de Beauport, le 2 juillet 1759.

L'armée est campée en front de la Canardière, depuis
le Montmorency jusqu'à la rivière Saint-Charles, depuis
vendredi 29 ; le chevalier de Lévis et moi y sommes
depuis jeudi 28, et M. le marquis de Vaudreuil du 30.

Les ennemis varient beaucoup dans leur mouvement ;
ils sont à cheval sur le fleuve Saint-Laurent, un corps
campé dans l'île d'Orléans et un autre à la Pointe-Lévis.
Leurs bâtiments entre deux. Quoique nous ayons eu
quelques légers avantages dans l'escarmouche qu'il y a
eu de l'autre côté, vers la Pointe-Lévis, cela ne vaut pas
la peine d'en parler. Nous passons toutes les nuits au
bivouac, ou couchés habillés. Vous en faites peut-être
autant, mon cher Bourlamaque.

Le 5 juillet après-midi. — Même position, peu ou
point de garde des travaux et des bivouacs ; idem de la
part des ennemis.

Ambassade et politesse avec l'amiral Saunders et le
capitaine Douglas.

S'ils veulent débarquer à haute mer, deux belles nuits du 5 au 6, et du 6 au 7.

Dieu vous garde de malencontre, mon cher Bourlamaque, et vos troupes à qui mille choses.

———

Le 7 juillet. — Celle-ci n'est que pour vous, et vous accuse la réception de la lettre que vous m'avez fait l'honneur de m'écrire le 27.

Vos travaux sont incroyables. Vos dispositions très bonnes ; Je n'ai pas le temps d'écrire à M. Desandrouins. Je passe les nuits au bivouac, même lorsque l'armée ne l'y passe pas. Je suis accablé de travail ; la présence du généralissime l'augmente ; l'opiniâtreté,entre nous, du chevalier de Lévis, dont l'opinion prévaut à celle de l'armée et à la mienne, ne me déplaît que pour le bien. Je viens de faire trouver trois mille minots de grain dans le gouvernement de Montréal, où l'on continue à en acheter.

Le 16 juillet. — Pardon, mon cher Bourlamaque, si je ne vous écris pas ; mais il y a trois lieues de la droite à la gauche, il faut veiller et dormir. Jusqu'à présent nos entreprises n'ont pas réussi ; les brûlots ont fait long feu, et un gros détachement de nuit est rentré après s'être fusillé de peur. Nous avons eu un petit choc et des fusillades à la Pointe-Lévis, il en doit coûter à l'ennemi, mais beaucoup moins que les Canadiens diront. La ville, depuis quelques jours, est canonnée et bombardée joliment, de la Pointe - Lévis. Sept maisons ont été réduites en cendres ; aujourd'hui nous sommes en présence, le saut Montmorency entre deux.

Les volontaires de Duprat fusillent journellement avec les postes avancés ; le camp de la gauche est canonné et bombardé : nous faisons plus de traverses que dans aucun chemin couvert.

Je ne sais point comment tout ceci finira, mais le Canada me paroît vivement attaqué. Je ne vous parle pas de ma santé, elle fatigue trop pour être bonne. Il n'y a que le gain d'une bataille qui peut la rétablir.

Au camp, sur les hauteurs de Beauport,
le 20 juillet 1759.

En vous remerciant, mon cher Bourlamaque, des nouvelles que vous m'avez fait l'honneur de m'écrire le 10. Nous sommes comme nous étions, sauf M. de Boishébert, arrivé avant-hier au soir avec cent hommes. Jusqu'au cap Rouge, pour nous ; et pour l'ennemi, depuis le saut Montmorency jusqu'à la rivière Etchemins. C'est une partie d'échecs, nous voudrions faire mat, et il semble que Wolfe voudroit faire pat. Il a plus de facilité à faire mouvoir ses pions que nous. Ses pions semblent lui valoir mieux ; on diroit qu'ils ont été à dame, et il les soutient assez bien par ses tours. Nous ne faisons pas autant d'usage de nos fous que nous voudrions ; nos cavaliers n'agissent pas beaucoup. Notre Roi a une marche grave et lente, belle partie à gagner. Ma santé soutient assez bien les fatigues.

22

Au quartier-général, à Beauport, le 27 juillet 1759.

Je réponds par celle-ci, Monsieur, à la lettre que vous m'avez fait l'honneur de m'écrire le 23. Je ne puis qu'en approuver le contenu ; pour ici, tout est dans la même position.

Hier, l'ennemi a eu une petite correction qui, sans l'impatience des sauvages, se seroit tournée en une affaire quasi générale. J'estime leur perte à une centaine d'hommes, tant tués que blessés, et nous n'en avons eu que huit. Affaire dans les bois.

Au camp de Beauport, le 30 juillet 1759.

J'ai l'honneur, mon cher Bourlamaque, de vous adresser une lettre à cachet volant pour le général Amherst, en réponse à la sienne du 17, que je vous prie de lui faire parvenir, quand vous le jugerez à propos. Notre position est toujours la même, et le général anglois ne paroît songer qu'à écraser et ruiner la ville. Nous avons eu, il y a quelques jours, une fusillade où l'avantage a été de notre côté : mais tout ce que, les uns et les autres, nous avons fait jusqu'à présent, ne décide rien.

P. S. — Voilà l'occasion où votre marine peut servir utilement, si elle en a envie, et se procurer gloire et avancement.

Le 1er août. — Hier, 31, les ennemis commencèrent la journée en démasquant diverses batteries le long des hauteurs du saut Montmorency, de vingt pièces de canon et six mortiers.

A neuf heures, un vaisseau de ligne et deux frégates appareillèrent et vinrent ranger la côte du nord. Les deux frégates se firent échouer pour s'embosser à la portée du fusil de nos retranchements, de sorte que je ne crois pas trop dire d'assurer que, dans la journée d'hier, les ennemis ont tiré deux mille cinq cents boulets ou bombes. Le régiment de Béarn étant de garde à la gauche, M. le chevalier de Lévis mit les troupes qui le composent, en mouvement, sur les dix heures. A onze, je fis avertir le reste de la ligne de se tenir prêt à marcher. Les ennemis firent une démonstration pour nous tourner par le côté des gués que garde M. de Repentigny. Je fis passer à M. le chevalier de Lévis les compagnies de grenadiers, et cent hommes des Trois-Rivières.

Nous avions peu de sauvages, presque tous seuls, une partie à la guerre de l'autre côté du saut avec M. Florimond, beaucoup avec MM. de Boishébert et Dumas, sur notre droite, depuis le cap Rouge à Jacques-Cartier. A midi, comme je vis le camp de la Pointe-Lévis, s'embarquer dans des berges, je fis battre la générale. J'avois déjà fait passer à M. le chevalier de Lévis Royal-Roussillon, et je me portai à cette même gauche en faisant appuyer successivement, suivant la manœuvre des ennemis, Guyenne, Languedoc et la Sarre. Les Trois-Rivières et Québec furent laissés flottants depuis Beauport jusqu'à la rivière Saint-Charles. Sur les quatre heures, le camp du saut Montmorency descendit sur la grève, pour se former en bataille et profiter de la basse mer, qui leur donnoit la facilité de passer le saut Montmorency jusqu'à la

rivière de Beauport.   Alors M. le chevalier de Montreuil, qui avoit fait mouvoir toute la journée les troupes,
avec autant d'activité que d'intelligence, fit avancer le
gouvernement des Trois-Rivières, qui fut mis en réserve
derrière les troupes qui devoient soutenir l'attaque.
Le gouvernement de Québec resta pour ne pas dégarnir
entièrement la droite.

Les troupes du camp de la Pointe-Lévis débarquèrent
sous la protection du vaisseau et des deux frégates, et
se formèrent en colonne; celles du saut étoient formées
en bataille, et prêtes à se mettre en colonne pour se
joindre à celles de la Pointe-Lévis.   Ces dernières
abordèrent de bonne grâce une de nos redoutes qui fut
même abandonnée ; on les en chasse de suite, en y marchant baïonnettes au bout du fusil ; deux cents volontaires de nos bataillons qui étoient sur la grève, dans
des fredoches, les fusillèrent, ainsi que les troupes de
terre et de la colonie, qui étoient sur la hauteur, bor-
dant le retranchement ; un orage arriva presqu'en même
temps. La colonne ne tint pas un quart d'heure ; elle
se retira avec précipitation, et se rembarqua dans ses
berges.   Les équipages des deux frégates, les troupes
du camp du saut, qui avoient toujours restées en
bataille, voyant, sur les sept heures, que la mer alloit
monter, se retirèrent à leur camp.

Voilà le détail d'une journée qui annonçoit une affaire
plus considérable ; il ne nous en coûte que cinquante
hommes tués ou blessés.   Je n'estime pas la perte des
ennemis à plus de trois cents hommes, tués ou blessés ;
nous avons un capitaine blessé et prisonnier, que nous
avons arraché des mains des sauvages.   C'étoient

les Ecossois qui avoient la tête de l'attaque de la Pointe-Lévis.

La contenance des troupes et des Canadiens a été très bonne, malgré une canonnade qui pouvoit étonner aussi. M. le marquis de Vaudreuil, à qui j'en fus rendre compte sur les neuf heures, après avoir fait rentrer toutes les troupes, en a paru content. Vous voyez Monsieur, que notre affaire n'est qu'un petit prélude d'une plus considérable, sans doute, à laquelle nous nous attendons.

P. S. — Indépendamment de ceux que les ennemis ont emportés à la marée, nous avons enterré, hier, soixante-huit Anglois, nul officier blessé ; mais je regrette mon sergent de Guyenne copiste Plantin.

Le 6 août. — Rien ne me paroît mieux, mon cher Bourlamaque, que votre conduite, qui me paroît approuvée ici. Notre aventure du 31 est plus étoffée que je ne croyois. Suivant le rapport uniforme de onze déserteurs, au moins quatre cents tués et blessés. Le brigadier Monckton blessé, et le colonel Murray. Je crois qu'avant peu, le général Amherst tâtera encore votre Ile-aux-Noix, ils viendront vous y bombarder. Avez-vous du terrain et des blindages ? n'y a-t-il pas à craindre qu'ils vous tournent ? c'est là le point ; ouvrage cependant que je crois difficile. Je vous écris à la hâte en tenant un conseil d'Outaouais.

Le 8 août. — J'ai raisonné, d'après votre lettre, mon
cher Bourlamaque, avec le chevalier de Lévis, qui connoît le poste de l'Ile-aux-Noix mieux que moi, puisqu'il
a été chargé, avec M. de Lapause, de l'aller reconnoître.
1° Votre présence et les bras hâteront l'ouvrage pour
mettre le poste en état de se défendre ; 2° il me paroît
difficile de vous tourner par les droites et les gauches,
que vous prétendez être plus marécageuses, ayant du
canon. A l'égard du chemin connu 1° quoiqu'il le soit
de nos sauvages, il peut ne pas l'être des ennemis ;
2° le fût-il, c'est un portage de dix lieues à faire, et
pour lequel ils n'auroient pas les ressources qu'ils ont
eues de Lydius au fort George, qui a beaucoup de chevaux et de voitures.   Je voudrois bien qu'ils prissent
ce parti ; il me semble que voici alors la manœuvre
que je ferois : je quitterois mon poste où je laisserois,
au plus, trois cents hommes ; je marcherois et je ferois
marcher M. de Rigaud pour, en me combinant, attaquer
l'ennemi fort ou foible, dans la marche ou opération du
portage. Je crois cela possible, c'est à vous à l'examiner.
Vous m'objecterez peut-être que la perte d'un combat
détruit la seule espérance que la colonie ait du côté
de cette frontière ; ma réponse est que si le portage se
faisoit, l'Ile-aux-Noix et votre corps deviendroient
inutiles, et une attaque dans la marche, pour peu que
vous ayez de sauvages, doit réussir, malgré l'infériorité
du nombre.

La seule chose qui nous fâche, ici, c'est d'être séparés
de l'ennemi, car après ce que j'en ai vu l'autre jour,
s'ils se commettent, ils seront battus ; mais eux qui
devroient nous attaquer, ont pris des points de défensive

inattaquables. Lisez ma lettre aux commandants des corps et que l'on (encourage) les troupes. Il faut combattre pour l'honneur, pour l'intérêt et pour la dernière fois. Quoique votre marine ne soit pas des meilleures, tâchez d'en tirer parti, même des barques, et assurez bien tous vos marins, à commencer par M. de Laubaras, que le moindre succès de leur part (deviendra) une rare fortune pour eux.

Je ne dis rien sur les Rapides; je ne dis pas cependant que d'ici à quelques jours on ne voit pas à faire passer quelque chose de vos côtés.

———

Le 9. — Je maintiens la colonie perdue, et cela est dû à l'ignorance et à l'intérêt. L'armée de la Belle-Rivière battue et défaite; Niagara pris, et sa garnison prisonnière de guerre; le chevalier de Lévis part à minuit, et mène huit cents hommes; c'est beaucoup d'une petite armée, obligée de garder depuis Jacques-Cartier au saut Montmorency. La basse ville est incendiée d'hier au soir. Bougainville a, hier, repoussé deux fois les ennemis, qui vouloient débarquer à la Pointe-aux-Trembles; ils étoient douze cents hommes, et peuvent avoir perdu cent cinquante hommes. Je ne sais qui de nous trois sera le plus tôt défait.

———

Le 19. — J'ai lu avec plaisir, Monsieur, votre relation; quoique je sois persuadé que vous l'avez envoyée à M. le marquis de Vaudreuil, je la lui ai fait passer, soyez tranquille. Nous en savons tout le contenu. Toutes les lettres de notre armée étoient conformes, jusqu'à présent. Votre campagne vous fait beaucoup d'honneur, et je ne doute pas qu'il n'en soit de même à l'avenir. Ici nous vous avons tous rendu justice, François et Canadiens. M. le marquis de Vaudreuil pense comme moi. Je ne vous réponds pas des bavardages de Montréal ; où n'y en a-t-il pas ?

Consolez-vous. Si M. le marquis de Vaudreuil et moi eussions accédé aux impatiences et raisonnements du public, la colonie n'existeroit plus. Je ne sais si nous la conserverons. Nous ferons, du moins, de notre mieux. Elle existe encore. J'ai toujours pensé et pense encore que M. le chevalier de Lévis, qui a un ordre pour commander sur cette frontière, ne vouloit que faire une tournée à votre camp, et non y résider. Quoiqu'il en soit, le mérite de cette campagne, sur cette frontière, et des dispositions pour se défendre, vous seront dus ; outre que M. le chevalier de Lévis est de vos amis, je ne le crois pas curieux de gagner de la gloire aux dépens d'autres. Pour moi, je ne sais que faire valoir ceux qui servent sous mes ordres, et avouer que je dois le peu de réputation que j'ai acquise en Amérique, aux troupes et aux principaux officiers qui ont servi avec moi, qui m'ont secondé au mieux ; et vous ne devez pas être en peine du plaisir que j'en ai, quand cela vous regarde.

Au camp de Montmorency, le 24 août 1759.

L'ennemi a fait une incursion à Deschambault, qui nous a coûté nos équipages ; je n'ai jamais vu un meilleur ton et moins de regrets sur pareille perte. Bougainville, qui fit une marche de quatorze lieues, depuis sept heures du matin jusqu'à minuit, leur a empêché de prendre racine; j'accourois pour le même objet, je fis dix-huit lieues. Retour encore à Deschambault; la cavalerie les a empêché de débarquer. Nous n'avons eu aucun homme ni tué ni blessé. L'ennemi en a perdu quelques-uns, on lui a fait deux prisonniers. L'ennemi brûle et ravage, tire moins sur la ville et sur le camp. J'ai neuf partis à la guerre qui ne guériront pas de la brûlure. Voilà, mon cher Monsieur, ce qu'il y a de plus intéressant à vous écrire, en réponse à votre lettre du 18. Vous avez bien fait de décacheter la lettre du général Amherst, dont le style est toujours aussi poli que celui du général Wolfe à M. le marquis de Vaudreuil; c'est peu, la lettre du général Amherst n'exigeant aucune réponse. Je ne lui en fais point, je me réserve, si nous sommes entiers, comme il faut l'espérer, le 1er octobre, de lui écrire pour lui dire que la saison s'avançant, il y auroit de l'inhumanité à renvoyer les prisonniers pendant l'hiver, et qu'ainsi, si l'échange ne peut être consommé avant le 20 octobre, je renverrai tous les siens dans un paquebot, en Angleterre, et que je le prie d'user de même pour les miens, et de les renvoyer en France; je suppose pour cela que nous serons intacts dans les trois points, le 1er octobre, alors je commencerai à espérer pour le salut de la colonie, jusque là, rien; et j'aime quasi mieux qu'il l'accepte le renvoi en France.

26 août 1759.

Voici, mon cher Bourlamaque, réponse à votre lettre du 21. J'ai insisté auprès de M. de Vaudreuil qui vous eût rappelé, sans la crainte, qu'il ne faille que le chevalier de Lévis ne se porte aux Rapides; cependant je crois avoir obtenu de lui un ordre conditionnel, mais à moins qu'on ne vous le dise, n'en faites semblant, car je vous écris comme votre ami, et non votre général. M. de Vaudreuil avoit peur que vous ne vinssiez sans ordre, je l'ai bien rassuré. Pour ici, si vous y venez de suite, je vous donnerai le poste du chevalier de Lévis, où je me suis quasi (établi), et je laisse, entre nous, souvent le commandement de l'armée au chevalier de Montreuil, qui s'en acquitte bien. C'est la charge de pourvoir à tout sur le champ, vu mon absence. Une lettre pour Amherst à cachet volant, vous ou le chevalier de Lévis l'enverrez quand vous voudrez ou croirez devoir l'envoyer. Soyez tranquille sur tous propos; s'il y en a eu, point d'humeur, mon cher Bourlamaque. Jusqu'à présent nous n'avons pas perdu notre temps, et fiez-vous à moi, quoiqu'il arrive, nous ne le perdrons pas; je n'ose (rien) vous dire, parce que vous en savez plus que moi. Laissez-vous conduire, mais le ciel sait toujours mieux, et si l'humeur me prend jamais, je vous prierai de me conduire. On ne peut vous être plus dévoué, et en faveur de cette sincère déclaration, faites grâce au manque de cérémonial avec lequel je finis ma lettre.

Le 2 septembre, à trois heures après minuit.

Les manœuvres des Anglois, mon cher Bourlamaque, sont si équivoques, qu'elles exercent souvent la cavalerie qui fait au mieux. La Rochebeaucour a de l'honneur dans son sac. Bougainville et les troupes de la communication (sic). Il y a cinq jours que les· cinq bâtiments au-dessus de Québec faisoient mine de redescendre ; depuis, il en a passé toutes les nuits, et ils étoient, hier, vingt grands ou petits, avec un joli nordest. Hier au soir, ils étoient tous vers le cap Rouge, faisant mine de descendre. Il y a quelques jours qu'ils faisoient encore des batteries à leur camp du saut. Il ne leur restoit plus, hier au soir, que le canon de retraite et deux obusiers : ils avoient passé devant nous six à sept cents hommes à l'île d'Orléans, trois cents la veille. Ils avoient encore, hier au soir, quarante à cinquante berges à pouvoir embarquer. La nuit obscure ; il pleut, nos troupes habillées et éveillées dans leurs tentes ; la droite et la ville des plus alertes. Je suis botté et mes chevaux sellés, c'est à la vérité mon allure ordinaire la nuit. Suite des interruptions, signatures, visites et conseils des sauvages, questions, minuties, billets continuels à MM. de Vaudreuil, Montreuil et Repentigny, et quelques courses chez le généralissime. En l'aisance alors dans ma maison ; mon lieutenant de roi Poulhariez.

Voilà l'état des choses dans le moment. Il me reste à répondre à la lettre que vous m'avez fait l'honneur de m'écrire le 29 ; il n'y a qu'à louer votre vigilance et activité. La prise de l'ingénieur me fait plaisir. Si Amherst attend son retour et son plan, il n'agira pas de sitôt. Vous paroissez ne pas croire la marche d'Amherst par la rivière Saint-Jean; j'en suis fort aise quoique vous l'eussiez bien reçu ; pour ici, je crois que Wolfe fera comme un joueur de tope et tingue qui, après avoir topé à la gauche du tope, et à la droite, tope au milieu. Nous tâcherons de le renvoyer de notre mieux. Cependant, différence en cela de M. Johnson. J'aimerois autant qu'il penseroit en cela comme Amherst, et qu'il ne voulût pas nous attaquer, car j'aime toute besogne facile.

Nul passeport pour les domestiques qui veulent retourner en France, et j'en accorderois, que M. de Vaudreuil refuseroit. D'ailleurs, la place sur les bâtiments ? et il y aura à renvoyer les équipages de huit bâtiments brûlés ou naufragés, et peut-être les Anglois prisonniers, si on n'accède pas au cartel.

Le lendemain que j'ai pris possession de la gauche, j'ai donné une très petite leçon à des travailleurs. Cent hommes tués ou blessés. Je crois toujours une tentative avant le départ qui sera tard. J'espère que tout ira bien, pourvu que M. du Four (?) fasse son devoir. Agissez comme vous l'avez pensé, et je vous en écris dans le cas d'un portage. J'ai six cents hommes à la guerre. Bougainville toujours en communication. Je suis en état de vous louer, justifier, *ubique et coram omnes*. Le chevalier de Lévis a un commandement général qui s'étend jusque sur votre corps, mais personne ne doit agir séparément. Je vous voudrois ici, où mon plus capable, et j'en suis content, est le chevalier de Montreuil, car je ne puis être partout, quoique je me multiplie bien, et que je ne me sois pas encore déshabillé depuis le 23 juin.

———

Au camp du saut, le 8 septembre 1759.

Je souhaite, mon cher Monsieur, que vous soyez tranquille dans votre partie ; ce mois-ci sera bien décisif pour cette colonie. Les ennemis paroissent très occupés d'inquiéter notre communication au-dessus de Québec, et en veulent, je pense, à notre marine. Cette partie-ci est toujours des plus critiques sur tous les points.

Les ennemis retirés du saut n'annoncent pas leur départ; au contraire, augmentation de batteries et de feu sur la ville. Une petite escadre de vingt bâtiments, cinquante ou soixante berges, depuis trois jours, vis-à-vis Sillery ou le cap Rouge. Bougainville côtoyant la ligne, alerte. Hier, sur les dix heures du soir, démonstration d'attaque, cent berges en bataille à mi-chenal. Ma santé s'épuise.

———

Le 11 septembre. — Je crois, mon cher Monsieur, que vous ne pouvez rien faire de mieux que de rester où vous êtes, et où le séjour du chevalier de Lévis aura été bref, à ce qu'il me paroît ici. Je suis accablé de travail, et l'humeur me saisiroit souvent comme vous, si je ne pensois que j'ai été payé par l'Europe pour n'en avoir point. Quel est votre projet d'habitation pour l'hiver ? Québec, en vérité, ne sera pas habitable, et nous n'y aurons pas de troupes.

J'ai lu ce qui concerne les sauvages et Laubaras. Ce dernier sera rappelé à temps. Sa mission pourroit être brillante, s'il vouloit. Depuis ma dernière, rien de nouveau ; je donne encore un mois au moins de séjour à l'ennemi.

Si vous avez quelques employés, particulièrement volontaires, etc., à qui vous voulez laisser quelque gratification de vingt ou vingt-cinq pistoles, un peu les travaux, les six mille au Roi me seront courts pour ici ; à l'égard des nécessiteux, point ou beaucoup (sic). Ici, les équipages brûlés m'ont engagé à lâcher trois ou quatre cents livres et quelques articles ; ainsi, vos aides-majors et vos travaux extérieurs par votre ordre. Point besoin d'autre signature.

Les lettres suivantes de Bougainville, de l'abbé Piquet, de M. Delisle et de M. de Rigaud, se trouvaient intercalées parmi les *Lettres de Montcalm à Bourlamaque* :

LETTRE DE BOUGAINVILLE A BOURLAMAQUE

A Montréal, le 20 juin 1756.

M. le marquis de Montcalm, qui est parti dimanche matin avec M. le chevalier de Lévis, m'a chargé, Monsieur, de vous écrire qu'il croyoit qu'il y avoit du changement à l'égard des projets formés pour votre parti et dont vous étiez instruit. Cependant, comme vous connoissez le terrain et la coutume de ce lieu-ci, vous penserez aisément que ce changement pourroit encore être changé. M. de Montcalm restera peut-être

toute la campagne à Carillon.   On dit que les Anglois
feront tous leurs efforts de ce côté-là et que ces efforts
seront grands.   Au reste, il n'y a rien de nouveau.
Le sous-lieutenant de grenadiers de la Sarre est mort
cette nuit.   M. de Berval est aussi en danger.   C'est
la maladie du léopard qui fait du ravage.   Il est arrivé
une goélette partie de Rochefort, qui nous a appris que
le débarquement avoit été fait à Mahon, que la ville a
apporté les clefs à M. le maréchal de Richelieu et a
prêté entre ses mains serment de fidélité au Roi.   L'on
fait actuellement, c'est-à-dire quand la goélette est partie,
le siège du fort dans lequel il y a trois mille six cents
hommes de garnison.   M. le duc de Mirepoix est capitaine des gardes du corps.   Le maréchal de Noailles
retiré du conseil.   M. de Séchelles a entièrement quitté
les finances.   Voilà, Monsieur, les nouvelles de France.
M. de Vaudreuil m'a paru fort mécontent du plan
d'ouvrage que M. Desandrouins a envoyé.   Je suis ici
commissaire des guerres et major général, et déjà ce
métier m'ennuie.   C'est qu'il n'est pas bon à faire pour
les autres.   M. Doreil, heureusement, va revenir me
donner mon congé.   Jusqu'à mon départ, je ne man-
querai aucune occasion de vous donner des nouvelles.

LETTRE DE M. L'ABBÉ PIQUET A M. DE BOURLAMAQUE

Le 10 juillet 1756.

Tous les prisonniers et les déserteurs anglois s'ac-
cordent sur le nombre d'hommes qui peuvent se trouver
à Chouaguen, qui est de mille ou neuf cents hommes

de garnison. Enfin la question en décide, le sieur Réaume a dû vous en porter les nouvelles. M. de Vaudreuil m'en écrit du 28 juin en me mandant les nouvelles de France; tout est encore sous le secret. Quoiqu'il y ait déjà plus d'un an que l'on se prépare, je pense, Monsieur, que vous n'en êtes pas mieux pourvu, je dis même des choses essentielles. M. de Montcalm me marque, (mais sa lettre est du 25 juin,) qu'il presse fort pour vous revoir; mais alors M. de Vaudreuil ne s'étoit pas encore décidé.

Plus je réfléchis sur la nature du local, moins je vois de ressource; mais la Providence veut qu'il n'y ait rien à craindre de quelques mois où vous êtes. J'ai envoyé un plan d'attaque à nos généraux. J'espère vous en faire part à la première occasion, ce ne sera que pour vous faire mieux connoître l'endroit; d'ailleurs, je sais que tout peut servir en pareilles circonstances, surtout lorsqu'il s'agit d'épargner le sang, et c'est le principal objet de mes petites idées. Dans le dernier coup de M. de Villiers, c'étoient deux détachements à la fois qu'il a rencontrés, l'un qui descendoit, l'autre qui montoit la rivière de Chouaguen.

Presque toute la garnison n'attend que le moment de se jeter entre les bras des François avec sûreté, et vous verriez bientôt un bon nombre de déserteurs, s'ils ne craignoient de tomber entre les mains des sauvages. Si l'occasion ne me pressoit pas, je serois entré dans un long détail sur tout ce que j'ai appris.

LETTRE DE M. DE MONTCALM A M. DELISLE

Le 11 août.

Je n'écris, mon cher Delisle, ni à M. le chevalier de Lévis ni à M. de Bourlamaque. Vous pourrez dire ou écrire au premier, qu'étant arrivé hier au soir au saut, j'ai préparé, avec M. de Repentigny, la seconde édition de la fusillade du 26 juillet, qui a bien réussi ; nous avons un Canadien qui manque, et sept Canadiens ou sauvages blessés légèrement. Nous estimons la perte des ennemis de cent trente à cent quarante tués ou blessés.

Nous avons sur le chantier un détachement assez bien combiné, qui devroit donner un coup de *porte-voix* si nous étions heureux. Nos sauvages, à qui on a annoncé, hier, la prise de Niagara, ont fort bien pris cela. Mes compliments, je vous prie, à M. de Rigaud, mes respects à Mme la marquise de Vaudreuil.

LETTRE DE M. DELISLE A M. DE BOURLAMAQUE

A Montréal, le 20 août 1759.

M. le marquis de Montcalm, qui me fait l'honneur de m'écrire, me marque qu'il a si peu de temps à lui pour vous mander les nouvelles, qu'il me charge d'avoir celui de vous faire part de celles qu'il m'envoie, " qui sont, qu'il a envoyé le 17 de ce mois, un gros détachement, commandé par M. de Repentigny, de l'autre côté de

23

la rivière du saut Montmorency, et plusieurs petits vers le sud : qu'un d'eux a ramené quatre chevelures et trois prisonniers, dont les dispositions unanimes sont que la petite affaire de M. Bougainville a coûté aux Anglois cent hommes tués et blessés, que les Anglois font beaucoup de ravages, brûlent les maisons ".

Je vous ajouterai, Monsieur, un petit supplément aux nouvelles de M. de Montcalm : les Anglois ont vis-à-vis la Pointe-aux-Trembles, à Saint-Antoine, un camp de mille à douze cents hommes bien retranchés, qui se répandent dans les campagnes, qui récoltent tous les grains de toutes les habitations qu'ils occupent, et brûlent toutes les maisons.   Cela sembleroit annoncer qu'ils ne seront pas longtemps sans lever le pied, et qu'ils ne comptent plus sur la jonction de M. Amherst.

LETTRE DE M. DE RIGAUD A M. DE BOURLAMAQUE

A Montréal, le 20 août.

Je viens dans le moment de recevoir la lettre que vous m'avez fait l'honneur de m'écrire du 19.   Les soixante hommes que j'avois celui de vous demander, étoient pour le même objet des cent vingt que M. de Lévis vous avoit demandés ; mais j'ignorois qu'il l'eût fait, et soixante bons hommes auroient suffi.

Voilà plusieurs partis sauvages qui partent avec Kisensik.   Un parti, il y a deux jours ; ce matin, un parti de vingt-cinq du Saut, et demain un autre de douze.   Je vois que je serai obligé de vous envoyer des sauvages des pays d'en haut pour les occuper, car ils s'ennuient ici, et ce n'est qu'à force de boisson que l'on vient à bout de les retenir.

Je vais donner des ordres pour faire arrêter les déserteurs.

LETTRE DE M. DELISLE A M. DE BOURLAMAQUE

A Montréal, le 24 août.

M. le marquis de Montcalm qui veut bien me faire l'honneur de m'écrire par le courrier qui arriva hier au soir, m'a chargé d'avoir celui de vous marquer les nouvelles.

Dans la nuit du 18 au 19, l'ennemi a fait une pointe de mille hommes à Deschambault, qui aboutit à brûler trois maisons et les équipages des cinq bataillons, ils n'ont pu amener une centaine de bêtes à corne, grâce à MM. de Bougainville et de la Rochebeaucour, qui ont fait quatorze lieues en un jour. On a tué du monde à leur arrière-garde, et fait deux prisonniers. Et M. de Montcalm avec M. de Montreuil ont fait dix-huit lieues, depuis six du soir jusqu'à cinq heures du matin, précédant des grenadiers et des Montréalistes. Le courrier qui est arrivé, rapporte que lorsqu'il a passé à Deschambault, il a vu plusieurs berges qui revenoient, et que tout le monde étoit retiré; si cela est, il est bien à craindre que l'ennemi n'achève de ruiner cette paroisse, et ne brûle les récoltes qui sont mûres. Toutes les manœuvres des ennemis sont: se réduire à brûler et ravager nos campagnes. Plusieurs disent qu'ils partiront le premier du mois prochain, mais M. de Montcalm n'est pas tout à fait de cet avis ; il pense qu'ils pourroient bien rester jusqu'au 15 ou 20.

LETTRE DU CHEVALIER DE BERNETZ A M. DE BOURLAMAQUE

A Québec, le 14 septembre 1759.

Vous apprendrez avec une douleur égale à la nôtre la perte que nous venons de faire, aujourd'hui, à cinq heures du matin, de notre respectable général, M. le marquis de Montcalm. Vous m'a... sur ces temps vivre plus longtemps que lui ; quant à moi, j'ai trop vécu et fait un... inutile, mais j'achèterai avec courage, peut-être point avec succès... de Québec ; l'honneur, cependant me guidera toujours.

M. de Ramesay est ici, je ne suis qu'en second, daignez vous contenter d'une... comme dans la présence, des bontés dont tant de fois vous m'avez comblé. Je voudrois bien que l'attachement de mon cœur me rende digne de vous.

M. de Senezergues mort de ses blessures entre les mains des Anglois. M. de Privat, blessé à la cuisse dangereusement, est ici à Québec. M. de Fontbonne blessé et prisonnier.

LETTRE DE BOUGAINVILLE A BOURLAMAQUE

A Charlesbourg, le 18 septembre 1759.

Vous savez, Monsieur, les détails de notre malheureuse aventure, la perte de notre général, de la plus belle position du monde, et je dirai presque de notre honneur. Un homme se laisse surprendre à l'anse des Mères ; je suis au cap Rouge. L'ennemi débarque a minuit, on ne m'avertit qu'à huit heures. M. de Montcalm marche et se croit forcé d'attaquer sans m'attendre, quand j'arrive à portée de combattre, l'armée est en déroute, et toutes les forces ennemies reviennent à moi. Je me retire en mon poste de manière à remarcher, si l'on eût voulu remordre, ou à faire ma jonction avec notre armée ou à couvrir sa retraite. On se détermine à une déroute, dont je n'apprends rien que par les débris de nos troupes qui arrivent à moi au point du jour. On n'ose se croire en sûreté que derrière Jacques-Cartier. Je prends sur moi, et M. de Vaudreuil l'approuve fort, de maintenir le cap Rouge et Lorette. Par là, je sauve les magasins de Charlesbourg, du cap Rouge et de Saint-Augustin, qu'on abandonne, et je suis à portée d'introduire des vivres dans Québec.

Aujourd'hui, je marche pour reprendre notre camp de Beauport, qu'on a laissé tout tendu, canons encloués magasins détruits, et M. le chevalier de Lévis, arrivé hier à Jacques-Cartier, fait remarcher l'armée. Je crains qu'il ne soit trop tard. Ah ! Monsieur, quelle journée cruelle et qu'elle a détruit tout ce qui nous intéressoit !

Mon cœur est déchiré par tous ses endroits sensibles ; le vôtre ne le sera pas moins. Nous serons heureux si la mauvaise saison qui s'avance sauve le pays d'une ruine totale. MM. de Senezergues et de Fontbonne sont morts de leurs blessures. M. de Privat est pris et blessé ; mon pauvre ami Cornier l'est, je crains, mortellement. Je n'ai pas la liste des autres, liste nombreuse, et qu'on a sans doute envoyée.

RÉPONSE DE M. DE BOURLAMAQUE A M. DE BERNETZ

A l'Ile-aux-Noix, le 22 septembre 1759.

Je reçois, Monsieur, la lettre que vous me faites l'honneur de m'écrire. La mort de M. de Montcalm m'a pénétré de douleur. C'est une perte pour l'Etat, pour ses amis et pour les troupes qu'il commandoit, que je dirois irréparable, si nous n'avions M. le chevalier de Lévis, qui ne mérite ni moins d'estime ni moins de confiance. Je regrette véritablement M. de Montcalm comme un général de distinction, et comme mon ami.

Je regarde votre position comme très brillante, parce que je suis persuadé qu'elle aura le succès que méritent votre courage et vos talents, et j'y compte d'autant plus que M. le chevalier de Lévis me paroît dans la résolution de ne pas laisser les Anglois dans la position qu'ils ont prise, après l'affaire du 13.

La mienne est, ici, beaucoup plus tranquille que je ne le voudrois ; j'attends l'ennemi avec impatience, et je doute qu'il ose attaquer un poste retranché jusqu'aux dents, hérissé de cent pièces de canon, et défendu par des troupes à qui on a lié les bras toute la campagne, et qui meurent d'envie de voir les Anglois, et d'avoir la permission de se battre.

Notre affaire du 13 est plus fâcheuse par la qualité des personnes qu'elle nous coûte, que par aucune influence qu'elle puisse avoir sur le sort de cette colonie.

Nous avons perdu en M. de Senezergues un officier de distinction, et aussi vertueux que brave ; je le regrette infiniment.

Conservez votre santé qui nous est nécessaire. Conservez-moi votre amitié, je vous supplie, et soyez persuadé de mon inviolable attachement.

TABLE DES MATIÈRES

Lettres de M. de Bourlamaque au chevalier de Lévis

Lettres du marquis de Montcalm à M. de Bourlamaque

COLLECTION DES MANUSCRITS

DU

MARÉCHAL DE LÉVIS

———

Volumes déjà publiés :

1° JOURNAL DU CHEVALIER DE LÉVIS.

2° LETTRES DU CHEVALIER DE LÉVIS.

3° LETTRES DE LA COUR DE VERSAILLES.

4° PIÈCES MILITAIRES.

www.ingramcontent.com/pod-product-compliance
Lightning Source LLC
Chambersburg PA
CBHW060930030726
47503CB00003B/544